本书为国家社科基金项目
"供给侧结构性改革下社会结构的市场治理研究（16BSH071）"
研究成果

本书受浙江理工大学"科研发展专项"资金资助

市场治理

政策、社会结构与复杂性市场

陈林生 著

MARKET GOVERNANCE:
POLICY, SOCIAL STRUCTURE AND
COMPLEXITY MARKET

ZHEJIANG UNIVERSITY PRESS
浙江大学出版社
·杭州·

图书在版编目（CIP）数据

市场治理：政策、社会结构与复杂性市场 / 陈林生
著. — 杭州：浙江大学出版社，2022.5

ISBN 978-7-308-22691-2

Ⅰ. ①市… Ⅱ. ①陈… Ⅲ. ①市场管理—研究 Ⅳ.
①F713.56

中国版本图书馆 CIP 数据核字（2022）第 094681 号

市场治理：政策、社会结构与复杂性市场

SHICHANG ZHILI：ZHENGCE、SHEHUI JIEGOU YU FUZAXING SHICHANG

陈林生　著

策划编辑	吴伟伟
责任编辑	丁沛岚
责任校对	陈　翩
封面设计	雷建军
出版发行	浙江大学出版社
	（杭州市天目山路 148 号　邮政编码 310007）
	（网址：http://www.zjupress.com）
排　　版	杭州朝曦图文设计有限公司
印　　刷	杭州高腾印务有限公司
开　　本	710mm×1000mm　1/16
印　　张	16.25
字　　数	258 千
版 印 次	2022 年 5 月第 1 版　2022 年 5 月第 1 次印刷
书　　号	ISBN 978-7-308-22691-2
定　　价	68.00 元

浙江大学出版社市场运营中心联系方式：(0571)88925591；http://zjdxcbs.tmall.com

序一　重识市场:市场社会结构

时下,"市场"一词成为最常用的话语之一,但真要从学术上对市场进行麻雀解剖式的学理研究,着实有难度。

中国老百姓口头表达的"市场"更多地指向延续人类市场发生史中指称的"商品市场",如农贸市场、服装市场、小商品市场等,历史上也曾开辟专门的奴隶交换买卖的奴隶市场等。随着时代进步,人类交换产品的品类进一步扩大,甚或按照社会学研究,人们不仅可交换有形物品,也在交换情感、利益、权利等。同时,因"物品"本身的时代属性定义不同,交换方式与交换目的也存在不同,如从"物品"变为"商品"、借贷市场变为"资本市场",等等。

按照斯密的看法,交换市场的扩大是其背后分工体系逐渐完善的结果,也是人类逐渐步入商品时代的开始。沿着这个思路,古典经济学、新古典经济学等西方主流经济学主要研究了"市场交换"的机制问题,亦即商品交换的作用方式问题,于是"市场"主要被当作一种"资源配置"的价格机制提上议程。也就是说,主流经济学更多地关注"生产多少资源"可以用来进行交换以满足人们的物质需要,以及交换的方式,如强调资源交换的价格公平性、自愿性等。显然,在主流经济学视角下,市场的有形性、地方性、历史性、文化性、制度性及意识形态性被剥离了,即只被作为一种价格合成机制对经济系统产生影响,由此必然导出市场价格能够自动地调节市场行为而无需政府干预的政策导向。

按照目前一般的经济学理解,市场可被划分为有形市场与无形市场,有形市场即指商品市场,无形市场则是指价格机制发挥作用的买卖交换关系。陈林生博士从"市、场"的汉语本意出发,认为"场"表示固定的有形市场,而"市"不仅有固定场所之意,也能表示交换的过程性与实践性。如"股市",不仅是"股票市场"的口语缩语,其背后也蕴含着股票市场的有形性＋无形性特征。更妙的是,"市""场"的原初含义就已包含交换行为须吻合"天道、人道"的古人智慧。进而,他从市场具有历史实践性,以及马克思主义实践观、最近的本体论哲社思潮转向、复杂性科学研究、经济学批判实在论和复杂经济学等研究共识中,重新厘定了市场本体、市场本质是"实践关系"这个具有创新意义的理论问题。

另外,除主流经济学把市场主要理解为价格机制之外,制度经济学、经济社会学、政治经济学等也对市场进行了深层次思考。这些理论的共同特点是把市场理解为一种制度。市场既然是一种人类自创的制度,自然要更多地考虑"什么样的资源可以拿来交换""谁占有资源""资源者占有的合法性与合理性"等更深层次的市场问题。由此,必然引发"政府与市场的关系与边界"等制度性大问题,即在人类资源配置这个问题上,政府与市场是主要的资源配置者,政府通过政策、法律法规配置资源,而市场则通过市场参与者自动寻找资源实现资源的配置,同时也引发出一个自发交换背后的资源垄断问题。

由此,到目前为止,对市场的理解主要关乎三个方面:市场是一个交易场所,市场是一种价格机制,市场是一种制度。当言说者说"市场"一词时,背后语义一般指向这三种理解中的某一种,或是交易场所,或是价格机制,或是市场制度。而把这三个方面统合起来形成一个"聚集体"来理解,并从学术性意义上给予分析,恰是陈林生博士学术工作努力的方向。或者说,他意欲并正在努力构建一个新的理解框架,以全面理解"市场是什么"的学术问题。

据我所知,陈林生博士从硕士阶段就开始关注市场问题,其硕士论文主要从博弈论视角解析市场合作须引进"道德"这个因子才有可能实现的学术问题,其博士论文主要从社会学视角借助以布迪厄为代表的法国经济社会学学派的观点并结合社会学主要分析工具"社会结构"对市场场域作出中国本土化的理解与运用。在逐渐形成其特有的理解市场方式的基础上,陈林生博士在其博士后论文中更详尽地提出了"市场社会结构"这个与经济学"市场结构"相对应的学科术语,并逐渐形成自己理解市场的市场社会学学术理论框架。甚幸,陈林生博士在每个研究阶段都能获得纵向课题的支持,如相关研究曾获得教育部、国家社科规划办和浙江省哲社规划办的立项支持,相关著作也曾获得浙江省社会科学界联合会与省政府颁发的优秀成果奖二等奖等。

　　从学理上而言，陈林生博士把社会结构作为一种分析社会的工具、认知框架和分析逻辑，是延续社会结构的本意。当然，学界为便于分析社会事实，更多地侧重于分析社会结构的实际关系，如城乡结构、人口结构、阶级/阶层结构等。显然，作为一种分析工具、认知框架与分析逻辑，社会结构的内涵与外延经过社会学长期以来的发展，更显复杂和具有包容性。于是，他延续涂尔干以来对社会结构主要被理解为"集体表征"和"集体关系"这两个方面——集体表征是制度性的结构存在（制度结构），集体关系则是社会关系性的存在（关系结构），并结合吉登斯、布迪厄和福柯等的努力。[①]　同时，陈林生博士认为马克思主义实践观更具强解析力。基于此，陈林生博士把这种结构与行动相互内蕴、相互建构的关系称为"实践结构"，并以此对应于"制度结构"与"关系结构"。至此，"社会结构"就被陈林生博士刻画为三个维度/层级，即"实践结构""关系结构"与"制度结构"，并强调，实践结构是本体论意义上的存在，即关系结构与制度结构的虚拟秩序存在于实践结构之中，实践结构是关系结构与制度结构的转介中心，也是关系结构与制度结构的底层架构。也就是说，实践结构是自为存在的一个层级，但关系结构与制度结构必须通过实践结构这个基点与介点才能被我们所认知，亦即关系结构与制度结构是通过实践结构呈现出来的，虽然它们自身也是一种实在。

　　经济社会学对市场的研究由来已久，其中最具代表性的是马克思的"市场背后是人与人的关系"论、韦伯的"市场斗争"说、帕森斯等提出的市场内卷化结构观，以及格兰诺维特借助波兰尼"嵌入性"概念发展出的市场社会网络学。[②]但具体运用并明确提出社会结构作为研究市场的分析工具则是瑞典的斯威德伯格，并称之为"作为社会结构的市场"，以及将布迪厄场域理论运用于市场分析并提出"市场场域"的一些欧洲学者。显然，以上这些具有代表性的观点和学

---

　　①　为找到一条"结构与行动互构互纳关系"的理解路径以破除"结构"与"行动"的二元结构，吉登斯从结构二重性、布迪厄从场域—惯习、福柯从身体训诫等方面进行了探索，他们的理论最终都需要一个"介点"来打通行动与结构之间的桥梁，那就是"实践"。

　　②　追随该学派的还有怀特的市场同行圈 W（Y）市场模型、伯特的结构洞理论等，并被学界统称为新经济社会学。

者因对社会结构存在不同理解导致了各种对市场理解的碎片化，或者说这些研究只是从社会结构内涵中的某个方面进行了分析，这与社会结构这个术语长期以来无法明确界定从而导致泛化使用相关。基于此，陈林生博士在框定社会结构的理解上，即在"社会结构＝实践结构＋关系结构＋制度结构"这个认知框架中对市场的研究提出自己的理解方式，那就是"市场社会结构＝市场实践结构＋市场关系结构＋市场制度结构"（MSS）的市场理论分析框架。

"实践结构""关系结构"与"制度结构"这三个层级/维度之间应是怎样的逻辑关系？也就是说被框定在社会结构分析框架中的三个层级/维度应如何被刻画？社会科学常用宏观、中观与微观来具体类别化被我们感知的外在世界。若按此划分，"实践关系"对应于微观层面，"关系结构"对应于中观层面，"制度结构"对应于宏观层面。但如何解析它们之间的关系？从方法论上而言，主要可用还原论和涌现论（整体论）来解析它们之间的因果机制与关系。还原论采信的是"下向因果关系"的分析方式；而涌现论则采信"上向因果关系"的分析方式。具体而言，近现代以来，这两种方法论分别取自牛顿力学的机械还原论与量子力学的系统涌现论。显然，主流经济学是按照牛顿力学的方法论来认知人类世界的经济现象的，主要表现为通过宏观层面的经济现象、中观层面的价格机制，以及微观层面的人的行为（是从理性自利经济人假设推导而出的），如此这般才有可能应用还原论的方法进行逐层下向因果关系分析。而涌现论则是根据复杂性科学研究表明微小粒子在互动场的相互影响下体现出非线性、非均衡性、不确定性的方式逐级构成上一层级，同时又承认上一层级具有其自身独特属性的规律，并且层级之间是一种"脱耦"与"耦合"的辩证统一关系。"脱耦"性表征的是各自层级具有稳定健壮性——鲁棒性；"耦合"性指的是层级之间具有"同根性耦合关系""中介环节耦合关系"和"微扰涨落耦合关系"等相互作用机制，如此，研究方法论上则是采取"上向因果关系"的分析方式。在本书中，陈林生博士着墨颇多地进行了复杂性科学方法的市场研究具体运用，并结合"社会结构＝制度结构←＋→实践结构←＋→关系结构"的层展结构嵌套关系理论分析框架，最终构建了一个"社会结构复杂性市场系统"（CSMSS）演进分析方法模型，并由此重新定义市场：市场是在历时共时性制度建构演化与复杂性经济涌现中，行动者根据交换实践适应性禀性习得的内生实践能力所构建的有其内外部社会性型构关系特征的一种经济社会组织形式。

在经验研究方面，陈林生博士对周宁钢贸商创设的钢材交易市场进行了十多年的跟踪式田野社会调查并曾三年从事该行业。改革开放后，专业市场的蓬勃发展是中国区域经济发展的重要方式之一。经济学学者基于"坐商制度比行商制度优越"这一视角，更多地采用信息经济学、交易成本理论展开研究。但陈林生的调查发现，中国的地方性专业市场，基本上是由存在血缘、亲缘、乡缘等关系的人员组成的"簇群式"商品市场，即应从"社会关系"这个基础性社会机制出发理解专业市场这一地方性"领导型企业联盟"市场组织运行方式。钢贸市场的发展演变受国家市场制度转型、钢铁行业性政策、国内外钢铁需求量变化、国内铁矿石进口来源与谈判模式、国内钢铁行业国企与民企结构性问题、钢厂定价模式、钢铁物流模式，以及钢铁行业金融财政政策、中小钢贸企业融资模式、钢铁物流专业市场模式与定位、民间融资法律规范性、地方政府钢贸市场规划性以及钢贸营商人员营商能力、营商环境等诸多因素影响，且是资金密集型行业，因此抓取钢贸市场作为案例研究，具有社会学学术研究意义上的典型性。案例表明，上述诸多影响因素可框定进陈林生博士提出的市场社会结构理论分析框架中的"制度、关系与实践"三个层级，可见其构建的市场社会结构理论分析框架具有综合性解析力。

从市场治理视角看，案例呈现出在行业由盛转衰背景下，在供给侧结构性改革政策推动中钢贸市场逐渐转型升级需系统治理的问题。陈林生博士撷取供给侧结构性改革中的"结构性"要素，结合其提出的"市场社会结构"理论分析框架，嫁接了"结构性"与"社会结构"之间的同源关系，由此用其构建的"社会结构复杂性市场系统"演进方法模型对该案例呈现出的但又不限于案例本身的问题提出了一个市场社会结构系统治理体系。按照一般理解的国家治理体系建设，其主要包含政府治理、市场治理与社会治理。"市场治理"其实暗含着"市场是可以被治理的"的意蕴，也就是承认市场并不是完全按照主流经济学所提倡的"自由市场"观运作的。而且市场治理必然会用到"系统性""协同性"的思维与施策方法，由此他提出市场系统治理：一个包含市场实践主体、市场关系模式与市场制度，在市场良序运行目标下，各个层级之间相互运作与协同进行结构性协调的系统管理过程，以实现市场治理法治化、科学化与民主化的市场网络治理体系。具体而言,陈林生博士主要从市场制度结构、市场关系结构和市场实践结构三个层级提出了11条具体的市场系统治理机制与方案,对政府施策具有重要的参考价值。

社会学的研究方法强调田野调查的深描性,因此陈林生博士对市场的研究更加注重从典型性案例中去发现地方性、本土性市场的实践特点。它与主流经济学如经济学实在批判论所批判的那样只对"经验域"的统计数据做推理性研究不一样,它尤其关注更深层次的市场制度、市场权力、市场地位以及一些深层次的社会机制等议题。正如陈林生博士在这本著作最后的研究反思中所指出的,构建一个全景式的市场理论分析框架固然具有全面的解析力,但也易受到批评与挑战。尤其是将复杂性自然科学研究中的涌现论方法运用于社会科学类的研究,这是个当前社会统计学没有办法解决不同世界层级之间量化关系的极具挑战的领域,显然也是陈林生博士目前研究和未来学术工作需继续努力的方向。

是为序。

王桂新

于复旦大学人口研究所、城市与区域发展研究中心

2022 年 1 月 6 日

序二　社会建构的市场：共建、共治与共享

陈林生博士从社会学视角对经济学核心议题——"市场"进行社会学研究是具有学术挑战性的，尤其是其提出的"市场社会结构"理论分析框架，把市场刻画为"实践结构""关系结构"与"制度结构"——"层展结构"涌现性的"脱耦"与"耦合"辩证统一关系，具有独创性，但也存在如其所言的"自设擂台"——缺乏国内学术共同体对话的学术风险。

概览全书，陈林生博士对市场的研究暗含社会学中的社会建构论思想，从某种意义上而言，这是一本社会建构论理论应用的实证性市场研究专著。这对社会建构论理论的应用研究具有推动意义。

社会学思想体系中的社会建构论主要有两种：一种是解释性的社会建构论，其核心思想是事物意义、社会现象是解释性的，其存在与性质很大程度上依赖于人们意义制造的实践；另一种是客观性的社会建构论，主要关注真实事物的创造而非意义制造，认为被建构出来的东西不是解释而是事物的真实状况。这两种建构论思想虽然充满张力，但基本上都认为"现实不是自动、自然、自发生成的，而是人类行动创造出来的……人类通过实践工作建构出现实"（Harris，2008）。显然，市场其实是人类在实践中建构出来的一种经济社会组织形式，它是被建构出来的真实存在，但同时又被不同主体赋予不同的意义。

市场发展史表明，市场原初是满足人类通过交换获得各自生产生活所需而被创设出来的一种货物交易场所，之后市场逐渐被当作一种促进经济社会发展的运作机制以加速并提高供需双方的需要，这得益于经济学尤其是主流经济学

的"述行性"①。另外,市场并不像哈耶克指出的那样是一种"自发秩序",更多地指向人类建构的诸多制度中的一种经济制度安排。显然,作为一种制度,市场背后必然会折射出一定的历史性、地方性与意识形态性,即市场为谁服务、怎么服务、服务什么等制度安排的合法性与合理性问题。以上三个方面恰好体现了市场的三种不同理解方式:或是交易市场,或是价格机制,或是市场制度。很显然,市场的三种不同理解方式其实是一种"三位一体"的"聚合体"。从研究上看,只是不同学者因立场不一,撷取其中的一种或几种进行有意识有目的的"部分化"的理解与运用而已。可见,市场是一个由诸种不同行动者因不同利益需要而"共建"的创造物。

　　基于市场被社会建构论者看作诸多主体建构的事实,"市场是一种'共建'的产物"这一"共识"现已比较明确。既然市场是被构建出来的,那么如何通过人类智识去有效地规划、设计市场运行的方式与可被交换的"内容",则是市场"治理"的话题。市场成为治理的对象,这个观念至少可以破除"自由市场"观所倡导的"市场犹如自由钟摆,在不被'干涉'的情况下可达到平衡(均衡)"的定论。按照陈林生博士所归纳的市场主要构成组分,市场"治理"其实关乎三个方面:一是有形市场的规范发展,比如有形市场载体的有序规划、有形市场与所在地方政府的关系、有形市场内部市场社会秩序等;二是市场价格机制的有效运行,即常被提及的"有效市场"需考虑的问题,主要涉及市场结构的合理性、合法性,比如市场垄断行为干涉价格机制、国际贸易中的单边主义和保护主义、国内市场的地方保护主义等;三是应用市场制度提高福祉的制度选择,这个主要关涉"哪些资源可以被用来进行市场交换""谁占有市场资源",即资源配置的合法性问题,就是常被提及的"国家与市场的边界""市场与社会的边界"等。显然,作为制度的市场是关乎"国家制度"划分的依据之一,如资本主义经济制度与社会主义经济制度,关乎既定的国家制度下市场与政府在资源配置方面的具体内容与方式,也关乎与"社会"领域的边界,如不至于让"社会"被"市场逻辑"吞噬,滑向"市场社会"(波兰尼理解意义)的境地。可见,要让市场这种经济组织形式

---

　　① 市场"述行性"(performativity)指的是由经济学家构建的市场理论或模型在现实经济世界的一种实验运用。当下,述行性的市场思维得以被更广泛地运用,如为提高经济增长,按照市场平衡原理要么增加供给要么刺激消费而循环反复等。

有效运行，达致良性发展而提高人类福祉，需要诸市场主体"共治"努力。

通过物品交换能够满足与提高交换者的物质需要，这是市场被创设出来的本意。陈林生博士认为市场的本质是通过商品、劳务和要素等交换关系体现出来的，是一种"生产关系"的范畴。这种交换关系随着技术的不断进步从有形交换逐渐迈向无形交换，但总的说来，市场就是一种组织化、制度化的交换。从目的论上而言，市场交换是满足交换者的物质需要；从方法论上而言，陈林生博士遵循的是系统涌现论，强调了市场交换是市场系统各要素相互作用的结果，这种结果虽然是由市场各组分相互作用情境下的一种涌现，但可以通过对组分要素进行"管控"使其按照我们所需要的良性秩序方向发展。也就是说，人们可以通过改变或改善市场环境、市场主体、市场客体、市场媒介和市场交换规则促使市场秩序良性发展，并"共享"其发展成果。

市场经济是现代化的产物，本质上是以交换为目的的社会实践关系，那么其核心必然是"人"。马克思通过对资本主义市场制度的考察和对商品货币关系的深入研究，批判了资本主义本质上是从"商品"这个"物"的视角，而不是从"人"的本质视角来实现"社会发展"，从而提出了"市场背后是'人与人'的关系"本质。即可以理解为，资本主义市场解决的是"生产多少物品"的问题，而实际上，问题并不在于"生产多少物品"，而在于"怎么公平分配资源"的分配制度问题，由此提出了社会主义制度架构。从市场研究视角看，社会主义市场制度就是"共建"的市场通过地位平等的人的"共治"，是"共享"市场制度完善带来的成果。

当前，我国已全面建成小康社会，在习近平新时代中国特色社会主义思想引领下，如何通过正确理解与施策"市场"这个组织形式、制度安排从而助推共同富裕的实现尤为重要。

是为序。

安维复

于上海交通大学科学史与科学文化研究院

2022 年 1 月 8 日

目　录

第八章　市场系统治理与治理机制
　　　　——制度、市场组织形式与营商实践能力

第九章　总结与研究反思

第一章　研究设计

第一节　研究问题

一、主要研究问题

2015年,中央财经领导小组第十一次会议决策层提出"在适度扩大总需求的同时,着力加强供给侧结构性改革,着力提高供给体系质量和效率,增强经济持续增长动力,推动我国社会生产力水平实现整体跃升"。随后,国务院颁布规划纲要明确提出"以供给侧结构性改革为主线,扩大有效供给,满足有效需求,加快形成引领经济发展新常态的体制机制和发展方式"。并且,在未来相当时段内,供给侧结构性改革成为国家主要的常规政策之一。本书在此政策背景下,考察了在钢铁产能过剩的情境下作为流通环节的钢贸市场在经济新常态、"三期叠加"、"三去一降一补"中的演进变迁过程。由此,提出主要研究问题:"在产能过剩的情境下钢铁行业的钢材交易市场为何会出现衰退?在国家'供给侧结构性改革'治理政策下,市场在制度供给、型构模式和营商行动者这三个市场层级构件方面应如何进行系统治理而达致市场良性运行?"

二、经验性议题与理论性问题

根据研究策略,上述主要研究问题可划分为经验性议题和理论性问题。

(一)个案引发的经验性议题

一是日常话语的"市场"更多地指向"有形市场"而非主流经济学的商品价格合成机制,可见"市场的本质是什么"仍是厘清市场理论的关键。

二是中国正处于经济转型期,形成了具有强中国特色的地方"商帮簇群"式发展模式,其间营商人员人际关系的"联结方式"是否会因市场经济的发展而发生改变,仍是理解中国市场实践的基础社会性问题。

三是以"前店后库"式的上海逸仙钢市模式被周宁钢贸商不断复制并成为当前我国钢材交易市场的主流模式,这种组织模式的遍历仿制对资源配置是否有效与是否有利于促进区域经济社会发展需重新探讨和进行反思。

四是在钢铁行业产能过剩、钢贸市场无序发展、钢贸商内卷严重、"融资结网"出险传染加速以及人际信任缺失情境下,国家政策、市场模式、金融部门、营商能力、社会文化、信任体系以及市场信心等方面在"供给侧结构性改革"下应如何构建与有效治理是当下亟须解决的市场系统治理现实问题。

(二)学理与政策施行的理论性问题

一是如何正确理解"社会结构"与"市场社会结构"? 首先,对"社会结构"这个长期以来一直无法形成统一认知的宽泛性学术术语进行精细化处理,即从学术史与学理性上,把它刻画为三个层级——"实践结构""关系结构"与"制度结构",进而将其运用于市场理论研究,提出"市场社会结构"概念,并拟提出"市场社会结构"理论框架(或称为"社会结构市场社会学")。做如此理解与刻画,其学理依据是什么? 且被运用于市场理论研究时其学理性处理方法应如何嫁接? 需进一步辨明与论析。

二是"市场"一直以来是主流经济学研究的"黑箱",如何有效"打开"? 经济学界关于"市场"定义的观点纷呈。经梳理,迄今"市场"主要被理解为三种内涵,即"交易场所""价格机制"与"市场制度",以及主要关注两个核心问题,即"资源配置机制"与"市场形成与演化"。本研究借助复杂性科学,构建"社会结构复杂性市场系统"经济社会模型,拟对其进行综合性框定。学理上主要是基于经典马克思主义对市场的理解与复杂性科学的研究发现,提出"市场的本质（哲学意义上的本体）是'实践关系'",并指出其可作为嫁接交叉学科的桥梁。由此,对"实践关系"作为撬开市场"黑箱"的钥匙而引发提出的"实践结构"需进一步进行交叉学科的论证。

三是将"社会结构"划分为"实践结构""关系结构"与"制度结构"三个层级的依据是什么? 它们之间的关系如何? 如何嵌入"市场"这个经济学核心问题? 还是市场本身就内生有这三个层级? 至此,用复杂性科学研究中的"层展结构"——涌现机制,揭示了市场是一个复杂性的经济系统。由此又引出一个学理性问题:"层展结构"的涌现机制是什么?

四是如何正确理解与实践"供给侧结构性改革"中的"结构性"问题? 在供给侧结构性改革政策施行贯彻中,研究发现:"结构性",不能按照西方供给理论,也不能按照国内有些学者提出的新供给经济学理论来理解,本书认为"结构性"不是"结构"。"结构性"应被理解为"结构之间的关系",这种"关系"应成为本体,成为政策需要治理的对象。由此提出,"结构性"改革应是一种"系统治理"思维,以系统组分之间的关系为政策治理对象,即供给侧结构性改革的对象是复杂性经济社会现象,必然要用系统性治理方式。于是,"结构性治理"在政策层面上具体应如何推动,成为本书的政策背景和最终落脚点。

第二节 研究框架与技术路线

一、研究框架

按照供给侧结构性改革中的结构性要素,结合提出的"社会结构"被刻画为"制度结构""关系结构"与"实践结构"三个层级的"层展结构"涌现机制方式,从经验性个案调查提出制度政策、市场型构关系与营商实践能力三个方面的具体市场治理机制与方案。具体而言,本书研究框架如图 1-1 所示。

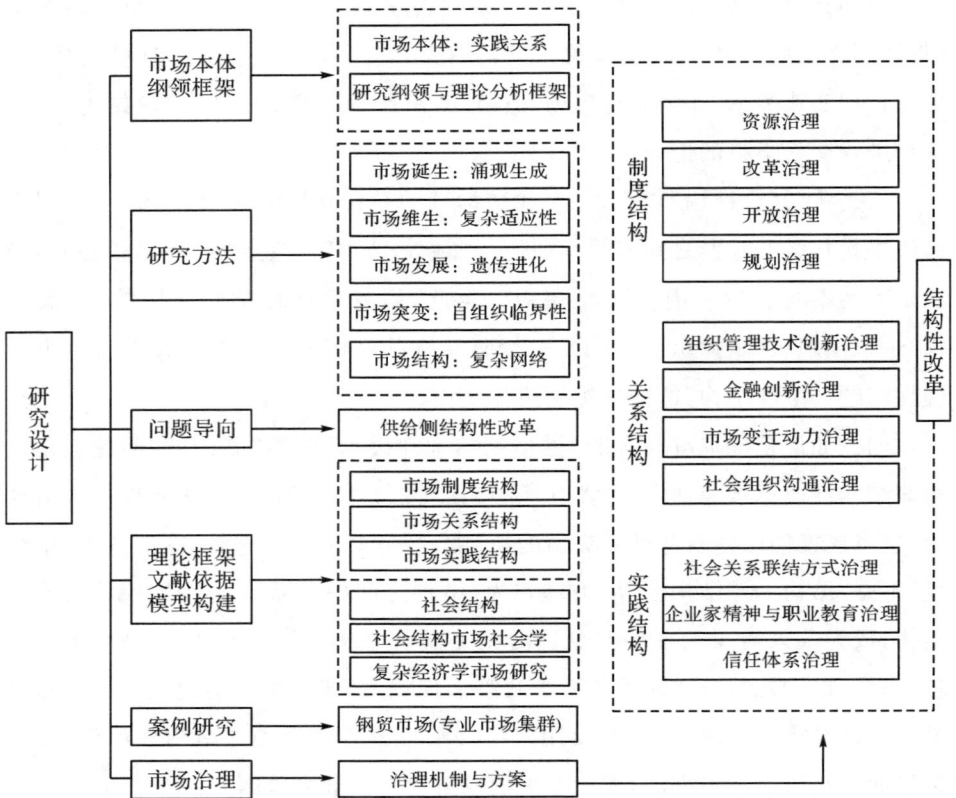

图 1-1　研究框架

二、技术路线

运用"社会结构复杂性市场系统"模型,从分析产能过剩钢铁行业情境下钢材交易市场由繁荣走向衰落过程中的市场组织问题入手,通过实地研究 YF 钢市个案描述与解释其产生系统性风险的因果机制。研究中,具体运用实地观察法、参与观察法、无结构访谈法与集体访谈法等,按照连续接近、举例说明、比较分析和流程图等具体质性资料分析方法探究市场社会机制变迁因果联系。由此,在供给侧结构性改革政策背景下提出市场系统治理的 3 个市场定理和 11 个治理机制与具体方案。研究技术路线如图 1-2 所示。

```
                    ┌──────────────┐
                    │   研究问题    │
                    └──────┬───────┘
                           ↓
            ┌─────────────────────────────────┐
            │ 运用"社会结构复杂性市场系统"模型 │
            └─────────────────────────────────┘
                           ↓
    ┌ ─ ─ ─ ─ ─ ─ ─ ─ ─ ─ ─ ─ ─ ─ ─ ─ ─ ─ ─ ─ ─ ┐
    │  ┌────────────────────────────────────┐   │         ┌──────┐
    │  │ 市场制度结构：市场制度供给演化机制、 │   │         │ 个案 │
    │  │ 变迁影响因素及其表征                │   │         │ 实地 │
    │  └────────────────────────────────────┘   │         │ 研究 │
┌────┐│              ↑↓                          │←───────→│      │
│分析││  ┌────────────────────────────────────┐ │         │ 定性 │
│框架││  │ 营商实践结构：人际联结方式嬗变特征、│ │         │ 资料 │
│    ││→│ 市场人际信任机制以及市场实践能力    │ │         │ 分析 │
└────┘│  └────────────────────────────────────┘ │         └──────┘
    │              ↑↓                           │
    │  ┌────────────────────────────────────┐   │
    │  │ 市场关系结构：网络组织特征、市场层级 │   │
    │  │ 威权结构特点与市场内生动力机制       │   │
    │  └────────────────────────────────────┘   │
    └ ─ ─ ─ ─ ─ ─ ─ ─ ─ ─ ─ ─ ─ ─ ─ ─ ─ ─ ─ ─ ─ ┘
                           ↓
    ┌─────────────────────────────────────────────────────────┐
    │ 在供给侧结构性改革政策背景下提出3个市场定理和11个治理机制与具体方案 │
    └─────────────────────────────────────────────────────────┘
```

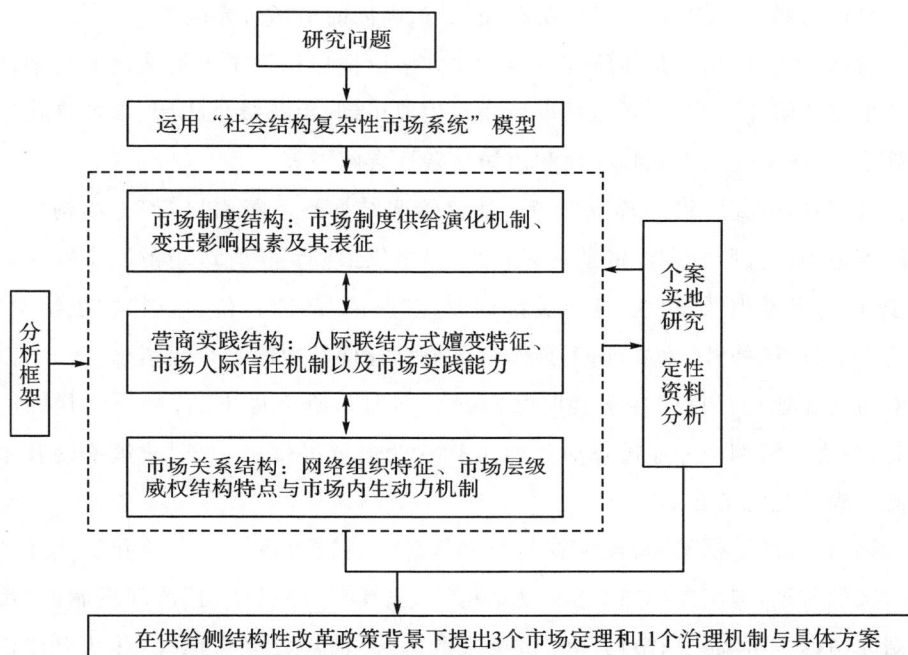

图 1-2　研究技术路线

第三节　章节内容与篇章逻辑

第一章,研究设计。提出研究问题、研究框架、技术路线、章节内容与逻辑及研究意义等。

第二章,市场本体论。提出市场"实践关系"本体论及其命题形式,目的在于根据哲学本体论来论证市场的本质问题,引出"实践结构"学理性问题。

第三章,市场研究纲领与理论分析框架。提出以"实践关系"为本体的"553"市场研究纲领与 RPEM 市场研究一般理论分析框架。主要遵循经典马克思主义的辩证法与唯物史观。研究遵循"进路(route,本体元理论)→范式/研究纲领(paradigm,逻辑规则)→经验理论(empirical theory,具体有形市场)→方法论(methodology,一套研究方法和经验研究技术)"的分析进路,构建了

"553"研究纲领,以构造一个以"实践关系"为本体的市场研究范式。

第四章,方法论与具体研究方法。从方法论视角构建了市场演化的复杂性科学生态位研究方法,主要包括市场涌现生成机制、市场维生机制、市场进化遗传算法、市场突变自组织临界性和市场复杂社会网络等。

第五章,研究背景与政策思考。从供给侧结构性改革引出"何为结构性?"的政策追问。按照复杂经济学理解方式,提出供给侧结构性改革的 6 个算法规则步骤,尤其是把"结构性"这个关键词放在"改革"的前台位置,引领"供给侧"各要素进行"结构性"改革,而不是作为单个"供给侧"中的一个元素(组元)予以学术与实践处理。目的在于表明"结构性"亦即本研究提出的"社会结构"性。如此,为之后案例中专业市场应如何进行有效治理提供了一个"政策推动背景和需解决问题的结合点"。

第六章,理论框架、文献依据与模型构建。通过对市场社会学和复杂经济学的文献梳理,拟定提出"市场社会结构"——具有"层展结构"涌现机制的"市场制度结构""市场关系结构"和"市场实践结构"的理论分析框架,并从方法论上构建了一个"社会结构复杂性市场系统"演化模型,以对所调查的案例进行经验性的梳理与分析。

第七章,经验案例研究——钢贸市场。选取一个具有典型性的专业市场/市场集群,在产能过剩背景下从制度结构、关系结构和实践结构三个层级对由盛转衰的市场变迁过程进行调查分析。案例调查表明,市场治理应从国家政策、市场型构关系与营商实践能力三个层级进行有效的"结构性"供给侧治理改革。

第八章,针对案例又不限于案例,提出市场系统治理的具体治理机制与方案。按照层级治理的刻画方式提出:第一,在市场制度结构层级,治理机制与方案包括资源、创新体系、经济开放与财税金融、空间规划等;第二,在市场关系结构层级,治理机制与方案包括组织管理技术创新、中小企业融资创新、市场变迁动力与商会社会组织沟通作用等;第三,在市场实践结构层级,治理机制与方案包括社会关系联结方式、企业家精神/职业教育与营商环境信任体系;等等。认为,每一个层级中的治理要素都是一种"复杂性系统组分"存在,在治理实践过程中,要充分考虑每一个组分都有可能影响整体涌现的治理效力问题。

第九章：总结与研究反思。阐明了本书的主要学术贡献、主要理论观点与模型以及主要市场系统治理观点，并对本书构建的理论框架、分析模型与经验性案例做了进一步的学理反思。

第四节　研究意义

一、理论价值

文献史表明，"作为社会结构的市场"观还未形成一个简洁清晰的综合性研究框架。以往大部分研究以"描述"市场部分构件的解释性研究为主，本书构建了一种理论上更具综合性的"市场社会结构"理论、分析方法上更加具有解析力的"社会结构复杂性市场系统"演化模型，并提出市场系统治理机制与方案的应用性研究，从学科属性上看，具有结合哲学本体论、社会建构论、经济社会学、复杂性科学与复杂经济学等多门学科的交叉研究特点。

二、应用价值

以"供给侧结构性改革"为政策推动背景，在"经济新常态"下，以产能过剩的钢铁行业中闽东周宁"钢贸大县"的钢贸市场为经验调查对象，以此为样本但又不限于此，从市场社会结构视角提出相应的市场治理机制与具体方案以达到市场秩序良性运行的市场系统治理目标。

第二章　市场本体研究转向

——"实践关系"本体及其命题形式

到目前为止,市场常被看作是由"交换的场所"和"交换的关系"两方面组成的。市场作为一种"交换场所"(如农贸市场、集市、交易会、商场、超市与专业市场等有形市场)时,其内涵与指向较为清晰,但作为一种"交换关系"时,因对"关系"的理解不同,导致了不同的市场理论。尤其在如何正确判定政府与市场、市场与社会、市场买卖参与者等之间的关系方面,学术界存在争论。本书认为,引发不同市场理论纷争林立且争论不断的原因在于,对"市场的本质是什么"这一本体论议题迄今缺乏适恰性的辨明。

本章通过概念诠释、分析比较、演绎式思辨等研究方法,从市场本体论哲学视角阐明了市场从"场所""交易关系"到"实践关系"的本体转向,由此论证市场理论背后的"实践关系",即被西方主流经济学倡导的"自由市场"观遮蔽的社会制度性、历史性、在地性和意识形态性等市场实践本质问题。具体而言,本章从我国"市场"原初形声会意字本义与西学市场近现代研究意图的碰撞中,运用经典马克思主义市场观,阐明了市场的本质在于"物物交换背后的'人的关系'"(沈原,2007),并结合其实践观,提出"市场的本质是实践关系"这一命题,同时,借助语言分析学命题方式,以 XRY 关系命题形式替代"S 是 P"判断定义来定义"市场"。研究意义在于表明市场是一种经济社会规划性的制度安排,市场理论具有"述行性"特征,市场功用的发挥具有条件性,尤其认为,实践中的市场具有社会制度、历史性、在地性以及意识形态性等特性。

第一节 "市场"原初含义与西学市场研究的
近现代转向

一、"市场"的含义

(一)"市"与"场"

1.形声会意字"市"的演变与含义

市:"学"(金文)→"益"(战国)→"肖"(篆文)→"市"→(隶)→"市"(简楷)。金文"学"上为"屮",下为"兮"。"屮"表植物向上生长,引申前往(去);"兮"音表示叫卖嘈杂之声,故金文"市"意为前往叫卖嘈杂之地。篆文从"冂""乀"(古文"及"字),"屮"省声。从"冂",意指买卖之地有围墙,表范围、界线;从"乀",表物品相续而至;"屮"音读,也兼有前往(去)之意。隶、楷"市"字从战国"益"字而来。

2.形声会意字"场"的演变与含义

场:"塲"(金文)→"塲"(篆文)→"場"(繁楷)→"场"(简楷)。金文左从"土"、上从"日"、下从"刀刃或手掌托起"形,意为在日光照耀下,用镰刀等农具收割的谷物可晒在土堆(山)旁的平坦之地。"场"本意有三:祭神道;田不耕;治穀田。篆文从土昜声。"昜"(yáng)初意是"陽",有广阔之意(见《说文解字》)。可见,"场"是古人专门用来晒谷物或祭神明的平坦地块。

(二)"市场"词源本意的中国传统文化理解方式

本书认为,"市"有两层含义:其一,表示"物品交易的场所('冂'意)"(物理性);其二,表示"前往交易的活动('屮'意)"(实践性)。"场"亦有两层含义:其一,表示"祭神、晒谷的平地"(物理性);其二,表示"活动或聚集的一个过程"(实践性)。由此可知,"市"名,乃遵循中国道学文化的体现,"无名,天地之始;有名,万物之母。故常无,欲以观其妙;常有,欲以观其徼。"(《道德经》第一章)"市"的物理性特点,即为"名之徼"(有边界的实物实体);"市"的实践性特点,即为"名之妙"，为"玄"（看不见但为"物之始"）。"此两者，同出而异名。""市"也应《易经》"一阴一阳谓之道"之理，"市"看得见的部分为集市（交易场所），为阳；看不见的部分为阴，为现代理解意义上的抽象性交易共性的"市场"概念。若此，遵循"道"必有"一生二，二生三，三生万物"之理。"市道"本意含有阴阳性（徼与妙，即物理性与实践性，而"实践性"，即为本书要论证的一种市场本体转向），并根据言说者的意识形态、制度性、历史风俗与文化等诉求以及各种形式的市场发展，进而为"三"，即而后产生关于市场的各种理论形态与市场诸种形式。

本书不认为"市场"一词借助日语翻译英文 market[①] 而来。"市"本有"'冂'（场所）之意"，加上"场"为"市场"，一为古汉语演变可言说方便，二可揣测"场"之"祭神"场所，应遵"天道"之意。天道乃自然规律，"人法地，地法天，天法道，道法自然"，市场因应"天地人三才"规律，"场"乃祭神之地，天地人通感之地，后又偶或作为"刑场"所用。简言之，市场应是人感通天地自然规律的"众妙门"之一。当然，做如此解析，应认识"市"或"市场"古时是以其经济交易功能为主，而以"神道"附加功能为辅。古汉语中"市场"偶有合用，如南唐尉迟偓《中朝故事》中的"每阅市场，登酒肆，逢人即与相喜"，清代兰陵忧患生《京华百二竹枝词》中的"新开各处市场宽，买物随心不费难"等散见表达。但总体而言，"市"在近代以前，基本按照"有形市场"的意思予以理解与运用。如早有《周易·系辞》言："神农日中为市，致天下之民，聚天下之货，交易而退，各得其所。"后有表示时间的"朝市""午市""夕市"，表示交易物品类别的"米市""布市"，以及现代的"股市""超市"等。总之，我国在日常用语中，仍主要以单个后缀词"～市"表明具体有形市场。

简述"市场"原初含义，意在表明中国市场史中，"市"虽早有"场所"与"交易关系"两方面的特征，但在近现代以前，更多地强调市场作为场所聚集地的物理性作用。据《周易·系辞》记载，中国在神农时期，即大约公元前 3000 年就有供贸易使用的"市场"，周朝即有官府针对市场的课税制度，用现代话语表述，我国的市场经济已有近 5000 年的历史了。

---

① 按照日本学者日置弘一郎的看法，英文 market 翻译为"市场"，有学者认为"市场"一词，即自日文翻译 market 而来（日置弘一郎，2018）。

二、西学市场观

（一）从"场所"走向"关系"的脉络

按照波兰尼（Polanyi）的研究，中世纪之前，西方"市场"多称为集市（agora）、市集（fair）等，仍以这种场所的物理性功能为主。

近四五个世纪以来，市场对经济社会发展的重要性大大增加了。现如今，市场遍布国内国际贸易中，并支配着全球的经济体系。尤其是金融市场成了推动世界经济发展的主要力量。学术界对市场的理解，强化了其作为商品"交换关系"的维度，即相较于"交换场所"层面的理解，市场更多地被视为自愿交易中产权转移（甚或包括习俗性与仪式性转移）的所有形式。

梳理文献发现，近现代以来，有关市场的观点主要有两种：第一，经济学研究方面，如以斯密（Smith）为代表的古典经济学认为市场是"看不见的手"；以倡导"边际效用"的门格尔（Menger）、杰文斯（Jevons）和瓦尔拉斯（Walras）为代表的新古典经济学认为市场是"价格机制"；米塞斯（Mises）、哈耶克（Hayek）和山德（Shand）等在"不完备知识、选择内生性和企业家精神"基础上提出市场过程理论；科斯（Coase）基于"有限理性"得出制度经济学所理解的"市场是一种经济制度"的判断；等等。第二，经济社会学研究方面，马克思（Marx）的社会再生产理论抨击了不平等的市场阶级观；韦伯（Weber）的"市场斗争"观强调市场中的权力与冲突；帕森斯（Parsons）与斯梅尔瑟（Smelser）认为市场是一种社会体系，以不同的方式和途径依赖于内卷化（be involved）的社会系统而被社会结构化；借助波兰尼的"嵌入"观（认为微观市场嵌入于社会结构），格兰诺维特（Granovetter）"低度社会化"和"过度社会化"的"嵌入性"市场网络观点成为新经济社会学研究市场的主要标志。沿着新经济社会学的市场研究路径，其间有影响力的观点还有：怀特（White）的"市场角色地位 W（Y）"模式——认为市场是由相互密切监视着的生产者组成的同行圈；伯特（Burt）的结构洞理论认为市场能够基于结构洞信号实现"结构性自治"；贝克（Baker）认为市场是"买者与卖者组成的社会网络"。另外还有泽利泽尔（Zilizer）、祖金（Zukin）和迪马齐奥（DiMaggio）的市场文化观，弗雷格斯坦（Fligstein）的市场政治权力观，布迪厄（Bourdieu）的市场场域观，卡隆（Callon）的市场—行动者网络理论；等等。以上这些观点都强调市场是社会结构中文化因素、政治结构或非正式互动等因素交互作用下的制度化产物。

(二)西学市场研究的特点:述行性

新经济社会学"述行学派"的观点认为,市场模型(理论)是"述行性"(performativity) ① 的,它在一定意义上改变了"市场仅仅用来描述现实的交易"的狭隘认知,认为市场是由经济学家及其理论、工具所构建的。也就是说,"市场"形态的现代运行方式,并不是奥地利经济学派认为的那样,仅仅是"自发秩序",而是由经济学家构建的理论或模型在现实经济世界的一种实验运用。市场述行性犹如社会学中的"行动"概念,也类同马克思理解意义上的"实践"概念,即市场参与者开拓不确定经济情境的能力。它强调了经济学家对市场这一人为构建的制度的创新能力,即现实中的各类市场形态是经济学家推演并运用理论或模型的结果。相较于主流经济学派偏向于采用数学理论模型,在述行学派看来,市场理论模型不仅能更好地转置为学术共同体认同的背景,也能更好地转置为市场实践的运用背景。另外,述行性意味着计算,即用市场理论模型改变市场参与者的行为,同时也促使行动者更加理性地运用和采纳市场数学模型(刘米娜等,2013)。本书认为,趋向于用数学逻辑构建的市场模型,是形式逻辑的运用,是"数理'关系'"的运用,对市场理论的探讨就显现为对"商品交换关系"的探讨。近代以来,市场研究的重点不再是作为"物理性场所"的市场,而是作为"商品交换'关系'"的市场。在本书看来,述行学派的方法论意义在于对各式各样的近代市场理论进行了反思,目的在于透过市场理论(模型)找出言说者(尤其是经济学家)的立论立场,论证了市场理论具有历史性、制度性和意识形态性。

(三)西学市场理论建构的意图性:资本主义的需要

总之,经梳理,西方经济学对市场的研究包括:场所市场观、活动聚集地市场观、价格机制市场观、组织形式市场观、经济/社会制度市场观、社会(结构)市场观、权力市场观、文化市场观、场域市场观等等。本书认为,前两种观点是对

---

① performativity,译为"述行性",源自 Austin 提出的"言说行动理论",也就是"我在说我所作的行动时,我实际上表现了行动"(刘米娜等,2013)。

市场自发秩序的自然描述；后几种观点则是从市场"交换关系"这一市场之"道"的"妙门"维度进行提炼进而延伸至"市场关系"。按照社会建构论的理解，从当前市场在日常生活、生产甚或国际经济社会格局中某种意义上的决定性作用而言，"市场社会"是利益相关者（显然当下每个人都逃脱不了市场的控制）的建构产物，其中从市场关系中获益的既得利益集团是最主要的推动力量。若如此解，西方资本主义自然最欢迎所谓的"自由市场"理论。

第二节　市场理论的本体论再转向：实践关系

一、"本体"初始含义："实体"性

"本"在汉字中指的是植物的根，引申为事物的根源、本源；"体"指的是人的身体，引申为事物的形体、形态。近代以来，因与西方哲学的深度融合，把西方哲学意义上的事物本源——一种指称常驻的为其他事物的主体、基础、原因、本质并先于其他事物而独立自存的东西，指称为汉语"本体"一词并赋予哲学含义进行探索。

自亚里士多德在《形而上学》中提出"存在（being）是什么？"这个哲学问题后，"本体是什么？"成了西方哲学的核心概念范畴。总的说来，从亚里士多德、柏拉图到笛卡儿，西方哲学家都在探索事物存在的最普遍本质。他们的这种运思模式，即实体思维模式，后人称之为"实体本体论"，即认为"实体"不依赖于任何别的存在者即能存在，而其他一切存在者都依赖于它而存在。

二、现代"本体"研究转向：非实体的"关系"性

近现代以来，随着科学知识深化、科学理论人类学特征以及认知主体能动作用日益凸显，尤其是复杂性系统论进一步突破了原有机械论世界观，表现在本体论上则是从"实体主义"转向"非实体主义"。

"实体主义"转向"非实体主义"的主要贡献者有日本著名哲学家广松涉（2009）。他建构的"关系主义本体论"以"事的世界观"取代"物的世界观"，主

张"关系的规定性才是第一性的存在"。唐力权(1998)的"场有哲学"主张"存有即场有,万物皆依场而有",阐释了"场"乃事物的相对相关性,认为一切事物都存在于相关相依、相克相成的相对性势用中,存在于事物相对势用所构成的关系网络中,并提出"活动作用"是场的本质。罗嘉昌(2012)的"关系实在论"主张"关系即实在,实在即关系,关系先于关系者,可随透视方式转化关系者和关系,以及'撇开两造而思纯关系'"等观点。这些理论颠覆了传统形而上学中属性、关系依附于实体的认识论,提倡"关系"乃是"性质""本质""本源",是对象生成的必要条件和定义任何事物的基础,即用"关系一般"取代了"实体一般"。

事实上,西方学者"非实体转向"的本体论观点也是"关系实在论"("实在"被定义为限定于一组关系结构中的潜在可能性及其涌现的总和)的主要理论来源。例如,胡塞尔(Husserl)的现象学——"本质就是变项自由变更中的不变项";玻恩(Born)的"实在通过坐标变换中的不变量来表征";维特根斯坦(Wittgenstein)的"世界是事实的总和,而不是物的总和";罗素(Russell)的"摹状词理论"——把名词谓词化,把专名看成伪装的摹状词,目的在于说明"物"是性质的"束"(过程关系)而已;蒯因(Quine)的本体相对论认为"不存在绝对的事实",他引用物理学中的坐标系、参考系概念说明离开某种语言和概念系统的指称方式,我们便不能探明任何实体的东西;等等。总之,西方学者"非实体转向"的学术观点与理论佐证使得"关系实在论"更加成熟和精细化。

三、市场研究的本体转向:从"场所"到"实践关系"的逻辑

(一)原有市场"关系性"定义的不足

前文从"本体"的哲学范畴简要梳理了近代以来关于事物本源、基质的本体论学理转向,目的在于针对本书所探讨的"市场本体"问题,找到打开认识通道的钥匙。如上所述,市场要么是"交易的场所",要么是"交换关系的总和"。市场"场所"论折射出来的就是实体本体论,场所是看得见摸得着的实物存在,甚或认为市场是一种制度、价格机制、组织形式、文化方式、社会结构、权力系统等,也都可划入柏拉图意义上的理念型实体。市场"交换关系"论则偏向于"关系实在论"的理解,但仍然把"关系"理解为一种市场本体的"属性"特征,并没有

从"关系"本身就是"本体"的哲学本体论上展开阐述与研究。即定义中有"关系"的概括,但都没有对"交换'关系'何以成为市场本体"展开论述。本书认为,只有对市场交换中的"关系"展开本体讨论,方可进一步明晰一系列重大理论问题,如"市场与国家""市场与计划""有限市场""自由市场""市场与厂家""市场与社会"等相关相应关系。

(二)市场"实践关系"本体性定义转向的时代性

就市场"关系实在论"而言,虽言明"关系"是本源、原因、基质,但仍需对"关系"如何对"关系者"起到本质、支撑作用的机制进一步给明方案,这个方案就是将"实践关系"作为"本体"。由此,本书认为,可以从经典马克思主义实践观、布迪厄场域关系观、吉登斯结构化理论以及强调实践建构性的社会建构理论等找到西方学者给出的学理资源。在经典马克思历史唯物主义中,其所关注的不是实践的主体性,而是作为"社会存在关系主体的'主体间性'"(关系者间的主体间性),其运思主要是阐明了"实践本体论"。马克思从人的本质规定性出发,把实践的社会生产关系作为哲学意义上的本体,提出了"实践本体论"。布迪厄也主张"'关系'的首要地位",并通过"实践感"的行动者活动,祛除传统的二元论式,认为社会现实既包括结构也包括行动,二者相互作用产生社会现实,"现实的就是实践关系的"。在其场域理论中,场域最明显的特征是,"场域是诸种客观力量被调整定型的一个体系(其方式很像磁场),是某种被赋予了特定引力的关系构型……场域好比一个棱镜,根据内在的结构反映外在的各种力量"(布迪厄等,2004)。在布迪厄那里,"实践"是先于认知的,"场域"与"惯习"遵循实践逻辑产生相互作用。布迪厄的场域观受到国内外经济社会学学者的普遍认同,也相应提出市场场域理论,并得到运用与传播。吉登斯结构化理论中的"结构二重性"概念是其核心要义,他对此界定说:"对于结构二重性,我的意思是说,社会系统的结构属性是构成那些系统的'实践的媒介',又是其结果"(Giddens,1976)。"实践媒介"也被帕森斯称为"双向耦联"机制(赵旭东,2017),即规范与权力资源的互动转化机制。总的说来,提倡"实践"作用的社会学家,都意图创建一种社会实体的本源是"实践关系"的理解方式。

通过上述讨论,本书主要运用"实践"理论,植入市场中的"关系者"进行市场本体论的探究。这个"关系者",社会学称之为"行动者",经济学称之为

"参与者"。"关系者"具有能动创造能力。"关系"形塑、约束着"关系者",但"关系者"能动地创造着既有的"关系",推动着"关系"性质、形态各异地延伸发展。做如此解,可见,诸种市场理论不过是被不同利益者所掌控的话语、权力、资源而已。

第三节 提出:"市场"从判断定义到命题形式

一、市场"场所、关系"实体的判断形式

按照维特根斯坦等著名语言分析学者的理解方式,可知"市场是交易场所、交易关系"是典型的"S 是 P"词义表达判断方式。从语言分析和思维逻辑上看,"S 是 P"是主谓逻辑,主词 S 是实体、本体,谓词 P 用来说明主词 S 的属性。按此定义,"市场"是实体,它的属性就是"交易场所、交易关系"。这个定义体现的恰是亚里士多德、柏拉图意义上的实体逻辑——"实体本体论"。古时,在日常生活生产经验基础上,形成了将外在于人的存在看作有形的、常驻的物体,"交易场所"被表述为"市场",是"市场"本性独立、相互外在关联的交易者的基本构成元素及其集合的观念。对其做进一步的抽象,就有了"market"概念的出现。这与我国汉字的象形会意字不一样。"市场"实体体现了主词同一性的逻辑,即凡是"用来交易的场所",都可称为"市场"。"市场"在这里凝结着交易场所的本源性、普遍性和统一性本质。对于实体逻辑,自我同一性表现为同一律;按照实体逻辑,一个实体既然存在,便不能不存在,既然是"有",便不能是"无","有无"相对立,不能同时存在,即为矛盾律;此中两个相反的判断,只能一个为真,则是排中律。这个便是著名的实体逻辑三律(罗嘉昌,2012)。由此,实体逻辑造就了西方人对市场的思维方式和研究方法。

西学定义"市场"的实体逻辑,可用函数表示,即式①:$Y=f(x)$。该式可拓展为式②:$Y=f(x_1,x_2,\cdots,x_n)$。式①中 f 表示"场所、关系"x 所具有的属性,Y 即为"市场"实体;式②中 x_1 到 x_n 为不同市场研究视角赋予生成的诸因素或变量。由式②可知,为何当下经济学派林立,市场理论层出不穷。

再次强调,哪怕是当前"市场"定义中的第二种理解方式"市场是交换关系的总和",仍然是实体本体论的体现,即"市场"是主体(本体),"关系"是属性。表达的是市场具有"交易关系"的属性特征,"交易关系"是附属品,"市场"实体总是"先于交易关系"。$Y=f(x)$ 是典型的形而上学学说体现,"场所、交易关系"范畴下降到依附和从属的第二特性地位。

二、命题形式转向

"对 X 而言,市场是……的关系",以这种命题形式来定义"市场",反映了"关系实在论"的哲学观。把"买卖者'关系'(事物之间相互影响、相互作用的状态)"看作本体的主张,是从"市场"本体意义探寻中蜕化出来的一种"从关系性思维理解事物"的本体论观点。以"市场关系"为本体,可以避免主谓词实体逻辑中不同 P(市场属性)相互矛盾的问题,即当对 S(市场本体)的某一属性出现相互矛盾的判断,从而危及"二值原则"(principle of bivalence)时,P 所代表的属性就有可能脱离 S,出现属性不属,导致对市场理解的主观判断情形。也就是说,站在不同立场上阐述市场观念,就会出现不同的市场理解,导致争论不断。

按照"关系实在论","市场"命题的一般论题域包括:①交易关系是市场实在的;②市场本体(实在)是有关系的;③市场中的交易关系在一定意义上"先于"买卖交易者存在;④市场中的交易关系者和关系可随"关系参量(因子)"的限定而相互转化。在这里,"关系"作为本体实在具有哲学意义上的"相对相关性"(怀特海,2013);"关系参量(因子)"则是社会类性质如制度、政策、言说立场、文化、风俗习惯与伦理道德等等。总之,借助罗嘉昌(2012)的理解方式,市场关系实在论命题主张应以"市场关系和买卖交易关系者"(本体性)的思维取代"对象与关系对立"的思维,提出"撇开两造而思纯关系"的关系本体论观点。

市场关系实在论,可用二元函数表示:$Y=f(x,r)$。式中引进了关系参量(因子)r,用以表示市场观念开除执着,显示真义的界面,即用 r 来表示"视界、视域"的参量。任何市场现象、性质总是在特定的关系因子 r 中显现的,也就是说市场现象、性质总是在 r 的背景中、在 r 的参与下实现的。由此,就可用当代"关系逻辑"以 XRY 这个关系命题形式取代"S 是 P"的判断公式。XRY 命题形式也可以写成 $R(x,y)$ 的函数形式。借助胡塞尔、维特根斯坦批判亚氏以降

"'是'的系词判断"而提出的"'具有'判断",可对 X、Y 赋值后写成 aRb。XRY 中的"R"解释为"具有",上式就成了"a 具有 b"。进而推论,式中 R 不仅含有"具有"之意,更意味着"关系即视域的实在化"。由此推导,对市场研究而言,关系的逻辑以"R"取代"是",否定了"是"这个系词所具有的形而上学的力量。在关系逻辑中,即使"是"可以有,其本身也要被当作相对化与关系化来解释。再者,中国传统语言结构中,"是"只是"乃……者也"之意,不是正式的系词。在翻译上,用"是"表"is(to be)"本就有些牵强附会。

基于以上"关系逻辑""关系实在论",对"市场"的定义就可以做如下表述:"在关系 r 中,市场乃/是/具有……""在一组宏观条件 r 中,市场显现其……的性质""对……而言,市场是……""在……视界/视域下,市场是/具有……的关系",等等。

总的说来,引进参照关系(因子)r 的意义在于:①在对市场做正确定义时将说话者(P)、说话时所处的条件(R)和语句(S)这三元组的性质考虑在内;②在对市场做正确定义时考虑价值判断、意识形态和言说立场,甚或要将近代以来因学科割据对市场理解的不同争议考虑在内;③可将对现代市场的关注点转向对"市场中的'关系'与'关系者'"的研究。

三、提议:"对……而言,市场是……的实践关系"命题形式

本书旨在阐释与倡导"实践关系本体论"并运用其思维方式做出关于对市场的正确理解。市场实践关系本体关注的不再是市场场所的物理性或市场规则的观念性本体,而是由诸市场行动者参与行动的动态实践本体,这个本体就是马克思理解的实践范畴。所谓动态实践本体指的是,实践自身受限于当时的制度、意识形态、言说立场、伦理以及技术等社会发展条件,同时通过实践能力又不断地形塑外在经济社会环境的市场生成实践二重性。

借助公式 $Y=f(x,r)$,并导入市场实践关系本体论的观点,进行函数表达,对市场的命题即可表述为:$Y=f_p(x,r)$。式中,f_p 为"实践"(p 是 practice 的缩写),x 为市场诸行动者与市场参与要素,r 为关系参量(因子)。该式可理解为:"对 r 而言,市场 Y 是 x 的实践关系"。这样,市场命题形式具体可表述为:"对……而言,市场是……的实践关系"。

　　市场实践关系本体论提出"'市场—行动者'实践转化"的本体论,即"实践关系"是本体、基质与本源。市场与行动者是相互依存、相互形塑的,行动者通过实践的关系与生成中的市场形成相互建构的关系。如是解,市场与行动者均具有实践上的二重性:市场实践二重性是指,市场是行动者实践活动的前提条件,又是行动者实践活动的结果;行动者实践二重性是指,行动者能动性的实践在有意识地进行市场生产交易活动,同时,行动者通过实践活动不仅能够激发市场内在因果力量和生成机制,推动市场趋势判断的实现,而且可以对市场经济社会结构进行再生产与变革。

　　本书提出市场实践关系本体论,使研究市场的焦点从市场场所、市场规则转向"市场实践关系"本身,且实践活动天然就具有将市场与行动以及建构与运作结合起来的关系特性。这主要是基于以下三个原因:①古典、新古典经济学中的传统市场研究范式——体现在研究路线上是经验域中的演绎主义逻辑、还原主义的行为理性假设和市场自负预测——受到了挑战;②市场是劳动分工、商品交换的同义词等简单的判断式理解受到了挑战;③抽离市场历史特性、制度文化性、意识立场性等市场内在机制、结构与动能只从价格机制因素来定义市场的理解受到了挑战。本书认为,市场不是自我构造的,市场本质上是包含了"自发"——如哈耶克理解意义上的自发秩序一般——和"设计"——如述行学派理解意义上的市场理论改变现实市场那样——的实践杂交。显然,近几个世纪以来,经济规划性设计的市场观念占据了主导地位。

　　鉴于此,基于学界对市场的不同理解,按照本书提议的"对……而言,市场是……的实践关系"的命题形式,其分类表述应可如下:①"对有形市场而言,市场是商品买卖者构建的为商品交易提供聚集场所的实践关系"(市场场所论);②"对价格机制而言,市场是资源配置的实践关系"(市场价格机制论);③"对组织管理而言,市场是一种商品交换制度的实践关系"(市场制度论);④"对社会关系而言,市场是厂商间社会网络嵌入的实践关系"(市场网络论);⑤"对科层结构而言,市场是厂商层级结构利益争夺的实践关系"(市场结构论);⑥"对社会资源分配而言,市场是一种有别于互惠、再分配的自愿等价交易的交换实践关系"(市场交换论);⑦"对市场政体而言,市场是一种权力系统的实践关系"(市场政体体系论);⑧"对社会结构而言,市场是经济场域的实践关系"(市场场域论);⑨"对规制而言,市场是一种经济/社会制度的实践关系"(市场经济/社会制度论);⑩"对时间与知识而言,市场是变化过程的实践关系"(市场过程论);等等。

总之,对市场本体论的阐释,本书引进了"参照量'关系'(因子)"——"对……而言,或在……视界/视域下",并提出市场本体含义在于"实践关系",即不仅"关系"成为市场的本体,而且这种"关系"是"实践关系"。需强调的是,以上命题中的"是",并不是西学意义上谓词"is"所做的判断之意,而是中国本土古汉语中的"乃……者也"的名词化并借助 aRb 命题中的"R"(具有)之意。

第四节　结论与余论

当前对市场的传统定义,主要是把市场理解为两个方面:要么是作为场所的有形市场,要么是交换关系的总和。但无论是哪种理解方式(认识论),都只是把"场所"或"交换关系"当作市场的属性。自斯密"无形之手"的市场价格机制观点提出以来,西方资本主义的核心部件——市场的功能不断被挖掘、扩大,甚或有学者感叹,当下的社会就是"市场社会"——市场规则充斥并控制社会的方方面面。由此,如何正确理解市场,市场的本质(本体)是什么,这些问题显然是当前急需解决的基础性、根基性问题。结合市场观念发展的历史性、制度性、意识形态性与地方文化性等本有特性,本书最终提出"$Y=f_p(x,r)$"的命题形式,即"对……而言,市场是……的实践关系"。这一命题形式有四重现实意义:①吻合当下市场被当作一种社会规划性的制度安排的理解;②吻合市场理论的述行性特点——不仅能给出解释,还点明市场现实由市场理论或模型所创设;③针对不同经济社会制度,市场功能的运用是有条件的,即在不同的关系因子下,市场所发挥的功用是不同的,具体要看处在哪种"实践关系"中;④表明"市场现实"是诸市场参与者通过"实践关系"所建构的,强调参与者之间的"关系",尤其强调此关系的"实践性",这是正确理解市场的关键。就本书提出的"市场实践关系本体论"而言,现实的意义还在于可对当前所倡导的"自由市场"思潮或政策做出学理性的批判。所谓"自由市场"是不存在的,当下中美贸易摩擦、加入世界贸易组织后关于"中国市场地位"之争、国家市场主体的不同结盟意图等，都显示出市场是有意识形态性、制度性、历史性、文化性与地方性本质特性的。

需进一步讨论的问题有：

第一，面对近几个世纪以来市场经济观念的不断强化，如何正确定位市场场所功能与市场实践关系，反思当下的市场经济形态，厘清"实体经济"与"虚拟经济"的关系，是需进一步思考的问题。

第二，市场交换是经济领域中通过交换满足各自需求的商品获得形式，但经济社会是复杂系统，一味用市场交换思维解释社会领域的其他方面，会导致社会滑入"市场社会"境地，对此须进行反思。

第三，汉语"市"本有"交易场所的物理性"和"去往交易的过程实践性"两种含义，汉语形声会意字的智慧体现于中国的"易学""道学"文化，"一阴一阳谓之道"，"市"，阳的一面表现为看得见的"场所"；阴的一面表现为看不见的"交易实践性"，此两者"同出而异名"，背后的"本体"即为"道"。何为"'市'之道"？这个"道"是实体本体论、关系实在论还是实践关系论？需要我们进一步用中国本土语言来回答。文化自信的时代呼唤本土性的市场理论研究。

总之，当前主流经济学对市场的研究采取的是实证经验逻辑下关于市场的知识假设均正确，进而用抽象演绎思维进行推导的认识论思路。而本书提议的"$Y = f_p(x, r)$"命题形式则是追问市场本体（本质）究竟是什么，市场理论何以可能的本体论思路。前者的重心在认识论，后者的重心在本体论，知"本体"方可谓"认识"。

第三章 复杂性市场研究纲领与理论分析框架

本章在批判主流经济学市场研究范式的基础上,从市场本体论的转向视角,重新定位市场本质,提出"实践关系"研究纲领的复杂性市场本体论及其研究框架,它是一种依赖于当代哲学思潮、关系性社会学思维、复杂性科学理论与经济学批判实在论等的新研究范式,旨在进一步阐明与证实市场本质是"市场背后'人与人'的实践关系"这一命题。

第一节 "自由市场"观困境及其局限

一、市场理性行动理论的个体主义方法论逻辑

建立在理性行动理论(rational action theory,RAT)基础上的本体论个体主义和方法论个体主义是主流经济学研究与提倡"自由市场"的主要理论依据。理性行动理论认为,市场交易行为受成本—收益原则支配;市场行动者是自利的,并追求利益最大化;市场交易者能获得所有可能助益其选择的相关信息,并精于复杂的算计;等等。然而这样的假设并不足以对实际生活中的人类经济行为进行充分解释与科学预测,致使经济学内部出现分化并松动其基础性假设,如提出"有限理性""追求效用满意""不完备信息""行为植根于直觉"等具有诠释性与社会情境敏感性的预设等。但主流市场研究者仍采信个体主义的理论

和方法论逻辑。本体论/方法论个体主义者坚信,个体(经济行动者的行动或性质)才是经济世界中积极的参与者,因此只有个体才是市场解释的合理焦点,他们并不认为经济市场具有涌现性。例如,在桥接"微观市场个体与宏观经济整体"问题上,主流经济学常按照个体主义还原论方法进行学术处理,即借鉴经典力学,构思出世界直接由最基本的构成单元(如"质点""原子")组成静态结构,这种静态结构常常也可分为多个层次,但所有层次现象归根到底都是由最基本层次所决定的。一旦最基本层次被决定,整个世界结构与各个层次现象也就全部被决定,如其假定的"经济人",就是经济学世界的"质点""原子"。

二、两种主要"自由市场"观

(一)芝加哥经济学派的"自由市场"观

以芝加哥经济学派为代表的新古典经济学在"均衡建模法"基础上解释了市场的一种资源配置的价格机制。其认识论思路是:作为价格机制的市场,其知识具有实证、客观和线性累积特征,对市场的研究独立于市场实践,其表述有效性与科学性的方式在于逻辑陈述而不是事实陈述,即判断市场能否作为有效价格机制而促进商品交换和经济社会发展的唯一标准诉诸形式逻辑。作为价格机制的市场理论建立在理性行为、信息透明和意识形态无涉的假设基础上,由其"保护带"命题组成,而命题是否成立,在于命题能否用(数学)形式逻辑分析和经验证实。概括而言,关于市场的本质,在新古典经济学看来,其特征是以经验为基础,通过分析和演绎得出其作为价格机制对资源起配置作用的均衡规律性规则,通过对设定命题是否吻合逻辑进行推演,剔除与市场实践有关的社会、历史、心理、文化、制度以及技术变革等因素,以便给市场研究提供纯粹的形式命题。这些市场理论主要得益于一般均衡理论、帕累托法则、阿罗-德布鲁模型、凯恩斯 IS-LM 模型(希克斯曲线)等理论的推动与运用。其运思结构可归纳为:步骤一,明确研究的对象主体,如个人、企业、组织、政府等;步骤二,阐明重要的理论假设,如效用最大化法则等;步骤三,用数学方法描述研究对象的行为,与步骤二一致,其中最重要者是边际均等原则(MC＝MR);步骤四,用经验事实来检验步骤三是否正确等(杨春学等,2013)。

(二)奥地利经济学派的"自由市场"观

奥地利经济学派也是方法论个人主义的坚定倡导者,但不同于古典与新古典经济学,他们认为市场应该研究"交换",由此认为"'交换互益'协调"才是经济学研究的中心课题。按照哈耶克的观点,经济学的根本目标是:分析市场如何让经济行动者发现、传递和利用分散于市场参与者大脑中的"实践知识",从而形成一种"自发秩序"。该理论研究范式提出了意图性行动(purposive behavior)、演示偏好(demonstrated preference)与过程分析(process analysis)等核心假设(杨春学等,2013)。在此假设上,认为市场本质是对充满不确定性的经济世界的适应性功能,即一种适应性效率。如市场价格,他们认为价格体系之所以能引导市场经济并赋予它秩序,原因在于价格体系记录下了市场交换过程中的零星知识,通过竞争形成价格整合,并创造出一种新的交换知识。由此认为市场秩序(自发秩序)是一个过程、一种可被不断修正的状态。

三、"自由市场"观的困境

自"自由市场"观提出以来,它为资本主义社会经济制度提供了一个合理的市场解释框架与经济市场建构逻辑,但也备受批评。如复杂经济学代表人物圣塔菲研究所(SFI)教授 Foley(2008)称古典与新古典经济学为神学,Hendry(2001)称计量经济学为炼金术,Cheung(1973)曾用"蜜蜂的神话"批判没有经验证据的古典与新古典经济学市场理论。近年来,国内学者陈平、杨春学等也较为系统地梳理了"自由市场"观的困境。

陈平(2012)认为,新古典经济学的市场供求关系模型完全忽视了国际劳动分工形成的复杂网络,以及市场规模限制引发的垄断、冲突和市场不稳定性等。他通过复杂性科学与复杂经济学视角对古典与新古典经济学进行了批判,提出"自由市场"神话主要表现在以下六个方面:第一,"看不见的手"和外贸自动平衡。斯密所关注的市场规模竞争和市场份额竞争,客观上掩盖了殖民主义和帝国主义行径。第二,自稳定市场均衡价格。复杂性经济研究表明,在非线性供给和需求线下会出现多重均衡,多重均衡意味持续波动(persistent cycles)和突变可能。第三,有效市场和噪声驱动宏观经济周期。建立在布朗运动、简谐振子模型基础上的弗里希模型、有效市场假说和宏观计量经济学"噪声驱动模型"

早已被物理学界证实违背了热力学第二定律,即这些原教旨市场经济模型所倡导的无须政府监管或政策干预的理念是不现实的。第四,微观基础和理性预期(自愿失业)。理性预期理论提倡工人"自愿失业",忽视了市场行动者之间的"社会互动"。复杂经济学业已证明,市场行动者之间存在交互关系,在交互实践关系中,经济危机其实是一种涌现的自组织临界混沌边缘的突变现象。第五,利率政策宏观调节。陈平认为"IS−LM 希克斯曲线"主要有三个问题:一是该模型是封闭经济体系,存在单向线性关系;二是没有考虑财政政策与货币政策所受的内在经济约束,将政府赤字财政和货币扩张视为经济外生变量,由政府独立操纵;三是该模型是基于"总需求、总供给"的判断,并没有经济结构概念。第六,转型实验、金融危机和市场经济的内生不稳定性。转型实验"休克疗法"的东欧、苏联经济转型实践,以及"摸着石头过河"的"中国模式"和 2008 年全球金融危机都清楚表明市场经济存在内生不稳定性。

杨春学(2013,2018)梳理了芝加哥学派和奥地利学派关于"自由市场"的论证思路和观点,认为前者论证基于均衡概念,后者论证基于对不确定性的认识。但从自由市场本质看,这类经济学家"一致同意"限制政府监管的论证,追求基于纯粹个人主义社会观的所谓"道德秩序",充满乌托邦色彩。杨春学用"市场暴政"来表达"自由市场"观的不良影响,认为"自由市场贯彻其自利原则和工具理性,势必会消解必要的社会纽带","真正严重的问题是它的片面性,特别是把从本身就存在严重缺陷的理论中推导出来的政策主张付诸实践可能带来的严重后果,尤其是那种对'市场的自我监管优于政府监管'的自负"(杨春学,2018)。

四、"个体主义"范式的根源、演变及其局限

近现代以来,主流经济学坚信其基础假设是"不证自明"的,具体表现在四个方面。第一,由培根(Bacon)、洛克(Locke)等人开创的英国经验主义哲学,认为人的感官经验是一切知识的最终来源。斯密《国富论》就是效仿牛顿经典力学与经验主义哲学的经典应用。第二,代表新古典经济学的效用边际革命兴起。在"自由市场"观支持下,芝加哥经济学派与奥地利经济学派虽有理念上的分歧,但都坚持从抽象个体出发对经济现象进行研究,如门格尔(2007)认为可

以通过将经济现象"还原至其组成因素，即还原至其因果关系中的个体因素进行经济现象的解释"。第三，"经济学帝国主义"的逐渐形成。后期主流经济学仍以理性经济人假设致力于打造宏观经济学数学模型，同时公共选择理论、新制度经济学等也都以自利经济人假设为起点对企业、政府、集团等进行分析，至此个体主义方法论在经济学中逐渐获得近乎垄断的地位。第四，经典牛顿力学成为主流经济学的楷模。主流经济学主要借鉴了其还原方法论中的"质点"与"均衡"隐喻。表现为"经济人质点假设"与"市场供求关系均衡"，即其借鉴的逻辑是，质点在所受合力为零时，处在静止状态，因此市场中供求"力"达到均衡（平衡），经济系统处于稳定、静止状态，认为这是市场追求的最佳状态（刘牧，2010）。其局限有二：一是市场交换关系只被理解为一种受工具理性驱使的过程性交易；二是"'自由－控制'摇摆"与"自利主体－经济发展"的二元对立。在后文论述中，本书将从当代哲学思潮、关系性社会学思维、复杂经济学以及经济学批判实在论等方面展开分析。

本部分以概览方式呈现了建立在"理性行动理论"与"个体主义"范式基础上"自由市场"观的主要观点及其困境。本书认为，无论是古典、新古典经济学对市场的研究从"物"转向奥地利经济学派的"人"，从市场本体论上看，都是基于一种"主体性的视角"，而不是"关系性的视角"。尤其强调，即便是已被通识的"市场是交换关系的总和"见地中，其"关系"也常只被当作"市场交换的派生性现象""经济系统的事件状态"等的"生成性结果"，而并没有把市场关系本身作为分析焦点，更没有把关系本身作为本体看待。

第二节　学理转向：复杂性市场研究

一、复杂经济学对市场的理解：市场具有涌现性

复杂性科学（complexity science）认为，经济是一个有着无比庞大的并发行为（concurrent behavior）的并行系统（parallel systems），市场生成于这些并发行为中，最终形成经济的总体模式或聚合模式（aggregate pattern）（阿瑟，

2018b）。复杂经济学主要研究经济系统中相互作用的要素如何生成整体模式，以及这种整体模式反过来又如何导致这些要素发生变化或做出调整以适应整体模式。其核心是提出了一种跳出主流经济学藩篱的均衡理论，认为经济不是确定的、可预测的、机械的，而是有机的、过程的、永远处在进化中的一种"涌现"。

　　复杂经济学其实要解决的是"市场个体"（微观）如何桥接"经济整体"（宏观）的机制问题。该学派认为，参与市场的主体具有"异质能动体"特点，认为经济整体组合并不是简单的市场个体聚集，各组分之间存在相互作用，它是形成复杂经济功能和结构的关键。它有个源自亚里士多德的形象命题："整体大于部分之和"或"整体不等于部分之和"。该学派把这种整体具有而部分不具有的新质产生，称为涌现。如马里奥·邦格（Mario Bunge）认为："如果一个复杂事物的构成部分或者这个物体的母体都不具有某个特性，那么该复杂事物所具有的这个特性就说成是涌现的。"（邦格，2019）复杂经济学代表人物布莱恩·阿瑟（Brian Arthur）认为，"涌现（emergence）就是指系统中的个体遵循简单的规则，通过局部的相互作用构成一个整体的时候，一些新的属性或规律就会突然一下子在系统的层面诞生"（阿瑟，2018b）。霍兰（2019）借助隐喻与描述的形式从经济现象具有聚集（aggregation）、非线性（non-linearity）、流（flows）、多样性（diversity）的特征与通过标识（tagging）、内部模型（internal models）、积木（building blocks）等机制提出了复杂适应系统（complex adaptive systems，CAS）的涌现理论与方法。本书认为，市场涌现性是经济行动者为适应内外环境变化，能动接收各种反馈信息，通过不断优化、协调主体能力结构，各组分之间产生非线性相互作用而生成新的、原有市场参与者不具备的更高层次市场参与能力和整体市场非均衡、非线性等市场现象。如阿瑟认为在"报酬递增"机制下，市场可呈现出"泡沫与崩溃""集群波动""突然渗透与相变"等经济现象（阿瑟，2018b）。

　　从方法论上而言，市场涌现性是复杂经济系统在演化中所具有的某种经济新颖性、不可预测性和宏观经济整体性，且市场参与者具有"主体不可还原性"。与传统经济学相比，近些年才发展起来的复杂经济学能更好地解释"微观—宏观"桥接问题，强调能动主体相互作用所促发的非线性关系。它虽然没有明确提出要把关系本身作为市场本体而展开具体研究，但其运用的关系性思维为本书导出的市场实践关系本体论提供了重要的学识资源与运思方向。

二、"关系本体"转向对市场关系本体论研究的启发

(一)"关系本体"哲社思潮与复杂性科学研究的"关系本体"转向

哲学与科技哲学中"关系本体论"的转向。近二三十年以来,关系本体论的哲学研究转向以唐力权的"场有哲学"——依场而有(唐力权,1991),罗嘉昌的"非实体主义转向"——"关系第一性""关系先于关系者"和"撇开两造而思纯关系"(罗嘉昌,2012),以及日本广松涉的"关系主义本体论"——以"事的世界"代替"物的世界"(广松涉,2009)等的研究为代表。关系本体论,是对西方传统哲学的反思、对中国传统哲学的反观融通。如张东荪指出:"欧洲哲学倾向于在实体中去寻求真实性,而中国哲学则倾向于在关系中去寻求。"(张东荪,1998)另外,近现代以来,在自然科学领域发展起来的"地质渐变论""生物进化论""热力学""熵增定律""场理论""量子力学(场论)""一般系统论""控制论"以及"信息论"等复杂性科学研究,从科技哲学本体论角度看,实现了从传统的物理"实体实在"到系统科学的"关系实在"的转移。也就是说,经典力学机械论研究的是"实体",方法上注重"分";而系统论、信息论、控制论研究的则是"关系",方法上注重"合",并彻底实现了系统科学的"关系"本体转向。在传统科学中,环境、场所外在于实体,属性、关系依附于实体;而在系统科学中,这一切都颠倒过来了,"'关系'成了'性质'乃至'对象'构成的必要条件,成为定义系统论、控制论和信息论的基础。可以说,这是一种本体的更替,即以'关系一般'取代了'实体一般'"(高剑平等,2020)。李约瑟也认为:"无论如何,中国人的思维总是关注着关系,所以就宁愿避免实体问题和实体假问题,从而就一贯地避开了一切形而上学,在所有的中国思想中,关系或许比实体更为基本。"(李约瑟,1990)

社会学自创立之初起就注重"关系本体"研究。社会学中的关系理论早已存在,如孔德(Comte)的"社会相互联系规律"、齐美尔(Simmel)的形式社会学、涂尔干(Durkheim)的"机械团结和有机团结"、韦伯的"社会是意义关联集合体"、科塞的冲突理论以及帕森斯的"社会系统—子系统间关系"与 AGIL 的动态关系框架,等。近年来,布迪厄的场域理论与吉登斯的结构化理论因强调关系主义方法论而广受欢迎。布迪厄等(2004)认为社会学研究对象应是"关系"

或"场",而且主张"关系"应占据首要地位;吉登斯(1998)在其结构二重性理论中用结构(强调结构是"规则"与"资源")的二重性阐释了个人与社会间的互动关系。而且,布迪厄和吉登斯都强调"实践"作为中介与结果对关系的决定性作用。正如皮耶尔保罗·多纳蒂(Pierpaolo Donati)所言,"社会学研究的是作为关系的社会实在","社会学必须将研究对象及其概念重新界定为'关系'"(多纳蒂,2018)。国内,费孝通(1948)的"差序格局"是中国关系型社会的经典命题,梁漱溟也认为中国是关系本位的社会。受《易经》《道德经》深远影响的中国文化,自古以来就关注阴与阳、天与地、自然与社会之间的辩证"关系",以"关系性"思维来认知和阐释经济社会现象已然成为中国人的一种思维习惯。

(二)经典马克思主义是"实践关系本体论"的起源[①]

马克思认为,"实践"是存在的本质,"'实践'这种活动,这种连续不断的感性劳动和创造,这种生产,是整个现存感性世界的非常深刻的基础……社会生活在本质上是实践的"(马克思等,1995)。同时马克思又认为,"社会是一切关系的总和",在马克思的理解中,"关系"就是社会关系及其深层次的生产关系。可以说,马克思哲学的逻辑本体不是实体,是关系,是实践关系。马克思通过物化论,即以物与物的关系乃至物的实体与事实的属性来表现人与人的关系(如在市场实质问题上),自觉地确立了实践关系主义的本体论,"马克思主义哲学变革的真谛是一种从实体本位论向实践关系本体论的转变"(孙强,2001)。即在马克思看来,经济社会的本质就是一种实践关系。国内学者提倡马克思为"实践关系本体论"者的学理依据主要体现在以下四个方面:第一,实践关系本体论是实践唯物主义的全部理论基础;第二,特指物质生产关系的"实践关系"在历史唯物主义中具有本体地位;第三,"实践关系"在经济社会关系的形成和发展过程中起着决定作用;第四,人类是从"实践关系本体"视角来考察自然界、经济社会规律的,实践关系是人的本质和基本的存在方式。

另外,鲁品越(2011)在《深层生成论:自然科学的新哲学境界》一书中认为,马克思实践论,从认识论上看,人类通过实践活动,消解了主客体之间的"原像

---

① 自20世纪80年代以来,马克思是不是"实践关系本体论"者一直是国内学界争议的论题,且目前尚未有定论。本书偏向于认同马克思是"实践关系本体论"者的观点,虽然马本人未曾明确提出"实践关系本体论"的概念。

一镜像关系",主客体是一种"实践关系",是"各方不断渗透到对方之中而构建彼此之间的内在联系,通过对方来创造性地实现自身、表现自身的过程"。在本体论上,他对各复杂性自然科学理论进行了分析,认为相对论的真谛是"事物在内在联系中生成与表象",量子场论的本体是"不可察世界"的"隐秩序",系统论的本体具有"层展世界的生成关系"等,最终得出在人类实践中"认识论过程正是通过实实在在的物质的内在联系过程而成为客观物质的本体论过程,由此达到了认识论与本体论的统一",并称之为"实践生成论"。即在本体论上,鲁通过对当代自然科学内在贯通的思想分析,得出事物本身产生的根源在于"事物的内在联系(关系)过程","事物的'内在联系'乃是宇宙与人类社会一切事物之根",而所谓"内在联系",正是事物通过对象性活动而在他物中表达自身的辩证过程,由此形成整个客观物质世界的生成与发展过程。他还论证了"实践生成论"与马克思的"实践唯物主义"不论是在气质上还是在结论上,都具有高度恰合一致性。由此,他把这种以"实践关系"为本体的物质世界本体论思想称为"深层生成论"。可以说,鲁的研究给本书提出的"市场这种事物的本体是'实践关系'"的观点提供了恰当性论证。

(三)启发:复杂性市场的本体是"实践关系"

以上笔者着墨颇多地阐述了复杂性科学、复杂经济学、中西方哲学与社会学等有关"关系本体"的传统与转向、思潮以及马克思政治经济学的"实践关系本体论",目的在于提出:对经济社会中的市场交换关系,要顺应时代社会科学范式转向与重建智识,不囿于主流经济学学科桎梏,以市场交换的"关系"为分析的着力点,并立足市场"实践",依据"实践关系"这一市场本体开展复杂性市场理论研究。

具体而言,本书认为:第一,市场实践关系也是自成一类的"本体实在"。坚持这种观点就意味着市场关系不仅源自他物,其自身就是一种经济类的本体实在,根据对市场理解的不断深化,市场本体有其内在动力需要研究者进行理论一实践的重新定义。这种本体并不源于原子式的经济主体因素或变量,而是源自市场研究理论中的关系性本身。第二,"市场本体"是构成市场研究对象的关系性实在。它不能仅存在于研究者或观察者的心中,还要找到一种恰当的理论来解释市场现象的观察过程,这种观察需置于"不同参照系"中,如市场价格是商品劳动价值的直接反映,也是不同交换关系的内生性结果,还受权力、垄断、市场结构、政策等的影响。第三,采纳"实践关系"本体论视角,意味着认同市场交换关系这种难以观测但同样真实的动态演化实在,其中"关系"就是第三物,这个"第三物"构成了一个拥有"自身实在性"并在其"实践中动态地存在"着的本体。需要强调的是,市场作为实践关系的实在本体,其研究对象转向为"交换的'关系性'(关系间的关系)"。

本书认为,在阐述"市场本质(本体)是什么"的问题时,市场现象源于一种关系情境,且沉浸在实践关系中,须进行语境式的分析。如按照马克思社会形态划分方式,我们应在不同关系情境中理解市场中的交换关系。马克思认为,奴隶主与奴隶之间、奴隶之间、奴隶主之间;地主与佃户之间、佃户之间、地主之间;资本家与工人之间、工人之间、资本家之间的市场交换关系是不一样的。马克思断言,市场交换背后是"人与人之间的关系",即不同人的"身份""地位""权力""资源"不同,其市场交换关系就不一样,这种不一样是生产关系的实践情境有所不同导致的。表面上,呈现的商品价格对所有交换者而言都是一致的,但背后隐含着社会性关系("权力""地位""资源分配力"等)的运维逻辑。可见,从本体论上看,所谓西方资本主义国家倡导的"自由市场"不过是一种经济社会的"炼金术"而已。

总之,定位"实践关系"本身作为市场研究对象,或它本身就是市场理论本体,其基础命题认为:物品交换市场,其本身是交换者之间的一种依赖性,这种依赖性来源于"实践关系的涌现",物品价格其实是诸经济行动者交互涌现的一个瞬间实践关系的情境反映,它并不独立于交换互动而存在。对此,经济学批判实在论从经济学视角进一步为本书提出的市场"实践关系"本体论提供了一个经济学研究本身的内在呼吁。

三、经济学批判实在论:注重与强调复杂性市场的本体论研究

近年,经济学方法论中关于实在论研究颇具影响力的有"指称实在论""先验实在论""真实实在论""因果整体论"以及"批判实在论"等。其中罗伊·巴斯卡(Roy Bhaskar)的"先验实在论"与托尼·劳森(Tony Lawson)的"批判实在论"对本书提出的市场实践关系本体论具有强启发与助识作用。

(一)"先验实在论"核心观点

该理论的核心观点主要体现在以下三个方面:第一,分层本体论。其将知识对象分成两种:一种是"不变的实存对象",是独立于我们描述之外存在的世界/事物;另一种是"变动的认知对象",被描述或解释为"人为产物",如各种假设、定律、模型、理论、研究方法和研究技术等。该理论认为"不变的实存对象"由"经验层面/域(the empirical)——经验可观察、感知或印象的事件""实际层面/域(the actual)——事件/事物的存在本身状态"与"实在层面/域(the real)——事物起作用的深层层次(由结构、机制、力量与趋势组成)"三个并非同时发生且无法相互化约的不同本体层面组成(Bhaskar,1997)。第二,开放系统。该理论认为科学研究的目的在于"试图改变'开放系统'中的事件序列,以求在人为的'封闭系统'中,独立出一个'机制',使它不受其他'机制'的干扰,从而检验特定'机制'在特定事件序列中的作用"(常庆欣等,2013),认为在"开放系统"中,不能将因果关系解释为"事件序列间的恒定联结"或"事件序列间的规律性伴随"关系,而应解释为"产生"或"造成"某一结果(或事件)的变动关系(Bhaskar,1998)。第三,经济社会结构具有涌现性。该理论认为经济社会结构由人类实践产生,结构本身不是固定的,具有涌现性质。认为其涌现性有"行为依赖""概念依赖"与"时空依赖"三种。由此认为,社会科学家必须意识到他们的研究客体(社会结构)是一种动态过程,研究目的在于从以上三种依赖关系中找出因果机制及其如何相互作用而形成特定事件的发生在"实在层面/域"上的机制。并由此,提倡需采用深层机制与结构相结合的研究方法。

(二)"批判实在论"核心观点

该理论认为:第一,从本体论假设上看,劳森(Lawson,1997)认为,"声誉不佳的实证主义科学概念的根本错误恰恰在于它放弃了明确的本体论推理"。他认为,主流经济学存在两方面问题:一是忽视了经济学研究中的本体论问题;二是主流经济学研究建立在存在缺陷的本体论基础上。他认为,主流经济学只在"经验层面/域"与"实际层面/域"探讨原子式的经验性事件,而没有进入"实在层面/域"做关系性机制的解析。如 Bhaskar(1987)也认为,经验实在论者的谬误主要表现为"实在的去实在化"(错把存在化约为知识的认识论)与"科学的去社会化"(错把知识化约为存在的本体论)。由此导致主流经济学理论只研究市场均衡封闭系统中经验层面与实际层面的因果关系而忽视了现象背后"实在层面/域"的结构性机制问题。第二,从方法论视角看,主流经济学因坚持经验本体论而采取演绎法,在阐释经济现象时从其一系列的初始条件、假设、公理、法则或封闭系统中的恒定联结形态中推导出结论。演绎主义的缺陷是显而易见的:由经验观察到的、不完全归纳所得出的结论被轻易地当成规律或定律,导致了大前提的错误,之后再由此做出一个不恰当的推演和预测,演绎主义的解释模式被不恰当地扩大了(赵华,2020)。劳森认为,无论是自然世界还是社会世界,普遍性规律只存在于实验室封闭环境中。经济社会是一个完全开放系统,不存在恒定联结的规律或普遍性规律。由此,他提出"半规则"(demi-regularities or demi-laws,"'半'可理解为'部分'或'假'")概念来阐明经济市场具有不确定性、新奇性、涌现性的特点。"半规则"具有区域化和暂时化的特点,是个相对性概念,指由不同时空、区位结构等因素以直接或间接方式作用于经济社会的有效模式。劳森提出可通过"回溯法"获得经济社会的深层"结构""机制""力量""趋势"或"半规则",认为合适的研究方法应是"溯因推理"(retroduction),即从经济社会的表面现象追溯、挖掘到深层次的、管控现象的因果机制。

　　总之,经济学批判实在论拒斥主流经济学的经验观与绩效决定论,同时也反对非实证主义怎么都行的无规则论。其主要观点包括:第一,经济社会是一个开放系统,应运用深层结构分析法与回溯法研究经济现象的因果机制;第二,要求研究者应具有一种"关系本体论"视角,看到个体或部分会因为它们在特定社会关系中所处位置而获得新的"涌现"特性。认为在经济市场系统中存在较低层面的结构、力量与机制,也存在涌现层面(高层级)的结构、力量与机制,从而说明对任何经济现象的解释不应只还原到较低水平的现象上(即批判了主流经济学方法论中的个体主义还原法)。第三,提出"结构-行为者转化模式"。该模式证明了社会-行为者具有实践上的二重性,即行为者不断地通过经济社会实践,使得结构-行为者相互形塑,表明了经济市场系统的动态性与变迁性,也强调了行动者的主观能动性等特点。第四,强调在做经济社会现象分析时,必须从主流经济学的市场均衡建模论与决定论观念转向再生产与转变的观念。总的说来,经济学批判实在论的目的在于凸显经济现象的"实在层面/域"或重新定义市场"本体",意欲将主流经济学的研究视角从形式化的认识论转移到实践关系的本体论层面上来。

第三节　拟定：复杂性市场"553"研究纲领与 RPEM 理论分析框架

本节拟在借助上述复杂性自然科学思想、中外哲学思潮、复杂经济学与经济学批判实在论以及社会学"关系性"思维等交叉学科思想基础上，提出实践关系为本体的市场研究纲领与理论分析框架，即把"市场"这个自发与人为设计交叉的经济运行方式定义为：在市场理论中，"商品供求关系是'经验域'""价格围绕价值波动是'实际域'""'人与人'的实践关系是'实在域'"三个层面，在本体论上，提出复杂性市场的本体是"关系"（实在域层面）、市场的动力来自主体"实践"，以及"涌现"性是市场深层结构机制的复杂性科学市场理论。就此，本书拟定出"553"研究纲领（"5个内核"＋"5个保护带"＋"3种认识方式"）与 RPEM 理论分析框架。

一、"553"研究纲领

首先，赋予"实践关系"以市场实在本体论的"层次"地位，即在经济系统中它是自成一类的实在；其次，用可以理解的方式将市场现象界定为"实践关系"，即市场是在行动者实践过程中涌现的。由此，拟定提出其研究纲领的 5 个"内核"，具体如下。

第一，实践关系是理解复杂性市场本体的钥匙。

第二，关系并不会消除它所关联的市场行动者；相反，通过关系，使得市场行动者之间产生交互作用，并相互塑造、探究以及表达他们自身。

第三，实践关系并不是市场行为纯粹的抽象物，即纯粹的形式或是沟通方式，其本身就是一种本体论意义上的实在。

第四，通常而言，市场实践关系的实在具有网络结构特性，它能联结并创造相互依赖性，即在交互过程中令市场参与者发生相互吸引、竞争、分化、冲突和整合等行为。

第五，宏观层面的市场制度、规则是必要的、不可避免的经济模式，通过这些模式可以控制市场由无序走向有序等诸多情境的实践权宜性。即其一，它依赖于既存的宏观经济特定因素或条件；其二，由主体发挥其能动性创造的变动性。而且这些情境在社会经济系统中不能先验地加以确定，即需要根据不同经济社会发展模式中的实践性、历史性、制度性加以调整以适应"在地性"经济社会发展的市场模式。

在此研究纲领内核导向下，提出以下辅助性条件（"5 个保护带"）。

第一，市场主体具有能动性和创生性，这种能动性与创生性可被理解为结构（情境、环境、条件等）与其中包含的市场行动者（及其倾向、动机、理由、意向等）之间的实践动态关联，即市场主体是"关系性中的主体"（subjects-in-relation）彼此实践互动的产物。

第二，在这些关系中，人性假设的特点彼此相关；关系发生在特定市场类型因素或维度情境中，这些关系通过实践反过来也嵌入其他关系的情境之中。

第三，市场行动不完全关注上述因素或维度中的任意一个（如合理性或象征性的诠释能力），而是关注具体实践情境的组合。

第四，在人性与市场性（交换的目的、动机的区别）之间存在一个距离，正是由于这一点，它们之间才存在相互依存与相互影响，从而构成不同市场类型的历史。

第五，人性假设的特质需要根据不同情境下的市场关系与市场规范制度进行不同的界定，关键在于不应从市场行为自利性假设，而应是从经济性（经世济民）本质定义中去还原人性，需要在实践关系中依据情境进行重新定义。

由此，在认识论上，借鉴经济批判实在论和复杂性科学理论，可遵循如下 3 种认识方式。

第一，实在是分层的。我们观察到的市场行为与市场现象等实在都是由多个层级构成的，可划分为"经验层""实际层"与"实在层"，每个层级都有其自身的涌现性和结构、力量及趋势。

第二，在各层级之间存在着实践过程和瞬时实践上的关系性，因为通过主体的交互作用，不同层级拥有的属性和力量都是涌现的结果。

第三，从根本上说，有别于单从市场行为解释的上向因果分析，可以将人类的市场关系性理解为一个解释其经济现象的动态演变发生学。

可以说，建立在实践关系市场本体论上的认识论，可避免主流经济学的个体主义还原论，引进"实践"这个维度，阐发了认知者、知识与可知物这三者是独特的、分层的实在，并认为这三者是彼此互动的。它意味着市场是由人的感性实践活动而非机械的交换过程所构成的。

二、RPEM 理论分析框架

市场交换是市场实践关系的生成机制或动力，即市场交换形成经济涌现现象。借助复杂经济学观点，可认为复杂性市场所探究的交换，有别于主流经济学中仅仅还原为纯粹的自利行为，相反，它是一种可用多个维度（如利益、规范、目标和使用手段）表达的内在结构，各个维度不可以相互还原。被视为交换关系的市场可以任意方式配置自身，这个交换过程原初或以行为者自利的方式进行，主体间交换涌现出的经济系统所创造的新情境或实体（经济效应）虽涉及关系的发现、构建和过程，但涌现出的经济现象必然要有利于"社群"的经济发展并惠及和关照经济社会"经验域""实际域"层面的稳定、有序与社会公平（如不至于加剧贫富差距）。

由此，应用社会科学的一般分析框架，以"实践关系"为本体的市场研究可在 RPEM 市场理论分析框架（见图 3-1）中展开。

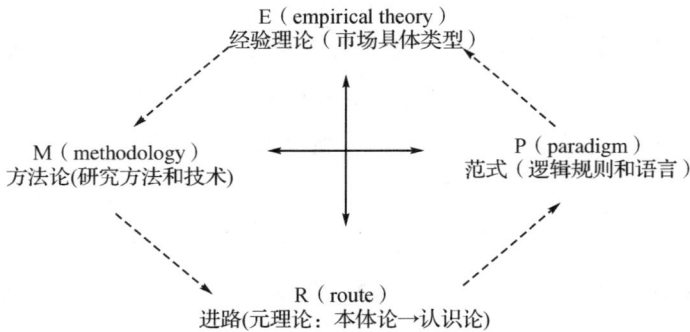

E（empirical theory）
经验理论（市场具体类型）

M（methodology）
方法论（研究方法和技术）

P（paradigm）
范式（逻辑规则和语言）

R（route）
进路（元理论：本体论→认识论）

图 3-1　RPEM 理论分析框架[①]

"实践关系"市场本体论分析框架不同于一元论的知识系统，而是针对市场

---

① 　该框架围绕两个轴建立：R—E 和 P—M。R—E＝经济学理解或价值关联（基于：R＝从本体论上假定"实践关系"是市场的本体实在，进而按照经济学批判实在主义的认识论划分，以"同态"复杂性经济系统给予分层处理；E＝经验描述"经验域"或事件"实际域"的市场具体类型理论研究，并具有意识形态和人类价值关联性）。P—M＝律则性解释（基于：P＝上向因果性的或功能性的逻辑和语言分析；M＝用于具体阐发或评价因果/功能的方法和研究市场机制的技术）。

研究进路、范式、方法论与技术的,有别于主流市场均衡理论而给出的实践关系性本体的解读与构建。这种市场理论研究机制有以下几方面特点:第一,把意义赋予研究者希望研究的对象(以经济问题作为研究起点),也赋予被表达为认知过程的结果(关于引发经济问题的理论),即 R—E 轴;第二,通过合适的步骤来确定市场动态复杂性系统学理和经验规则,即 P—M 轴。市场现象本质上具有"实践性",因为它反映了市场参与主体能动性的自由,尽管这种自由经常受到经济结构性的制约,但在研究经济现象"经验域"与"实际域"的诸多进路、范式与方法论时都需要考虑市场结构深层背后的"人与人的实践关系"。如鲁品越(2011)认为的那样,经济现象背后是由深层生成论决定的实践关系。具体而言,本书拟定构建的市场 RPEM 分析框架如下。

1. R——进路

其一,市场理论本体在于"实践关系"的理论进路,即拒绝市场行为是在完备信息基础上的自利假设,也不相信其行为是完全人工的建构物,而是建立在以下假设上:市场是实践性的,是由市场行动者/能动者创造出来的,反过来又在实践中刻画着市场参与者,因为人是实践关系中的个体。在此,强调经济现象是一个涌现的效应(emergent effect),它拥有自身源于人类个体的实践因果力。其二,在认识论上,把经济市场系统划分为"经验域""实际域""实在域"三个层级,每个层级之间按照关系的分层进行解析,并认为低层向高层是向上因果关系。

2. P——范式

一旦从经验上探究市场并接纳"关系"为本体,就需要一个可操作的研究范式或研究纲领,该范式可以使研究者在关系运作中分析市场关系。该范式借助复杂性自然科学推动的复杂性经济学,采用的是一种在主体能动性、创生性的市场实践互动中涌现出复杂性经济现象的研究范式。

3. M——方法论

市场参与主体具有异质多样性,参与主体之间的相互关系是非线性的(且具有自组织适应能力);市场在混沌边缘的环境下维生和演化;市场具有多层级的涌现结构。根据复杂性科学研究进展,可采用混沌动力学、遗传算法和进化算法,以及元胞自动机等具体方法和技术进行"同型—拟态"的"模拟—演绎"处理。

4.E——经验理论

上述三要素对具体市场问题的作用,可以解释某种特定的市场类型为什么是由各种抽象的元素组成的,这就是单一的市场特定理论。如研究"平台市场"时,可以这样展开:在研究进路上,认为平台市场(如电商市场淘宝、京东、拼多多、亚马逊等)是政府(体现为经济政策)、平台搭建者(信息技术与营销技术)、厂商或贸易公司、消费者等多主体形成的一个相互影响的异质性市场网络"实践关系"(本体实在),经过市场自组织适应环境作用机制,因其具有"平台内部"与"平台之间"的交互作用,形成内外层级结构,进而涌现出当下平台经济的特有现象,等等。

总之,复杂性市场理论是这样形成的:它运用以"实践关系"为本体实在的复杂性科学理论为进路,通过非线性市场主体交互作用涌现经济系统的研究范式并且运用复杂性科学理论这种特定方法论和具体研究方法来考察市场现象,该理论可以展示比较有描述性或诠释性的市场经济模式。

第四节　结论与余论

正如阿瑟所说,"是时候让市场这只'看不见的手'变得更加可见了"(阿瑟,2018b),"政府应该避免强迫得到期望结果与放手不管两个极端,而是应该寻求轻轻地推动系统趋向有利于自然地生长和合适结构的涌现。不是一只沉重的手,也不是一只看不见的手,而是一只轻轻推动的手"(Arthur,1999)。阿瑟认为这只"轻轻推动的手"正是当下复杂性科学所要努力揭示的建立在"实践关系"本体论意义上的市场深层实在及其生成、演化的复杂性经济市场机制。本章从市场本体转向"实践关系"出发,在吸取中外哲学历时思潮、社会学关系思维、经济学批判实在论、复杂性自然科学以及复杂经济学等时代交叉学科的智识中提炼出重定实践关系的复杂性市场研究纲领及其理论分析框架。主要认为:无论是把市场理解为"交易场所""价格机制"还是"经济制度",都没有从本体论根源上阐明"市场是交换'关系'的总和"中的"关系"一词的语义学理解;引入与运用经典马克思主义实践观,认为"实践关系"本体论才是真正理解"市场背后是'人与人的关系'"的辩证与唯物史观；由此，认为复杂性市场中异质能动性市场主体的非线性因素历经经济实践产生经济涌现性，并创造性地拟定出具体的以"实践关系"为本体的复杂性市场研究纲领及其 RPEM 理论分析框架。

　　需进一步探讨的问题：因复杂性科学尤其是社会科学领域的复杂性科学，目前还处在思维方式和方法论的变革阶段，是对传统机械自然观和还原论的反动，只能说是一种革命和运动（有学者称之为复杂性运动）。故，借助复杂性科学观，在拟定提出"实践关系"为本体的市场理论转向中，尤其在 RPEM 的 M 中，需要运用复杂性科学知识构建一种复杂性市场理论的具体研究方法。

第四章　市场演化的生态位研究方法

——复杂性科学方法及其运用

市场研究有两个核心问题：一是"资源配置"的价格机制问题，它解决的是在市场内部和不同市场之间，商品和服务数量及其价格如何决定的问题，具体可由一般均衡理论、国际贸易理论和博弈论等予以解释。二是"市场演化"的形成与过程问题，体现在市场创新、企业家精神、经济发展模式、市场结构变化，以及历史、制度和治理在市场中的作用等方面。到目前为止，配置问题已被较充分地理解且能被高度数学化。但演化问题，相关研究较少且未有统摄研究框架，也无法被全数学化（阿瑟，2018b）。基于第二个问题，本章拟以复杂性科学理论为视角，从市场诞生、维生、适应、演进、突变的时序过程与市场复杂社会网络的空间结构性这两个维度，构建复杂性市场系统的生态位研究方法体系。需说明，因复杂性多学科研究当前还处在发展阶段，其理论与方法之间具有相互论证和交叉特点。

第一节　市场诞生：涌现生成

涌现生成观可用来解释市场如何诞生的问题。市场涌现生成（emergence generation，EG）性质由交互作用的市场适应性主体（adaptive agent）通过耦合作用机制产生，具有非线性、自组织性和非均衡态等特点。

市场是适应性生成主体以"耦合"方式交互作用，在"自组织"动力机制下，通过内在逻辑"受限生成"方法,采取适当"环境策略"的学习与适应过程中形成的。具体而言,适应性市场主体,强调其主动实践性——具有目标、内部实践结构和生存适应能力;耦合指的是市场组分、层级之间存在"交互作用"关系,经过各组分与层级之间的正反馈机制形成非线性耦合生成方式;强调市场自组织系统特性,即"无需外界特定指令而能自行组织、自行创生、自行演化,能够自主地从无序走向有序,形成有序结构系统"(吴彤,2001);"受限生成"是指市场生成主体之间并非随意、随机组合排列而是受规则限制,即"所谓受限生成过程就是生成主体根据某些规则的限制条件进行功能耦合,生成新状态的动态行为,也是系统涌现生成的具体发生、演变的状态遍历过程"(黄欣荣,2012)。受限规则包含市场交换心理动机、公平交易、砍价还价、产权、政策授权、制度、法律及风俗习惯等;同时,市场是一个开放系统,能够与外部环境(包括政治、经济、文化及其国内外宏观环境)进行物质、能量、信息等的交换。市场整体涌现性不仅是系统内部组分之间相互作用的结果,也是环境塑造的系统结果。市场系统与外部环境相互塑造,并在寻求平衡点中求得自身演变和共生共荣。

第二节　市场维生:适应机制

复杂适应系统(complex adaptive system,CAS)理论能为揭示市场维生能力提供一种科学解释方法。CAS包括一组规则、两个基本概念、三套运作机制和四个通用特性,以及适应性学习机制和宏观回声模型,并开发有模拟仿真分析工具 Swarm 平台(霍兰,2019)。

一、市场 CAS:规则、概念、运作机制与通用特性

(一)交换行为受控于一组因果规则

市场交换符合因果性"刺激—反应"规则(stimulus-response rules,又称"输入—输出"规则),即 IF(若)刺激 s 发生,THEN(则)做出反应 r。如 IF(若)市场行情下跌,THEN(则)抛售股票。交换行为满足"若……则……"的规则集合,并构成市场 CAS 规则库。

(二)市场主体特性:聚集性、非线性、流与多样性

1.聚集性:同态等阶建模需要与市场分层

聚集性意义在于:其一,聚类划分(同态等阶)便于市场建模;其二,通过"黏着"(adhesion)机制形成"介主体"(meta-agent),即高一级的多异质市场聚集体(aggregation agents)。进行再聚集,形成"介介主体"(meta-meta-agents),重复多次后得到市场分层组织。聚集的目的在于:识别简单市场行为如何形成和协调,并阐析其与适应性经济聚集体的"边界"机制问题(霍兰,2019;米勒等,2020)。

2.非线性:经济系统内生非均衡性

复杂经济系统的不可逆过程如比例失调、创新扩散、信息耗散、通货膨胀等具有非线性市场交互内生自发趋势。"非线性"得益于弧子(吸引子)理论、混沌理论和分形理论等自然物理学与生态学的研究。非线性是市场系统复杂性现象的内在根源,是内因。研究方法有通过奇异子及其分维、李雅普诺夫指数等表明市场演化时间动态性轨迹,以及通过系统层次性、"蝴蝶效应"等表明市场微观与经济宏观以及经济随机性与确定性的统一。非线性是市场主体间各种正负反馈形成的环路,并以交叉、缠绕形式形成市场复杂网络。

3."流":资源的市场流动

"流"(flow)指的是复杂网络节点之间物质、能量、信息等资源的流动。CAS可表述为由{节点,边,资源}构成的三元组。资源"流"有两个特性:①乘数效应(multiplier effect),如常被用来拉动刺激消费的基建投资就属这种政策思路;②再循环效应(recycling effect),通过市场循环与再循环,相同资源输入会有更多资源产出,如"热带雨林式"经济发展模式是其典型应用例子。

4.多样性:动态"生态位"的市场适应性

每种主体都安顿在由以该主体为中心的相互作用所限定的合适生态位(niche)上,如果我们从系统中移走一种主体,产生一个"空位",系统就会做出一系列的适应反应,产生一个新的主体来"填空"(霍兰,2019)。市场主体因适应能力差异,被淘汰主体所在的"生态位"会被新进入的、更能适应市场的主体所填充和占位,此时便能提供更多被淘汰的主体交互作用,并蔓延开辟新生态位,产生更多可以被其他主体通过调整而加以利用的新相互作用机会,由此产生市

场主体多样性(diversity)。转型升级产业政策的导向即吻合此规律。

(三)市场运作维生机制:标识、内部模型与构件

1."标识"作用:市场交易的基础

聚集体形成过程中,有一种为了聚集和边界生成而普遍存在的机制,称为"标识"(tagging)。标识用来操纵对称性。通过标识选择性地进行交易活动,设置良好标识,能为筛选、特化和合作提供合理基础,比如商业商标、价值观口号等。其作用在于,既能实现市场信息的交流与强化,又能为市场涌现提供前提条件与维持作用。

2.内部模型:市场主体隐式与显式两类模型的统一

内部模型(internal model)是市场主体对未来不确定性的一种判断,是一种预知机制,形成方法有三:①剔除细节使其所选模式得到强化;②甄选信息并转化为心理结构;③再次模型化使其遇到类似情况时能预知后果。传统经济学是对已发生经济情况进行统计而构建外部模型(external model),如对 GDP 的统计测算与预测。在 CAS 看来,需对外部模型进行内部模型的转化,并对内部模型进行分类:①隐式的(tacit),即对一些期望的未来状态的隐式预测,仅指明一种当前行为;②显式的(overt),即用于作为其他选择时进行明显的、内部的探索,也就是常说的前瞻过程(霍兰,2019)。市场主体内部模型既是隐式的又是显式的:①隐式,是主体如何判定"已有与当前"经济形势;②显式,是对经济发展"趋势"进行前瞻性判定,进而努力脱离既有模式而去开拓与创新。

3.构件:市场层级的分解及其相互作用机制

构件(building blocks,亦称积木块)是组建市场的基本模块及其搭建规则。提出内部模型与构件机制的目的在于强调市场层级结构,把市场下一层级的内容和规律作为内部模型以一个整体形式参与市场上一层级的相互作用时,研究重点就变成了上下层级构件和同级构件间的交互作用。直接应用就是当下计算机中的"模块化"处理方法以及"面向对象法"。

二、异质性市场适应主体与市场回声模型

(一)异质性市场适应主体

"适应性"是指主体能够与环境以及其他主体之间进行交流，并在交流中"积累经验"和"学习"，据此改变自身的结构和行为方式的特征(黄欣荣，2012；霍姆斯，2016；齐磊磊，2017)。借助 CAS 理论与计算模拟仿真，主体由三部分组成：①执行系统，由三组基本元素构成，即抽取商业机会能力的探测器、处理经济信息逻辑能力的 IF/THEN 规则和改变外部环境能力的效应器；②信用分派，利用强度(strength)反映规则对于系统的有用性，并奖赏其市场行为，可用"桶队算法"(bucket brigade algorithm)进行计算仿真模拟(霍兰，2019)；③规则发现，经过"试错""测试"后，在相对成功规则的基础上，通过交叉(crossover)、突变(mutation)等手段创造出新规则。Axelrod(1987)认为，基于经验创造新规则的方法比根据概率去查找和测试能更有效和更快地适应环境变化。囚徒困境中"针锋相对(tit for tat)"策略是异质性主体适应的一个典型应用例子。

(二)构建市场回声模型

1. 情境条件：市场主体的占有资源与空间位置

环境与主体是怎样进行交流和相互支持的？CAS 理论认为，主要是通过资源(resource)和位置(site)的情境条件因子实现。各类资源在回声模型(echo model，EM)中可用{a，b，c，d，…}等字符串组合表示；"地理环境"则由一组相互连接的位置所规定(霍兰，2019)。

2. 基本 EM 模型：两两市场主体相互交易的微观结构

基本 EM 模型中的主体由仓库(reservoir，亦称资源库)和染色体字符串(代表资源的字母组成并表示其能力)所构成。染色体刻画了进攻标识(offense tag)和防御标识(defense tag)，所有交互活动都受这两种标识的调节。主体获取资源的能力与其进攻标识和其他主体防御标识的匹配程度成正比；反之，主体防守资源的能力与其防御标识和其他主体进攻标识的匹配程度成反比。两两交易微观结构是：①进攻标识，进行联系与接触；②防御标识，联系时决定是否应答；③资源库，包括物质、信息、政策、文化、资金、产品以及有利自身发展的种种有价值的东西。总之，在基本 EM 模型中，主体具有三种特性：①简单的字

符串描述结构;②受制于资源获取能力(适应度)的繁殖能力;③受标识调节的交互作用。

3.拓展 EM 模型:异质性多市场主体与层级结构的交换机制

现实市场由多个异质性主体构成。在 CAS 理论看来,应把主体看作"复杂细胞状实体中的细胞器(organelles)或区室",称之为"多主体(multi-agent)"(霍兰,2019),并用细胞器子代与亲代中的基因开启与关闭原理进行多主体繁殖机制说明。目的在于构建多主体间交互作用的功能耦合层级系统。鉴于此,需增加 5 种市场机制,使基本 EM 模型升级为多主体市场交换的拓展 EM 模型。

第一,增加"交互条件"。通过主体结构内"控制片段"与"标识片段"设置匹配条件。若匹配,市场交易进行;若不匹配,交易终止。

第二,增加"资源变换"。"分工"与"专业化"是增加市场资源交换的重要途径。市场主体收集足够多的资源,将其定义为"变换片段",以便使其繁殖再生产。

第三,增加"黏着标识"。市场主体依其资源选择性地相互黏着,进而形成"市场层级",如专职化厂商、供应商、中间商等。另,因占据资源异同形成"边界",市场聚集体形成犹如洋葱的层级结构。"黏着"与"边界"机制一般会产生四种结局:①若主体之间匹配性很低,它们之间就不发生黏着,边界清晰;②若占据市场资源基本相等,主体将被置放进类似资源边界内,类似"物以类聚、人以群分"的群聚规律;③若在位者匹配分数远高于挑战者匹配分数,后者将被前者放到其势力边界内,成为其分销部门、产品链补充支流引诱发育等;④如果在位者的匹配分数远低于挑战者的匹配分数,结果与③相反,此时在位者被迫接受挑战者占据其边界内部,久而久之,挑战聚集体不断强大和扩张,其势力逐渐扩大并更新市场结构,最终挑战者变成新在位者。

第四,增加"选择性交配"。它为市场主体提供一种从若干个对象中选择其一做交换的方式,它只和选中的另一市场主体进行交换,表明市场聚集体的"物种起源"方式。市场主体有选择性地通过联盟、加盟和并购等操作即交叉组合形成新的更强的市场主体。

第五,增加"条件复制"。它是市场主体不断进行再生产的机制。在 CAS 理论看来,直接采用计算机 AI 描述模型比使用偏微积分方程的老路更能有效地模拟主体字符串的繁殖过程。多主体的"开启"与"关闭"功能，由新生的混合物基因组决定，这些多主体的共生混合物又可进一步聚集，扮演后后生生物中的细胞角色，市场主体不断复制再生产的规律亦可如此模拟。

第三节　市场演进：遗传算法

遗传算法（genetic algorithm，GA）遵循达尔文进化论和孟德尔遗传变异学，并由霍兰于1975年首次提出。借助基因遗传复制、基因交换和基因突变原理，遗传算法可模拟揭示市场演进的优胜劣汰经济问题（Beauchamp，2011）。

一、市场演进的遗传算法微观结构

遗传算法是通过人工智能方式仿真模拟自然界生物演变进程与机制求解极值的问题（黄欣荣，2012）。应用遗传算法人工智能计算技术，模拟微观市场个体状态和行为、市场协议等，可自然地推演出宏观经济动态演化过程。包括：①符号串被视作市场主体或其行为，组成微型经济社会；②用适应函数表示市场选择机制；③繁殖算子是成功市场行为的模仿，并通过适应函数得到传播或消失；④交叉算子被看作市场行为的重新组织或信息交换；⑤突变算子可解释为市场主体行为的随机创新和随机失误；⑥执行过程为市场协同进化过程（王宇星，2004；黄新，2009）。其算法步骤如下。

首先，确定方案。设市场 X 由 n 个个体组成，个体由 m 个变量组成，变量取值采取二进制型$\{0,1\}$。因而，可应用 m 位二进制串描述市场个体状态。

其次，确定适应值度量函数 f，$f(X_i)$表明个体 X_i 对环境的适应程度。

再次，编程实现遗传算子。包括繁殖（reproduction）、交叉、突变等基本遗传算子和竞选（election）、元突变（meta mutation）等扩展遗传算子。繁殖是市场主体单个字符串的复制。复制准则是适应函数，体现市场选择机制。具有较高适应值的市场主体被指定在下一次遗传操作中能够以较高概率进入市场主体再生产（子代）中。这样字符串 $D_{i,t}$，得到一个复制概率 $O_{i,t}$，$Q_i = \dfrac{f(x_i)}{\sum\limits_{j=1}^{n} s_j}$，类似

"旋转赌盘"(biased roulette wheel)。交叉是市场交换随机选中的一对字符串。首先,从交配池中随机选出两个串。然后,从$(1,\dots,l-1)$中选择一个随机数k,通过交换位置k右边二进制值形成两个新字符串。总共有$n/2$(n是偶数)对字符被选择出来并且在每一对上按照概率p_c(交叉率)进行交叉。突变是随机改变一个字符串中某一个位置的值。每个位置都有一个被突变的概率p_m(突变率)。竞选算子和元突变算子解决了基本遗传算法中的均衡收敛性和稳定性问题(Arifovic,1994;Riechmann,2001)。元突变算子对突变率进行更新,即$t+1$期主体i的突变率p_{mi}更新公式为:$p_{m(i,t+1)} = \left\{1+\dfrac{1-p_{m(i,t)}}{p_{m(i,t)}}\exp(-v)\right\}^{-1}$。其中,$v$是一个随机数,满足均值0方差1的正态分布。

最后,编程实现遗传过程。

概而言之,市场演进遗传算法步骤是:①为市场个体赋初值;②计算市场个体适应值;③应用繁殖算子、交叉算子、突变算子、竞选算子和元突变算子等产生新一代市场群体;④如果满足结束条件(达到迭代次数或收敛条件),则结束;否则,转步骤②。

二、复杂性市场系统的遗传演化方法

遗传算法的市场学运用,主要是指市场群体通过搜索策略和主体间信息交换实现市场再生产。具体而言:第一,实现机制是通过反复迭代实现市场再生产;第二,方法思路是由"染色体市场群"通过"自然选择"转化成另一个"染色体市场群",主要通过"选择"(具备繁殖能力与条件)、"交换"(模仿再结合)和"突变"(随机改变遗传因子数值)的方式实现;第三,算法目的是设计市场类似自然复杂系统的自适应过程与优胜劣汰演进机制。

(一)市场再生产的微观过程:遗传复制

遗传是指自然界生物通过繁衍从其父代继承特性或性状的过程。生物的遗传方式主要是"复制",细胞分裂时DNA通过复制转移到新生细胞中。到了市场学,就是按照编码计算出市场主体适应度(被遗传、复制的可能性与其市场适应度呈正相关),并启动"繁殖算子"程序。选择优秀的市场主体(父本)进行遗传复制是市场良好发展的重要手段与经济机制。

(二)市场发展的优势组合:基因交换

基因交换是有性生殖生物在繁衍下一代时,其中两个同源染色体通过交叉而重组。通过交叉,子代基因值得以区别于父代。在市场演化过程中,同源(类似、相关、等同的市场资源库)市场主体通过交叉重组,涌现出新的市场主体、市场组织形式或市场聚集体(群体)。在遗传算法中,采用交叉算子进行运算,先确定交叉点的市场交换位置(市场时机),然后进行部分市场主体交换,即选取对象并进行基因值对换。具体方法有二:①"单点交叉"(point crossover),即在编码过程中随机设置一个交叉点,如出台一个政策、法律法规或一项新技术发明,从而促发市场主体寻求合适的主体交叉;②"多点交叉"(multi-point crossover),即在编码过程中随机设置多个交叉点,如政策导向、国内外经济形势变化、突发事件影响(如疫情发生)、消费模式变化、技术进步等等。交叉通常被认为是随机变异之源,但交叉交换的内容要根据匹配性和适应度进行选择。

(三)市场创新的内在机制:基因突变

因占据层次(基因座)不同会产生细胞复制错位,发生错位的概率虽小,却能使 DNA 发生突变从而生出新性状染色体,即生物突变。在市场演进遗传算法中,使用突变运算(含突变算子、竞选算子和元突变算子)的目的在于:①改善遗传算法市场局部搜索能力;②维持市场群体多样性,并给出市场创新来源。现实中,市场创新主体虽少,但往往是那些突变创新的个体在未来占据主流市场,是一个迭代过程。交叉算子与突变算子相互配合,共同完成了对整个市场搜索空间的全局搜索和局部搜索,使得遗传算法能够以良好的搜索性完成对市场迭代最优化问题的寻优过程。具体方法有两种:①"基本位突变"(simple mutation)法,确定突变位置,依 P_m 将原有基因值(资源库)取反;②"均匀突变"(uniform mutation)法,从对应基因取值范围内取一随机数替代原有基因值。在漫长的生物界自然演变进程中,动植物出现突变基因的概率非常小,但在人类社会历史中,尤其是近百年来,科学与技术飞速发展,不断促发市场主体发生基因突变从而引发各种创新。

三、市场演化的奥秘:优胜劣汰

遗传算法揭示了市场优胜劣汰的竞争机制,其自身也克服了传统搜索算法难以解决非线性复杂问题的缺点,具有并行处理、鲁棒性强、简单通用、搜索能力强和运用范围广等特点(王银年,2009;冯智莉等,2018)。遗传算法应用平均适应度——用适应度函数表示,高于平均数值的市场主体将有较多后代,低于平均数值的市场主体,其后代较少,并逐渐消失,遵循优胜劣汰竞争机制。适应度函数是评价市场主体适应环境的能力,目前常用的适应度函数主要有线性变换、幂函数变换和指数变换。另外,遗传算法有天然并行性特点,并行机计算目前较为普及,主要有主从式模型、粗粒度模型、细粒度模型和混合模型等。需要强调的是,因主体不断协同进化,适应函数本身也是可变的。

总之,运用遗传算法构建市场演进的方法步骤为:①初始化一个市场群(聚集体)的解集,并评估每个主体的适应度;②重复步骤①;③通过适应度函数筛选出部分市场主体;④按照"适应度越高,被选中的概率越大"原则,以一定比例选择部分市场主体进行杂交(交叉),产生子代;⑤按照一定比例选择部分市场主体进行突变创新操作;⑥直至新市场群体产生。

第四节　市场突变:自组织临界

自组织理论群组是由普利高津(Prigogine)的耗散结构理论、哈肯(Haken)的协同学、托姆(Thom)的突变论、曼德尔布罗特(Mandelbrot)的分形理论、艾根(Eigen)的超循环理论和以"蝴蝶效应"著称的混沌理论等构成的,其观点与分析工具主要有远离平衡态、非线性相互作用、开放系统、正反馈机制、随机涨落(噪声)、临界性突变、有序性和序参量等(王冰等,2006)。其中,自组织临界性(self organized criticality,SOC)突变特征对市场发生雪崩危机时或混沌边缘处出现的创新现象具有强解释力。

一、自组织临界性与临界突变、混沌边缘

自组织临界性主要研究自然界中的 $1/f$(1/fructuation)噪声来源问题(PerBak,et al.,1987),并构建了经典"沙堆模型"(sandpile model)。模型表明,$1/f$ 噪声满足幂次定律,即某个量 $N(S)$ 能表示为另一个量 S 的幂次:$N(S) \sim$

$S^{-\tau}$。对于 $1/f$ 噪声，$N(S)$ 代表时间尺变，$N(S)$ 代表尺度 S 出现的频率；对于分形结构，τ 指的是分形维数，S 代表 n 维盒子的大小，而 $N(S)$ 代表测量某个 n 维体需要大小为 S 的盒子填充的数量（黄欣荣，2012）。满足幂次定律的驱动力使微观层面主体交互行为引起系统自组织并收敛到临界点，此处小事件可能造成巨大的全系统影响（非线性涌现突变）。

沙堆模型（Moore et al.，1999；米勒等，2020）蕴含混沌边缘的发生机制，揭示了：①自组织临界行为，含雪崩分布标度行为、临界指数、平均场值、临界维数及普适性等；②产生机制；③自组织临界性与 $1/f$ 噪声的关联性等。认为，系统自发演化到"自组织临界状态"，系统时空动力学行为表现出覆盖整个系统的、满足幂律分布的时空关联。

分形结构的特性：①分形集具有任意标度下的精细结构。②分形具有自相似结构形式，即局部蕴含整体。③分形维数一般大于相应的拓扑维数；④分形分布满足幂指数分布，定义为：$N(S)=CS^{-D}$。式中 S 为特征线度，如时间、长度等；$N(S)$ 为与 S 有关物的数目如个数、体积等；C 为待定常数，D 为分维数。SOC 分形结构遵循系统能量耗散结构转移规律，即能量耗散的无特征尺度——在任何分形结构中，都满足以上四种特性。

噪声亦称为随机涨落，随机涨落有内部涨落、外部涨落和标度涨落之分。其中标度涨落即功率谱随频率增大按反幂律 $1/f^a$ 而减小，即 $S(f)=f^{-a}$，其中 S 表示功率谱，f 表示频率，α 为正数。$\alpha=0$ 时，为白噪声；$\alpha=1$ 时，为 $1/f$ 噪声；$\alpha=2$ 时，为布朗噪声，即布朗运动（Mandelbrot，1997）。

空间幂律分布和标度不变性是导致时间幂律分布和标度不变性的直接原因。记 $D(t)$ 为持续时间的分布函数，则 $D(t)$ 也有幂函数式分布，即 $D(t)=t^{-a}$。时间上标度行为表现为 $1/f$ 噪声，记 $S(f)$ 为耗散速度的功率谱，则导出频谱分布为：$S(f)=\dfrac{tD(t)}{1+(ft)^2}\mathrm{d}t\approx f^{-2+2a}$。

据此，自组织临界性具有以下五种特性：①幂律分布的自相似性。②涌现性，它具有"元胞自动机"动力学机制——非线性交互多重耦合与叠加，随机介质与多重标度引发耦合系统使其达致非平衡定态（non-equilibrium steady state）。③时空分形与长程时空关联（long range spatio-temporale correlation），即有序结构;④分形动力学"奇异吸引子"(strange attractor)和"混沌边缘"性(普里戈金,2018)。在④中,一是因组分非线性交互作用形成正反馈回路使系统具有发散不稳定性,形成奇异吸引子——无周期随机波动和对初值敏感的"蝴蝶效应";二是组分行为受外部参量控制,当参量逐步增大并超过临界阈值时,系统达到混沌状态,处在混沌状态的吸引子时空区域(临界点)最具复杂性、演化性和创生创新性。⑤点断平衡(punctuated equilibrium)性,即幂律分布系列阵发式雪崩或瞬变弛豫过程与它们之间相对静止、间歇复归结合从而形成自组织临界态。

突变论主要研究一种稳定组态"跃迁"到另一种稳定组态的因果关系。方法是系统所处状态可用一组描述参数并以拓扑图形表示。复杂性结构诞生于混沌边缘——处于周期区和混沌区之间的一个极窄区,即介于有序和无序之间的一小块区域(临界点)(唐长兵,2007;续育茹,2020)。这个"极窄区"即是混沌边缘局部活跃性发挥功能所在地。

二、市场自组织特性

市场具有自组织系统性。表现为以下三点:①市场运行和演化具有自组织过程特性,如斯密"无形之手"、哈耶克"自发秩序"所强调的那样。②市场系统是开放、耗散、复杂的巨经济系统。市场不断与外部环境交换物质、能量、信息,保持物质能量耗散结构上的平衡,市场交换内嵌于生产、消费、分配等市场运行环节。③市场具有自组织资源配置功能。市场机制具有自动调节市场各要素的配置与流动,并与外界进行物质能量交换的功能。

吸引子是终极性、稳定性和吸引性的点集合。研究表明,常见吸引子有平衡运动焦点和结点、周期运动极限环、拟周期运动环面、混沌运动奇异吸引子等。计算机仿真模型表明,"自组织临界状态"和"混沌边缘"二者具有相通性,即都是满足幂律分布的时空关联。

按自组织系统理论理解方式,市场系统可分为亚临界、临界和超临界三种状态。正常情况下,市场系统自然朝着临界状态演化,但一旦运行机制发生突变,市场系统可能进入超临界状态,并持续爆发大规模"雪崩"。临界状态犹如普利高津的"远离非平衡状态",一旦出现大的涨落(有时甚或是小道消息)就触发剧烈的市场波动,但波动之中会产生一种新的有序耗散结构。新古典经济学把市场波动看作"市场失灵",但自组织理论认为此乃经济波动的内生性,并认为它是一种稳定中的不稳定和不稳定中的稳定的统一(梅可玉,2007)。

另外,依耗散结构,负熵流控制参量是使系统得以演化的外因。市场自组织系统的控制参量是多样的,如商品价格、利率水平、国内外汇率、通货膨胀率、就业率、失业率等,尤其是经济政策如货币与财政政策等。序参量则是主导市场演化的内在秩序(鲁品越,2011)。协同学认为,"使一切事物有条不紊地组织起来的无形之手为序参量"(哈肯,1995)。在市场系统中,"总供求关系"作为序参量发挥主要作用,它支配其他参量按照它的方式进行系统演化,主导并支配着其他参量。

三、市场系统中的突变、混沌边缘与自组织临界性

市场系统突变可表述为,市场因其组分交互作用处在临界点(临界阈值)时,在控制参数量条件与序参量主导下,通过正反馈机制使得市场系统由微小扰动变为经济巨涨落。市场永远都在建构自身。市场系统处在经济混沌边缘状态时,即意味着其早已具有"自我突变"种子,一旦满足耗散结构熵定律或出现控制参量变化,即被熊彼特所说的"新的商品、新的生产或运输方式、新的市场、新的工业组织形式"触发时,就会发生市场突变。

市场是复杂系统,无论是银行、消费者、厂商,还是投资者,这些市场主体都在这巨大的经济系统中不断地适应与调整各自的市场行为、买卖决策、定价策略和未来预测。面对复杂市场系统,传统经济学选择不去研究市场行为创造或引发的"触点",而是简化其问题求出其均衡解。而复杂性市场系统观认为,经济是市场适应性主体之间的非线性交互行为导致的不确定性与非均衡性。若按协同学相变理论,市场处在混沌经济边缘(临界性状态)时,市场主体之间交互作用导致的主体利益结构变化就会引导市场主体和各市场子系统之间适应与调整彼此之间的相互协同关系,从而不断地适应与调整各自的生产、交换、消费行为,并逐渐形成从亚临界到临界再到超临界的新市场有序结构。其中,突变雪崩会导致两种趋势:①新兴市场迸发或市场混乱导致市场危机;②出现热带雨林式的"好"的经济现象。究其因,可由新技术应用、正确经济政策导向与

施行,甚或一个"好"的市场消息所触发。市场供求关系中,临界性、混沌边缘与突变理论所要解释的地方,其实就是"供过于求"与"供不应求"的这个"转变节点"处。

第五节 市场结构:复杂社会网络

复杂网络(complex networks,CN)是复杂系统的高度抽象,它侧重于复杂性系统的空间结构分析;社会网络分析(social network analysis,SNA)是复杂网络研究在计量社会学中的运用。市场系统是具有复杂社会网络性的空间结构。

一、复杂网络:参数、类型与内容

(一)复杂网络的参数

网络主要由节点、边、向、权等抽象概念组成。网络是由节点集合 V 和边集合 E 组成的图,$G=(V,E)$;节点数记为 $N=|V|$,即 $N=\{v_1,v_2,\cdots,v_n\}$;边数记为 $M=|E|$,即 $M=\{e_1,e_2,\cdots,e_m\}$。E 中每条边都有 V 中一对点与之相对应。无向网络(undirected network)是指任意点 (i,j) 与 (j,i) 对应一条边,否则为有向网络(directed network);加权网络(weighted network)指的是给网络中每条边赋予相应权值,否则为无权网络(unweighted network)。

1. 平均路径长度(average path length)

平均路径长度指两个节点 i 和 j 之间的距离 d_{ij},定义为连接这两个节点最短路径上的边数。任意两点之间距离最大值为网络直径(diameter),记为 D,$D=\max\limits_{i,j}d_{ij}$。网络平均路径长度 L 定义为任意两个节点之间距离的平均值,即 $L=\dfrac{1}{(1/2)N(N+1)}\sum\limits_{i\geqslant j}d_{ij}$,一个含有 N 个节点和 M 条边的网络平均路径长度可用时间量级 $O(MN)$ 的广度优先搜索算法得出。平均路径长度反映了节点之间联系的紧密程度和网络的大小。

2.聚类系数(clustering coefficient)

聚类系数表示网络紧密度、网络集团化程度,用集聚系数平均值表示,亦可反映网络社团结构性。节点 i 的聚类系数 C_i 可定义为在节点 i 的 k_i 个相邻节点之间实际存在边数 E_i 和 k_i 个节点之间最多能有的边数 $k_i(k_i-1)/2$ 的比值,即 $C_i = \dfrac{2E_i}{k_i(k_i-1)}$。

3.度分布(degree distribution)

所有节点 i 的度平均值 k_i 称为网络平均度,定义为 $<k>$。网络节点度分布,指网络中所有节点的度分布情况,可以用概率分布函数 $P<k>$ 表示,其含义为任意一个节点恰好有 k 条边的概率。经研究,指数分布 $P(k) \sim e^{-k}$ 和幂律分布 $P(k) \sim k^{-\gamma}$ 是两种最常见分布。其中,幂律分布也称为无标度分布。

4.介数(betweenness centrality)

介数反映了相应节点或边在整个网络中的作用和地位。对于复杂网络,节点 k 的介数 g_k 计算公式为:$g_k = \sum\limits_{i \neq j} g_k(i,j) = \sum\limits_{i \neq j} \dfrac{C_k(i,j)}{C(i,j)}$,其中,$C_k(i,j)$ 表示节点 i 和 j 之间最短路径中经过节点 k 的数目,$C(i,j)$ 则表示节点 i 和节点 j 之间最短路径的总数目。

(二)典型复杂网络的类型

1.规则网络与随机网络

规则网络按照确定性规则连接节点,每个节点近邻数目相同(见图 4-1a)。相反,则是随机网络(见图 4-1b)。随机网络中的节点之间以概率 P 相连接,有 N 个节点,就会有 $PN(N-1)/2$ 条边相连,服从泊松分布,即 $P(k) = \dfrac{\langle k \rangle^k}{k} = e^{\langle k \rangle}$。

2.小世界网络

小世界网络(见图 4-1c)通过规则网络中每条边以概率 P 随机连接到网络中的一个新节点上,构造出一个介于规则网络与随机网络之间的网络模式,具有较小平均最短路径又有较大聚集系数。规则网络是 $P=0$,随机网络是 $P=1$ 时的特例。模型构造算法如下:①从规则图开始:从含有 N 个点环状最近邻耦合网络开始,围成一个自环,每个节点都与它左右相邻的各个节点 $K/2$ 节点相连，K 为偶数；②随机化重连，即以概率 P 随机地重新连接网络中原有每条边。上述算法得到聚类系数 $C(P)$ 和平均路径长度 $L(P)$ 的特性，可看作重连概率 P 的函数。经仿真测算，完全规则耦合网络（$P=0$）是高度聚类的[$C(0)\approx 3/4$]，但平均路径长度很大[$L(0)\approx N/2k\gg 1$]。当 P 较小时（$0<P\ll 1$），聚类系数变化不大[$C(P)\propto C(0)$]，但平均路径却下降很快[$L(P)\ll L(0)$]。也就是说，这类具有较短平均路径又具有较高聚类系数的网络，即是小世界网络。

3.无标度网络

无标度网络（又称 BA 模型）（见图 4-1d），应用"增长性"和"择优连接"两个机制刻画网络动态生成的幂律分布。幂律分布图形没有峰值，即网络中大多数节点仅有少量连接，而少数节点却有大量连接，不存在随机网络中的特征标度，故称"无标度网络"（scale-free，亦译为无尺度、自由度等）。其概率满足幂律分布，即 $P(k)\sim k^{-\gamma}$，其中 k 无论用什么标度，即 k 扩大常数倍，其分布仍然是幂律分布，并认为系统具有自相似性。算法及特性如下：①增长性（growth）：从具有 m_0 个节点的连通网络开始，每引入一个新节点，即连接到 m 个已存在节点上，这里 $m\leqslant m_0$。增长性表明网络规模是不断扩大的。②择优连接（preferential attachment）：新节点与一个已经存在的节点 i 相连接的概率 Π_i 与节点 i 的度 k_i，节点 j 的度 k_j 之间满足如下关系：$\Pi_i=\dfrac{k_i}{\sum\limits_{j}k_j}$。表明，新节点更倾向于与那些具有较高连接度的"大"节点相连接，即显示出"富者更富"的马太效应（田志虹，2005）。经过 t 个步骤后，产生一个有 N（$N=t+m_0$）个节点、m_t 条边的无标度网络。且经数值仿真和算法解析，BA 模型将演化为度分布服从指数等于 3 的幂律分布，并且这个分布指数是独立于 m 的。

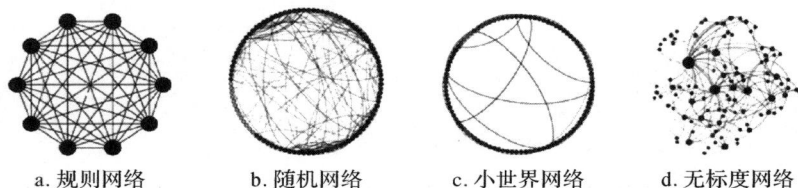

a.规则网络　　b.随机网络　　c.小世界网络　　d.无标度网络

图 4-1　复杂网络类型

另外,复杂网络类型还有局域世界网络(LC 模型)[①]模型和权重网络(BBV模型)[②](安沈昊等,2020)。

(三)社会网络分析

社会网络分析具有三个特点:①聚焦点是人际关系和关系模式;②在微观与宏观之间建立起连接进行多层次分析;③整合定量、定性与图表数据分析。社会网络分析一般有两类:①自我中心社会网分析,研究个体在网络中的联结与位置;②整体社会网分析,研究网络整体的构成与形态。导向性概念包括网络密度、点度中心度和点中间中心度等。

1. 网络密度(network density)

网络密度指行动者之间实际联结数目与它们之间可能存在最大联结数目的比值。网络密度主要反映网络整体聚集水平,其计算公式为:$d = \dfrac{Rr}{Fr}$,Rr 指网络中的真实关系数,Fr 指网络中节点构成完全图时的关系数,即可行关系数。据此就无向网络 $Fr_{无向} = \dfrac{n(n-1)}{2}$ 和有向网络 $Fr_{有向} = n(n-1)$,其取值区间为$[0,1]$。

2. 点度中心度(point centrality)

点度中心度表明行动者越接近网络中心位置,其影响力就越大,可分为绝对点度中心度和相对点度中心度。点度平均值(mean nodal degree)测量网络中所有点的度数平均值,表达式为:$\bar{d} = \dfrac{\sum\limits_{i=1}^{g} d(n_i)}{g} = \dfrac{2L}{g}$,$g$ 代表网络规模,$d(n_i)$ 是 n_i 点的密度,L 是网络图中线的总数。点度中心势指数,用公式表示为:$C = \dfrac{\sum\limits_{i=1}^{n}(C_{\max} - C_i)}{\max \sum\limits_{i=1}^{n}(C_{\max} - C_i)}$。

3. 点中间中心度(betweenness centrality)

点中间中心度测量的是行动者对资源控制的程度。如果一个点处于许多

---

① 在 BA 模型中新增节点仅拥有局部信息(有限理性与不完备信息等)。

② 赋予各边权重来描述节点之间的相互作用强度与连接边之间的异质性等。

点对的路径上,该点就具有较高的中间中心度,它起到桥梁作用。假设点 j 和点 k 之间存在的测地线数目用 g_{jk} 来表示。第三个点 i 能够控制此两点的交往能力用 $b_{jk}(i)$ 表示,即 i 处于点 j 和点 k 之间的测地线上的概率。点 j 和点 k 之间存在的经过点 i 的测地线数目用 $g_{jk}(i)$ 来表示,那么 $b_{jk}(i) = \dfrac{g_{jk}(i)}{g_{jk}}$。点 i 的绝对中间中心度记为 C_{ABi},则有 $C_{ABi} = \sum\limits_{j}^{n} \sum\limits_{k}^{n} b_{jk}(i)$, $j \neq k \neq i$ 并且 $j < k$。如果一个点的中间中心度为 0,意味着该点不能控制任何行动者,处于网络边缘;如果一个点的中间中心度为 1,意味着该点可以 100% 控制其他行动者,它处于网络核心,拥有很大权力(王少平等,2012)。

此外,还有接近中心性与特征向量中心性等分析性工具,以及根据关系数据类型,定类数据可构建离散的核心-边缘模型,定比数据可构建连续的核心-边缘模型等。

二、市场复杂社会网的特征与研究方法

在市场要素不变的情况下,为完成市场系统整体功能而把市场各个组分与组分之间整合为统一整体网络,这种总和关联组分模式就是市场网络结构。组分千千万万,节点数目巨大,甚至包含世上所有人与可以被定义为交换资源的一切市场要素。同时,各国各地区因存在市场制度、技术发展水平以及种族、民族文化差异,更造就了市场组分之间存在尤为复杂的相互关系与作用。正因如此,复杂网络分析方法能更好地从整体性视角去观察与解析复杂现象背后的一些共性、普适性研究方法。这得益于:①互联网大数据采集便捷,使得构建模型成为可能;②交叉学科不断发展,使得复杂网络理论、模型和数据具有共通条件;③目前复杂性科学研究成果可为市场演化系统提供整体网络结构分析。在前述复杂网络分析模型中,小世界网络模型(拓扑结构分析)和无标度网络模型(幂律分布特性)尤为经典。目前看,万千市场网络,其结构共性之处都可采用这两个经典模型予以分析,同时再根据实际市场类型,补充其他模型要素。

小世界网络具有聚类系数较高、平均路径较小和基本服从幂律分布等特点,可用以阐析市场涌现、演化和突变等现象:①因为市场组分的局部行为或事

件会导致全局性市场系统变化，这吻合复杂性市场涌现定律；②在市场诞生、维生、进化和突变这一周期性过程中，市场网络结构一直在动态变化，这可用复杂网络工具进行分析；③小世界模型通过少量节点随机重连，使得它具有规则、随机网络的优越性，类似于市场自组织临界性混沌边缘处的吸引子（节点"重连"）能引发整个市场网络巨变一样。

无标度网络的无标度性反映的是其节点的重要性。从复杂网络统计参数看，无标度网络模型具备以下特性：①平均路径长度为 $\log N/\mathrm{Log}(\mathrm{Log}N)$，表明无标度网络具有小世界特性；②聚类系数与随机网络类似，当网络规模充分大时，无标度网络不具有明显聚类特性；③点函数度服从幂律分布（黄欣荣，2012）。经数值仿真和算法计算验证，无标度网络模型将演化为度分布服从指数等于 3 的幂律分布——一个随着 k 值的幂次递减函数满足 $1/k^c$，即与 $1/k^c$ 成正比（准确地说，k 幂次通常是稍微大于 2 的数），也就是说在无标度网络中，其节点重要性分布具有分散性，重要节点相对集中，大部分节点都是一些普通节点。

市场具有复杂系统特性，若无控制参量管控，必然出现"富者更富"网络无标度现象。其内在机制如无标度网络所揭示的，一是市场形成过程犹如自动生长的蜘蛛网那样，有新市场交易者不断涌入的自生增长性；二是市场两端（厂商与消费者）都按照"择优选择"的方式进行活动，即在市场网络形成过程中，连接度大的节点如在位产商、品牌商品更能吸引市场参与者，形成圣经所言的"马太效应"，并遵循幂律分布规律。

另外，市场的突变特性会导向两种趋势：①市场网络受到破坏，称之为市场脆弱性（fragility）；②市场具有抗干扰性，即保持其原有秩序与结构，称之为市场抗毁性或鲁棒性（robustness）。一般而言，无标度市场网络对随机节点故障具有极高的鲁棒性，因为其度分布服从幂律分布，其具有显著的非均衡性。绝大多数节点的节点度都相对较小，只有少量节点的节点度相对较大，因此随机攻击或故障能击中大节点高度节点的概率较小。但刻意击中要害节点，却可对网络造成毁灭性打击，此时网络极度脆弱，类似于"擒贼先擒王"。经济市场中常见的现象是，有时新技术、新产品或新组织形式的出现能带动整个市场发展，有时又因一个或几个头部企业倒闭，导致系统性市场危机。只要有意识地攻击那些关键节点,市场网络连通性就会受到极大影响,甚至导致整个行业市场瘫痪。如近年美国对我国头部企业施行"卡脖子"技术攻击的战略意图就在于此。"对随机故障的鲁棒性和对蓄意攻击的脆弱性是无标度网络的一个基本特征,其根源在于其度分布的不均匀性。""鲁棒但又脆弱(robust yet fragile)是复杂系统最重要和最基本的特征之一。"(汪小帆等,2006)

总之,无标度市场网络研究方法步骤是:①收集数据构建点线资源网络;②计算市场网络点度及其分布规律,若度分布服从幂次定律,计算度分布指数;③分析市场自增长和择优选择规律;④按市场规模、技术先进性等甄别连接度最大的市场行动者(节点影响力),进而分析其鲁棒性和脆弱性,由此提出市场网络传播、传递和控制规律等;⑤借助 SNA 方法对具体市场社会性结构形式开展融合性研究。

第六节　结论与余论

通过对复杂性科学研究群的梳理,提炼出可运用于市场研究的理论与方法,主要有市场涌现生成、市场适应维生、市场遗传算法、市场自组织临界性方法和市场复杂网络等五个复杂性系统科学的具体科学方法。复杂性研究实际上是整体论、非线性和复杂性的凝聚。在上述五种具体方法处理上,本书认为它们之间是融通的,只不过每个方法的侧重点不一,具体运用于市场发展与演变过程时,因所处状态不一,可根据不同侧重点采取不同的研究方式。

在市场研究中,传统或主流经济学一直推崇"无形之手"的调节平衡作用——"通过假定供给和需求之间的线性因果关系,经济就会自然而然地变得高效且稳定。在这点上,就像钟表的发条一样,平衡、运动规律和科学客观性等牛顿概念一览无余,同时,数学(牛顿微积分)充当了一种在任何给定时间表达和测量经济状态的工具"。"古典经济学另一个牛顿隐喻是理性行动者,即利己主义的经济个人主义,它平行于经典物理学中的原子论,包含着系统整体都只是其部分的总和这样的观点。因此保留到现在的一个主流的资本主义教义是,如果所有个体都追求自我利益的话,共同利益(平衡和增长)将实现最大化,市场的'看不见的手'(自动调节供给和需求的机制)执行着对价格设定、个人利益和激励结构、顾客满意度,甚至是社会政策选择的参数等'看不见'的数学运算。"(金,2019)

正如当前很多经济学家所声称的那样,"经济学的新古典主义时代已经结束,取而代之的是复杂性时代"(阿瑟,2018a)。复杂经济学理论强调"非均衡性"和"不确定性"以及其组分交互作用的"自适应性"。"非均衡性"强调中断和破坏,这源于市场行为主体为了适应不断变化的情况而不断进行调整;而"复杂"则强调市场行为主体对其他市场行为所导致变化的反应。在复杂性方法中,我们不能假定市场行为主体面临的所有问题都是确定的,这是因为,市场行为主体根本不知道其他市场行为主体可能会如何做出什么反应,亦即他不知道别人怎么看待同样的经济问题。这种不确定性意味着,市场主体需要"认知地"构建他们的问题。而"交互性"的假定使市场主体具有异质性,他们的非线性交互可能引发市场涌现现象。

市场学研究领域有两个重大问题:其一,关乎"资源配置"的市场问题;其二,关乎"市场形成(formation)"的机制问题。本章将复杂性科学研究的近期发展成果运用于理解市场形成过程,并从市场如何诞生、维生、适应、遗传、突变与其结构性网络等具体研究方法展开分析,从而构建整个复杂性市场系统的研究方法生态位,这具有理论意义与实践运用价值。

在市场研究中,主要有三种理解方式:①交易场所及其交易关系的总和;②一种资源配置的价格机制;③一种经济社会系统中的制度安排。②的理解方式,是内嵌于①和③的,即②是①和③发挥其市场功能的方式。按照复杂性系统科学研究范式,把市场理解为一种经济社会系统中的一个子系统看待,那么就有:

第一,市场生成——市场涌现生成机制。主要研究由市场行动者这个构成市场要素和基本的因果规则,其组分相互作用与制约之后诞生出复杂结构的系统。主要分析市场诞生条件、内在逻辑、动力机制以及环境策略等问题。可用于分析具体市场形态生命周期第一阶段的涌现生成规律,通过这些规律发现,可以让我们知晓创造哪些有利条件去建构我们所需要的市场组织方式。

第二,市场维生——市场生存稳定性。在市场生命周期第二阶段,主要问题是如何让已经诞生的市场形态得以生存与保持稳定。主要运用复杂适应系统理论(CAS),用于分析市场与外在环境的物质、能量与信息的交互过程,通过CAS构建的7个基本分析工具,揭示市场主体适应性和多主体交互的维生机制,从而达到理解"复杂性造就适应性"的市场维生机制。

第三,市场演化——市场优胜劣汰机理。在市场发展第三阶段,用于市场发展、演化过程分析。通过运用遗传生物学原理,即染色体经过复制、交换和变异等方式,使得生物进化的优胜劣汰机制。市场演化过程犹如生物进化过程,可运用微观层面上的遗传算法,探寻市场演化内在进化机制。

第四,市场突变——市场"雪崩"机制。通过自组织临界性与混沌边缘理论与方法的运用分析,理解市场系统在每个阶段都有可能处在临界状态,此时市场可因微小扰动引发雪崩现象。这里的"雪崩"类似"蝴蝶效应","好"的微小扰动会引发市场形态进一步更新,进入高一阶段质的变化,表现出质量与形式上更高的市场形态,如新技术出现;"不好"的微小扰动,可能会引发经济危机现象,如股市崩盘、系统性经济危机等。值得探讨的是,临界性理论认为类似经济危机这种经济现象也是市场不断更新的一种自组织突变方式,是经济发展适应性的一个过程与方式,需辩证看待。

第五,市场复杂网络——市场结构静态与动态性。通过复杂网络与社会网络分析工具,探析市场结构以及相适应的功能分析。主要是运用小世界网络模型与无标度网络模型展示市场结构性特征,尤其是运用统计学、图论与拓扑结构理论分析万千市场现象几乎都具有小世界网络和无标度网络的特性,从而使分析市场网络的结构性问题成为可能。

总之,复杂性科学研究可为本书理解、分析、预测"市场形成"(生命周期)提供了一个全方位全过程的具体科学方法。构建市场研究生态位研究方法具有深厚的复杂性科学基础,尤其强调整体性思维、非线性、自组织、动态性与复杂网络结构等传统经济学所不企及的领域。

世界是复杂多样的,复杂性系统科学研究通过隐喻、类比与同态性方法,用"模拟—演绎"方式,尽最大可能去描述与解析现实世界。在认识复杂性市场方面,找出相应行为规则、算法或模型,把各种复杂性市场现象或过程看成与研究者构建模型进行同构性假设的模拟,不啻另一种市场研究的科学范式。

第五章 何为结构性?

——供给侧结构性改革政策引发的思考

供给侧结构性改革对现阶段与未来国家政策施行具有重要理论指导意义,尤其是如何正确理解"结构性"含义,是政策应用的前提。本书按照复杂性经济学理解范式,构建了供给侧结构性改革 6 个步骤的算法规则,尤其是把"结构性"这个关键词放在"改革"的前台位置,引领"供给侧"各要素进行"结构性"全程与全面的一条贯穿主线去领会与实践,而不是作为单个"供给侧"中的一个元素予以学术与实践处理。由此,导出"何为市场结构性?"之问,为进一步提出"市场社会结构"理论应用与"社会结构复杂性市场系统"方法模型应用提供了一种实践问题导向。

第一节 供给经济学与新供给经济学:演变与理论依据

一、市场机制理论框架:"萨伊定律"为界

"供给"与"需求"是现代经济学的两个基本概念。围绕这两个概念形成了不同经济学理论,如在政策层面,即形成了"需求侧管理"与"供给侧管理"两种不同争议与实践。

微观层面,供给是厂商对特定产品或服务的供给;需求是消费者对特定产品或服务的需求,市场机制通过价格对供需双方做出调节。

宏观层面，总供给是一定就业条件下总产出的供给水平，包含劳动力、资本、土地和技术等要素，与一般价格水平相应，就是"总供给函数"；总需求是实际市场的产品、服务和资本需求以及货币市场实际货币余额的总和，与一般价格水平相应，就是"总需求函数"。宏观经济学表明，如果产品市场、要素市场和劳动力市场存在完美的价格机制，那么，就能在充分就业水平上实现市场均衡。这个逻辑把微观层面上单个产品的边际生产力等约束，以及单个需求者的效用和偏好都排除在外。持有"自由市场"观的经济理论认为上述这个逻辑就是现实市场中的机制；而持相反意见的经济学理论认为，因为市场自身存在缺陷，市场并不具备自动实现上述市场均衡的能力。

其中，"萨伊定律"是框定供给侧与需求侧理论的重要分界点。让-巴蒂斯特·萨伊（Jean-Baptiste Say）在《政治经济学概论》中提出了他的著名观点，即"供给创造需求"，认为市场机制能自动调节并实现市场均衡。该观点被称为萨伊定律，主要包含三个方面内容：①产品价值（生产成本）与其购买力相等；②供给创造自己的需求（买一种产品的购买力来自卖另一种产品）；③货币只是交易媒介，没有其他功能，引入货币，不改变上述供给需求间的关系等（肖林，2016）。

萨伊定律"供给创造需求"的观点是"市场机制自动调节"的集中表述。后来，经济学理论以此为界，认为认同萨伊定律的经济学是供给经济学；反之，则是需求经济学。由此，导致供给经济学在政策上主张，政府应不干预或少干预市场；而需求经济学则主张，为实现充分就业和稳定经济增长达到稳定均衡，政府须采取措施进行直接或间接的市场干预和需求侧管理。

二、需求经济学："三驾马车"为核心

托马斯·马尔萨斯（Thomas Malthus）是早期对萨伊定律提出质疑的古典经济学家。他认为：①需求决定供给；②存在有效需求不足的现实；③货币具有储备功能；④提倡需求侧经济政策。之后，约翰·梅纳德·凯恩斯（John Maynard Keynes）在《就业、利息与货币通论》中更是提出有效需求不足的问题，认为：①有效需求由投资和消费组成；②不同意储蓄自动转化为投资的观点，投资取决于不确定性预期回报和现行市场利率间的比较；③货币具有流动性陷阱

情况，否定利率自动调节功能；④工资具有刚性，不具有自动调整功能以实现充分就业；⑤提出政府需从需求侧干预市场，加大公共基础设施建设，主张提振投资政策，以利于实现充分就业等。在此基础上，罗伊·哈罗德（Roy Harrod）在《动态经济学》中深化了凯恩斯经济学思想，形成了"哈罗德—多马模型"。他认为，资本产出比与劳动力增长率取决于技术进步和人口增长，这是政府难以短期有作为的，因此，其政策主张是影响和调整需求侧的储蓄率和消费—投资结构（利润—工资结构）。

至此，凯恩斯及其追随者形成了以需求侧为重点的需求经济学，把维持经济稳定增长和充分就业的经济政策放在了"消费、投资和出口"这三个需求管理层面，形成了"三驾马车"理论，即鼓励消费——推动财产收入分配和再分配制度，包括累进税、遗产税、加强社会福利保障等以提高消费倾向；鼓励投资——尤其是基础设施与公共领域投资；鼓励出口——依托资源优势如廉价劳动力，推动外向型经济等。

三、供给经济学："四要素"为核心与"制度"重要性

供给学派主要代表人物主要有费尔德斯坦（Feldstein）、拉弗（Laffer）、瓦尼斯基（Wanniski）、罗伯茨（Roberts）、蔡克豪瑟（Chickhouse）、霍尔（Hall）及萨金特（Sargent）等。对以上代表性人物的供给经济学理论进行梳理，发现其主要逻辑与观点是"经济增长—增加供给—增强刺激—利用减税—减少干预"。虽然不同学派之间存在差异，但其共同之处在于：①强调市场自我调节作用，反对国家过多干预；②认为解决经济危机的良方在于供给侧；③认同减税能够刺激投资、增加供给，能带动经济增长；④采用微观与宏观相结合的分析方法，更注重从微观视角进行经济分析等。

在西方宏观经济学视域里，总供给就是就业数量的函数。在他们的增长模型中，经济总供给能力被归纳为"劳动力、资本、土地（自然资源）和技术"等四要素。他们把这些要素加总形成总量，进而仿照微观生产函数（厂商理论），以劳动力、资本和土地三种要素构成总量生产函数。根据罗伯特·索洛（Robert Solow）和罗伯特·卢卡斯（Robert Lucas）构造的模型，把技术要素看成资本、土地与劳动力贡献之外的一种整合贡献要素，或称之为"全要素生产率"；或把

它看作在其他三种要素之上通过教育、培训、运用和改良等技术元素附加的一种供给侧要素，由此就形成供给侧"四要素"之说。约瑟夫·熊彼特也提出技术研究影响供给侧的供给质量，应纳入其框架之中。

另外，供给侧学派还有一些其他的重要观点，如"长期资源极限"观。罗马俱乐部《增长的极限》一书认为，针对供给瓶颈问题，应对增长进行控制，以便实现全球人口和资源的均衡。又如"拉弗曲线"。拉弗认为随着税率增加，税收在初期增加，但到了一定阶段反而会阻碍经济发展——税率上升，闲暇时间增加反而减少税收和税基。再如，针对社会主义国家的经济改革，科尔奈（Kornai）提出，在社会主义国家，企业面临资源约束，由此认为企业预算约束软化，需要改革社会主义所有制、决策权结构和决策机制，以便形成有效预算和需求约束。

此外，旧制度经济学认为"制度"是经济进化的动力所在，这主要体现在托斯丹·邦德·凡勃仑（Thorstein Bunde Veblen）、康芒斯－约翰·罗杰斯（Commons-John Rogers）所提倡的"社会结构演进实质上是制度的演进"的观点上，他们强调制度对经济发展的关键作用以及"所有权"在解决利益冲突中的制度性作用。新制度经济学则认为"交易成本"是制度创新考量的最重要因素，如罗纳德·哈里·科斯（Ronald Harry Coase）在《企业的性质》中指出"市场的运行是有成本的，通过形成一个组织，并允许某个权威（一个'企业家'）来支配资源，就能节约某些市场运行成本"（转引自盛洪，2009）。此观点后被斯蒂格勒和威廉姆森等定义为"科斯定理"。道格拉斯·塞西尔·诺斯（Douglass Cecil North）则重点研究产权、国家理论以及意识形态在内的制度变迁理论，着重于从上述几个要素对经济增长的影响展开分析。哈罗德·德姆塞茨（Harold Demsetz）更是强化了"产权"的要素作用，认为产权的基本功能是引导在更大程度上实现外部性的内部化动力。张五常（1969）在追随科斯定理前提下，得出保护土地私人产权、明晰产权制度、允许土地自由转让才能让生产要素与土地资源发挥更大效率的结论，即深究市场经济条件下契约本质与交易费用的关系，等等。

从制度重要性看法出发，马克思的论述无疑如诺斯所评价的，是对"长期制度变革的最有力的论述"。马克思把生产资料所有制作为经济制度的核心，包括"生产资料所有制""具体产权制度"和"资源配置调节制度"等三个层次。有学者用"转轨经济学""过渡经济学"(布坎南,1988;Sachs et al.,2003)解释苏东与中国经济转轨问题——从计划经济"转轨"到市场经济。本书认为,不管其解释是否合适,倒是可以把其纳入供给侧制度范畴,用来理解制度安排与体制机制变革问题。

四、新供给经济学:中国元素

(一)背景:社会主义市场经济理论发展路线

改革开放以来,中国经济理论发展主线一直是围绕"'计划'与'市场'哪个好一点"的问题展开,也可以说是在市场化改革过程中,市场与政府边界存在异同认知上的"摸着石头过河"。

简单地说,我国的经济理论发展主要经历了四个阶段。第一阶段,提出"市场调节为辅"。1978 年,党的十一届三中全会提出"按经济规律办事,重视价值规律的作用"。1982 年,党的十二大提出"计划经济为主,市场调节为辅"原则,肯定了市场调节的作用。这个阶段主要是确立了市场的合法地位。第二阶段,提出"商品经济"。1984 年,党的十二届三中全会指出"商品经济的充分发展,是社会经济发展不可逾越的阶段"。1987 年,党的十三大第一次阐明了社会主义初级阶段的理论,确立公有制的前提下继续发展多种所有制经济的商品经济阶段。第三阶段,提出"市场发挥基础性作用"。1992 年,党的十四大提出"要使市场在社会主义国家宏观调控下对资源配置起基础性作用"。1993 年,党的十四届三中全会明确提出建设"社会主义市场经济"的目标与原则。1997—2012 年,党的十五大到十八大都反复强调市场的基础性作用,其中,党的十六大提出"形成现代市场体系",党的十七大提出"形成有利于科学发展的宏观调控体系",党的十八大提出"处理好政府与市场的关系"。第四阶段,提出"市场发挥决定性作用"。2013 年,党的十八届三中全会提出"核心问题是处理好政府与市场的关系,使市场在资源配置中发挥决定性的作用,更好地发挥政府的作用",同时提出"混合所有制经济"等理念,由此开启了我国社会主义市场经济建设的新阶段。

（二）"改革开放"："改革"理论本质上是供给侧理论，"开放"本质上是从封闭经济向开放经济转变

关于"改革"的经济学解读，早些时候国内很多学者基本按照新古典经济学中的供给函数（微观与宏观）"四要素"展开研究，且都强调市场化改革中制度的重要性（周天勇，1997；王小鲁，2000；马琳琳，2006；卫兴华等，2017），并有很多学者从财政政策和货币政策视角研究税制结构对宏观经济的限制作用（庞凤喜等，2013；金海年，2014；刘克崮，2014）。之后，相关的研究还有根据目前经济判断，提出如何从供给侧方面，改变粗放型增长模式，产业结构调整和技术创新等成为研究主导，其中一直强调制度性机制体制改革的重要性。

总体而言，国内经济学界对经济改革和要素供给制度改革的建议主要集中在所有制变化形式、产权、现代企业制度、生产要素供给效率以及在改革过程中如何处理政府与市场的关系上。具体而言，一是在所有制问题上，主要集中讨论公有制与私有制结构性比例和部门化配置的问题（董辅礽，1994；晓亮，1996；高尚全，2005；常修泽，2006；王俊豪，2013）。二是在现代企业制度问题上，主要研究国有企业产权与效率、产权形式和治理结构以及民营经济发展模式等问题，并在如何建立现代企业制度方面提出种种可行性方案（吴敬琏，1994；高尚全，1998；刘诗白，1998；金碚，2010）。三是在生产要素供给效率问题上，涵盖劳动力、资本、土地、技术创新和全要素生产率等议题，其中劳动力要素方面，主要包含人力资本、教育、城镇化劳动力转移、农民工以及户籍制度等的改革（蔡增正，1999；杨立岩，2003；王桂新，2008；汪伟，2010；蔡昉，2013；潘家华，2013；万海远，2013）；资本要素方面，主要研究资本要素与经济增长、发展战略等关系（林毅夫等，2003；2010）；土地资源方面，主要关注国有土地、集体土地以及存量土地对经济是否有可持续发展的瓶颈问题，尤其是土地与房地产行业的发展关系、地方土地财政与地方经济发展方式的关系等（蒋震，2014）；技术创新要素方面，主要认为随着技术发展对经济增长的重要性越来越明显，甚至逐渐出现技术进步的贡献率大于产业结构调整的贡献率（刘伟等，2008）；全要素（包括以上要素之外的其他所有要素）生产率方面，指出全要素生产率主要来源于改革和结构红利（张军等，2009），同时也指出较低的全要素生产率是改革不彻底导致

的(吴敬琏,2008)。另外,关于政府与市场的关系,有学者提出中国发展治理采取了"地方分权式权威体系"模式(许成钢,2011),也有认为中国采取的是"中国式联邦主义"模式(钱颖一,1996)等,这些观点具有代表性。

"改革开放"中的"开放",经济学界主要认为是对外开放型经济的开始,既是从计划经济迈向市场经济的过程,也是中国经济逐渐开放的过程,尤其是加入世界贸易组织以后,中国经济得以快速发展(后面章节将具体讨论开放经济特点)。

(三)新供给经济学:主要观点

林毅夫(2012)提出了"新结构主义经济学"理论,主要是运用国际贸易理论分析国家发展和发展战略,提出发展中国家具有"后发优势",具体方法是,根据"要素禀赋",发展"比较优势"产业,形成"比较优势制度"来推动经济发展。其中,有比较优势的要素禀赋是市场确定的——提倡企业自生能力来源于经济体制改革。同时,指出政府"因势利导"的投资政策具有重要促进作用。因此,可以这样理解,"新结构主义经济学"理论在前提和基础主张方面,强调了供给侧制度改革的作用;在方向与路径方面,强调了结构调整的比较优势原则,为政府有效治理、创新政府调控措施提供了线索(肖林,2016)。同时,认为一个经济体经济结构内生于它的要素禀赋结构,持续经济发展是由要素禀赋变化和持续技术创新推动的。应该说,林毅夫提出新结构主义经济学的特点在于:第一,重视经济和产业结构调整;第二,强调了要素禀赋和比较优势的作用;第三,既把市场作为根本性的基础机制,又强调发挥政府因势利导的补充作用;第四,为发展中国家的政策制定和实施提供了一个可以实际操作的指南等(张嘉懿,2018)。总的说来,林毅夫提出的"新结构主义经济学"为供给经济学提供了一个从经济结构视角出发创建"有为政府"的思路,但不是供给经济学的主要要义。

从文献看,明确提出新供给经济学的国内学者主要是贾康(2013;2015),但学理比较系统的是肖林(2016)。贾康主要侧重于从中国目前为什么要选择供给侧结构性改革问题进行政策性解读,其中对"八双五并重"政策进行了详解。"八双"即双创(创新创业)、双化(新型城镇化和产业优化)、双减(减少行政审批和结构性减税)、双扩(对外扩大开放和融合,对内优化结构、效益并扩大内需)、双转（转变人口政策和国有资产布局）、双进（国有、非国有共同进步，完成大混合经济发展）、双到位（政府和市场职能都要到位，含第三部门）、双配套（财政改革和金融改革配套）；"五并重"指的是"五年规划与全球视野百年战略并重""法治与文化并重""海陆丝绸之路并重""参与 TPP 等秩序与独立建立新规则并重""高调改革国际货币体系和低调进行人民币国际化并重"等。并认为，新供给之"新"体现在"人"与"物"视角的联通，"物"层面即"生产力"的层面，强调科技的作用；"人"层面即"生产关系"的层面，强调经济组织方式与制度安排、利益分配等。应该说，从理论构建自洽性视角看，贾的政策性解读较多，但并未真正建立系统的新供给经济学理论。

肖林（2016）在《新供给经济学：供给侧结构性改革与持续增长》一书中认为，为实现中国经济持续高效增长，必须通过供给侧结构性改革，从要素新供给（劳动力、资本、技术、土地）、制度新供给（市场制度、开放制度、政府制度、企业制度）、结构新供给（产业结构、区域结构、城乡结构、收入分配结构）和政策新供给（去产能、去库存、去杠杆、降成本、补短板）等四个维度出发，进一步激发经济内生活力和动力。在这，"要素新供给"＋"制度新供给"＋"结构新供给"＋"政策新供给"＝新供给经济学，可见肖比较全面地对供给侧进行了梳理，并结合中国经济发展所处阶段，从为什么要提出供给侧结构性改革的三个关键词"供给侧""结构性""改革"等具体内容展开分析并提出改革方案。从肖的分析看，其理论亮点在于，"结构新供给"中不仅含有经济结构，同时加入了"社会结构"维度，如区域结构、城乡结构与收入分配结构等。另外，从西方供给侧经济学看，他们提出的制度供给，主要是指政策供给，因为欧美国家在潜意识里已经把比较完善和比较成熟的自由市场当作一个"固有背景"看待。但显然我国在制度供给这块，需在社会主义制度这个大前提下，对改革体制机制过程中的一些制度性要素需如何改革的中国问题，提出不同于欧美的方案，这也是我国"制度新供给"的特点。

另外，马晓河（2017）在《大转型：供给侧结构性改革》一书中，凝练提出供给侧结构性改革的供给侧是 $Y = f(L, K, R, T)$ 的函数集。即认为，供给包含三个层面：①要素供给，即 L（劳动）、K（资本）、R（资源）、T（技术）的规模和质量；②产品和服务供给，即 Y 的规模与结构，强调高效产品和优质产品；③制度供给,包含金融体制、财政体制、户籍、社保、教育、健康、就业、土地改革、资源产权、科技创新和创新创业等(马晓河,2017)。可见马与肖不一样的地方在于,其把"高效与优质产品(服务)"包含在供给侧当中去理解。

乔新生(2018)认为,"到目前为止,还没有一个经济学理论能科学解释中国经济发展现象"。本书认为,这个结论过于武断,中国经济发展战略与模式,在每个"五年计划"这一国家层面上都有比较全面的阐述,根基在于"马克思主义政治经济学",但如何根据不同经济发展阶段和经济形势判断做出适恰的经济理论提炼是关键问题。国家提出"供给侧结构性改革"这个议题,由于借助了西方经济学中的"供给侧""需求侧"概念,在市场经济背景下,很多学者从其理论素养中吸取有益养分,这是遵循市场经济本身的规律,同时,又能够结合中国道路与经济情境进行融合性深化研究,也是遵循社会科学的发展规律。其中,中国实际情况显然与欧美国家不一样,东欧改革与苏联改革是经验案例,"华盛顿共识"与"北京共识"也是案例。

乔进一步认为,无论是新供给经济学还是新结构经济学,都无法全面解释中国经济发展成就,解决中国经济发展存在的问题。最后他提醒,研究中国经济现象必须注意两个基本问题:首先,中国经济发展是由计划经济转向社会主义市场经济;其次,中国市场经济之所以与其他国家的市场经济有着本质的不同,是因为中国市场经济是中国特色社会主义市场经济(乔新生,2018)。这个提醒是对的,这也是我国所有经济学科学研究的大前提与学术背景。

第二节 "供给侧+结构性+改革":思想、内涵与经济理论逻辑

一、思想与措施

改革开放至今已有40多年,中国社会主义市场经济理论的提出与形成,尤其是中国经济进入新常态后,在"三期叠加"背景下,中央提出"供给侧结构性改革"适逢其时。

2015 年 11 月,中央在中央财经领导小组会议等场合四次提及"供给侧结构性改革"。2015 年 12 月,中央财经会议正式提出了"供给侧结构性改革"和推动经济持续健康发展的思路;2016 年 1 月,中央财经小组第十二次会议指出供给侧结构性改革的目的是"提高社会生产力水平,落实好以人民为中心的发展思想"。

2016 年 1 月 4 日,《人民日报》按照"供给侧＋结构性＋改革"的框架对其进行了具体改革思路分析,认为思路是:从提高供给质量出发,用改革的办法推进结构调整,矫正要素配置扭曲,扩大有效供给,提高供给结构对需求变化的适应性和灵活性,提高全要素生产率,更好满足广大人民群众的需要,促进经济社会健康发展。

该框架思路与政策措施是:①目标:满足人民需要,实现"创新、协调、绿色、开放、共享"的"五大发展"理念。②路径:一是"充分发挥市场在资源配置中的决定性作用",即"矫正以前过多依靠行政配置资源带来的要素配置扭曲","调整各类扭曲的政策和制度安排,进一步激发市场主体活力,更好发挥市场在资源配置中的决定性作用";二是"更好发挥政府这只手的作用","当前最重要的是明确政府的权力边界,以自我革命的精神,在行政干预上多做'减法'",因此,改革"不是实行需求紧缩"或"新的'计划经济'"。③内容:结构性改革,具体是"去产能、去库存、去杠杆、降成本、补短板"五大重点任务。④方向:供给侧结构性改革,是"改善供给结构","实现由低水平供需平衡向高水平供需平衡跃升"(肖林,2016)。

二、主要内容与内涵

供给侧结构性改革的三个维度分别如下。

第一,"供给侧"是指着眼于供给端和生产端的管理和制度建设,即对劳动力、资本、技术等要素的投入方式、投入结构,企业生产成本、生产方式等方面的管理,以及对促进资源要素有效供给、质量提升、高效配置的市场机制和制度建设。

第二,"结构性"是指结构的优化调整,即立足于资源要素有效配置和供需有效匹配,促进生产结构、产业结构、收入分配结构、区域结构等系列结构性问题化解,进一步释放错配资源的内在价值,有效提升资源要素的配置效率,实现经济社会协调发展。

第三,"改革"是指原有制度改革和新制度建设,即为了确保资源要素有效供给和高效配置,促进结构优化调整,对原来束缚资源要素供给、市场配置功能以及结构优化调整的制度进行改革创新,构建有利于进一步解放生产力和发展生产力的制度保障。

这三个维度是有机统一体,是相互关联与相互促进的关系。

改革驱动力在于:①充分发挥市场在资源配置中的决定性作用,市场驱动是促进供给侧结构性改革的内生动力;②充分发挥政府在改革驱动和宏观调控上的更好作用,政府推动是供给侧结构性改革的外在助力(肖林,2016)。

三、模型:供给侧结构性改革与新供给经济学的理论逻辑与方法

按照新供给经济学(中国元素的供给经济学)与供给侧结构性改革的内在逻辑关系,认为新供给经济学是供给侧结构性改革的经济理论基础,供给侧结构性改革是新供给经济学的应用。但同时,从两者的关系看,其实是在中央提出供给侧结构性改革的国家经济政策促发下,国内学者依据中国市场经济特点,从理论上进行提炼的一个有机结合的经济学理论。其理论特质如图5-1所示(肖林,2016)。

第一,供给侧结构性改革的目标是实现高效可持续增长,满足人民的需要,是"五大发展"理念的具体政策实施。

第二,认为要素新供给是持续增长的内在动力,目的是寻求高效的要素配置效率。

第三,认为制度、结构、政策等新供给是持续增长的外在动力,目的是寻求高效的经济运行效率。

第四,最终实现"发挥市场资源配置的决定作用和更好发挥政府作用"的经济发展战略目标。

第五,根据发展,在每个"供给侧",根据"结构性"方面的实际情况,对其进行改革。

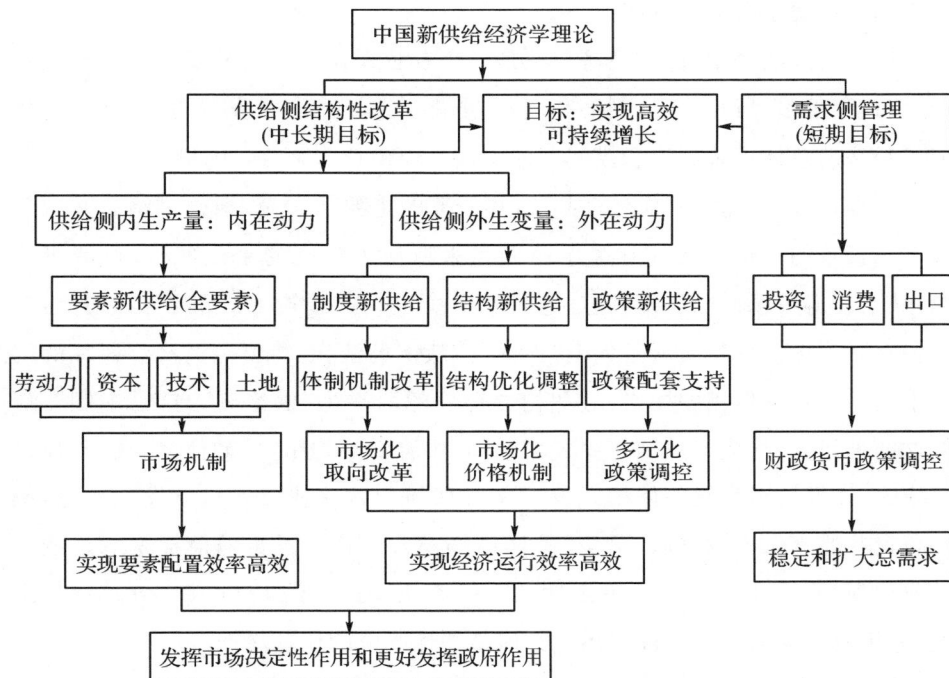

图 5-1 中国新供给经济学与供给侧结构性改革的逻辑关系与方法

第三节 尝试：复杂经济学对供给侧结构性改革的解

一、判断：复杂经济学内含新供给经济学因子

建立在西方经济学意义上的供给侧结构性改革，显然是在实现市场一般均衡的前提下，从宏观经济学视角施与政府主导的政策影响。但根据前面基于中国新供给经济学视角对供给侧结构性改革的分析，则是一个把经济市场作为系统性经济问题的过程。从"供给侧""结构性""改革"这三个维度，可以把供给侧结构性改革看作经济新常态下，在"三期叠加"的后危机时代经济社会自组织临界性混沌边缘状态下的一个复杂性经济系统。由此，本书尝试性地应用人们所倡导的"复杂性市场理论"进行分析，以求能对本就复杂的经济社会现象给出一

些不同于其他学者的新见解。

按照复杂经济学观点，经济现象是一个有着无比庞大的并发行为的并发系统。市场、价格、贸易协定、制度和产业，全都形成于这些并发行为中，并最终形成了经济的总体模式和聚合模式（aggregate pattern）（阿瑟，2018b）。

根据市场一般均衡理论的主张，其研究的主要问题是，根据供给总函数与需求总函数的比值判断应在哪个时间点采取何种程度的干预（需求侧或供给侧）从而使得市场回归均衡状态，进而达到线性市场稳定发展目的。如前所述，这种市场均衡模型其实就是一个"神话"。从市场演化看，复杂经济学研究的则是市场系统相互作用的要素，假如构建市场的两端是"供给侧"与"需求侧"，那么这两种组分（构成市场的主要成分）之间如何相互作用，并如何"生成"整体市场模式，以及这个市场整体模式反过来又如何导致这些要素组分发生变化，或导致这些要素做出调整以"适应"整体市场模式。这个逻辑的前提是承认经济是非均衡、非线性与具有不确定性的。以下从"三期叠加"与"新常态"背景出发，分析我国为何在此阶段提出供给侧结构性改革的议题。

（一）何为"三期叠加"？

"三期叠加"是指中国经济增长速度换挡期、结构调整阵痛期、前期刺激政策消化期同时集中出现，成为后危机时代中国经济发展的阶段性特征。"经济增长速度换挡期"指的是我国经济正由原先年均10%左右的高速增长阶段稳步向年均7%左右或更低的中高速增长阶段过渡，7%左右或更低的平均增速将成为我国今后十几、二十几年的经济增长常态。"结构调整阵痛期"表现为：①多重结构调整相互叠加，产业结构、区域结构、财富分配结构、排放结构、城乡结构等结构调整相互叠加；②结构调整阵痛与过剩经济相互叠加；③结构调整阵痛与"中等收入"陷阱相互叠加。"前期刺激政策消化期"主要指的是为了应对2008年国际金融危机的不利影响，我国政府采取总计4万亿元的拉动内需、振兴产业等一揽子刺激计划，这些经济刺激政策曾为我国促进经济迅速回稳产生良好效果，也对世界经济起到了"压舱石"作用。但不利影响也是显而易见的，主要表现在：①给后期宏观调控带来难度，刺激之后出现保增长与防通胀的双重压力；②产业结构逆动，第二产业比重显著上升，第三产业比重不升反降，一些重化工行业产能过剩问题加剧，产业结构调整压力进一步加大；③地方政府债务问题凸显，地方政府搭上中央刺激计划的"顺风车"，地方债务急剧膨胀，容易引发系统性风险，也易"挤出"民间投资，反而弱化经济刺激效果。"三期叠加"形象地描述了我国近年所处经济发展阶段的特征，经济增长速度换挡期针对经济发展的总量、数量而言；结构调整阵痛期针对经济发展的质量、效益而言；前期刺激政策消化期针对宏观调控的方向、手段而言。三者结合勾勒出经济发展所处经济社会发展阶段的主要特征和面临的挑战。

（二）何为新常态？

2014 年 11 月，习近平总书记在 APEC 峰会开幕式首次全面阐释了中国经济新常态："中国经济呈现出新常态，有几个主要特点：一是从高速增长转为中高速增长。二是经济结构不断优化升级，第三产业、消费需求逐步成为主体，城乡区域差距逐步缩小，居民收入占比上升，发展成果惠及更广大民众。三是从要素驱动、投资驱动转向创新驱动。"①随后，在中央经济工作会议公报中从八个方面分析了中国经济新特征，分别是消费、投资、出口和国际收支、生产能力和产业组织方式、生产要素、市场竞争、资源环境和经济风险等。

二、复杂性经济议题：供给侧视角

（一）非均衡性 vs. 均衡性、正反馈 vs. 负反馈、适应性效率 vs. 资源配置率

第一，按照复杂经济学观点，"经济新常态＋三期叠加"状态是非均衡经济系统的典型表现。

这种非均衡性是经济发展阶段性的自然状态，经济始终处于变化之中。这不仅是因为经济总是面临着外部冲击或外界影响，还因为非均衡本身就产生于经济内部。研究这种"当前状况"——"新常态＋三期叠加"，恰是复杂经济学所倡导的一种方法，因为在这些当前状况中，形成了决定未来事件或事物的那些条件。经济是一个系统，而且这个系统中各个元素，都会根据"当前状况"不断

---

① 《习近平出席亚太经合组织工商领导人峰会开幕式并发表主旨演讲》，中国共产党新闻网，2014年 11 月 9 日，http://jhsjk.people.cn/article/25999562。

更新自己的行为（阿瑟，2018a）。一般说来，非均衡经济系统现象经常表现为：①资产价格变动的自我强化现象，即"泡沫和崩溃"。2008年由美国引发的全球经济危机典型地表现出了该特征；②集群波动现象，即低波动期与高波动期随机交替出现的情况；③突然渗透现象，即复杂经济网络空间上的"多米诺效应"，如银行间不良贷款通过网络间传导造成的行业系统性风险。

第二，正反馈在复杂经济学中被运用于定义收益递增情况，负反馈即为传统经济学中收益递减的情况。

在复杂经济学看来，正反馈与负反馈是同时存在、共同作用的。如果一个经济系统中只存在负反馈，即收益递减，则按新古典经济学逻辑推理，系统很快就会收敛到市场均衡状态——供需平衡。照此理解，一方面是"自由市场神话"，另一方面也表现出经济是一种"死"的状态。当然，若只存在正反馈机制，那么，系统会偏离均衡，经常表现出爆炸性行为。故只有同时包含正反馈与负反馈，经济系统才会表现出"复杂性"行为与现象。在正反馈下，市场中供给侧和需求侧相互作用、相互叠加，形成"当前状况"的市场自组织临界性和经济混沌边缘状态，经过一段时间之后，又会被负反馈机制所抵消，经济系统又进入另一个跃升阶段。因此，市场结构的形成是一个在自组织临界状态下被"奇异子"所影响并不断演变的过程，这样的经济系统才是"活"的系统。

第三，适应性效率是长期经济增长的关键。

适应性效率是诺斯在吸收借鉴复杂性思想并在其著作《理解经济变迁过程》（2005）中提出并得到广泛认同的概念，它用于描述能够带来长期经济增长的制度结构特征，认为适应性效率是长期经济增长的关键。诺斯是这样论证他的观点的：①社会本质是"非各态历经"的，时刻面临不确定的挑战（田永峰，2010）；②因个体是自主能动的，它致力于塑造环境以便更易于预测；③在有限理性情况下，构造规则（约束或激励）能改进控制环境的能力；④制度是人类共享心智模式或者说是针对社会互动中不断涌现问题的共享解决办法；⑤特定制度对应着特定情境。可见，诺斯认为，因不确定的存在与挑战，要审时度势，制定制度应对特定情境，以适应经济系统内外环境变化（诺斯，2008；田永峰，2010）。按照诺斯对制度的理解，本书认为，需求侧管理或供给侧管理，其实质就是为处于非均衡态的市场系统注入一个"可控制度"，以便促进"适应"经济系统发展。

若如此解，供给侧结构性改革，这种制度安排便是"适应""经济新常态＋三期叠加"下针对经济涌现性质的一种制度选择。在 CAS 看来，"适应性造就复杂性"。供给侧结构性改革，体现了参与市场经济系统的行动者具有适应经济环境变化的能力，可通过构造适应性机制构建行动者与周遭环境之间交互作用适应性的路径与方案。

（二）供给侧要素前台位置性：技术导向与"当前经济状况"适应性

从上述"内生非均衡性""正反馈机制"与"适应性"可知，复杂经济学的总思路是，组成经济的要素（供给侧与需求侧）会不断地对它们自己创造的模式做出反应，并且不断地形成不同模式。如此表达，又易陷入"无形之手""自发秩序"窠臼之中。显然，在复杂经济学看来，"经济是不断地通过'创造新要素'实现自我创造和再自我创造的"。这些要素经常是新技术和新制度，随着经济演化，它们会产生新的结构。

关于经济变迁，传统经济学将"供给侧要素"与生产函数等同起来，并把经济视为这些要素的"容器"。当新的供给侧要素被引入时，生产函数就会发生改变，于是产量提高，劳动力或其他资源就会被激活，从而经济平滑地从一个均衡转移到另一个均衡，并实现内生增长。这种模型很漂亮，也符合均衡经济学套路。但问题在于，它使经济的主要动力，如技术、制度、政策、市场结构等成了背景因素，而把价格和产量放在前台显著位置。这种观点显然把供给侧视为固定的，认为供给侧要素是无形无相的，会自动翻然而至，一个一个地随机出现，完全没有区分供给侧结构性分析各个要素推动经济发展的机制。

根据复杂经济学观点，供给侧要素尤其是技术要素处于显著的前台位置，价格和产量反而处于背景位置。何为"技术"？在复杂经济学看来，技术指的是"人类为了实现自己的目标而运用的手段"。技术包含工业技术、工业生产程序、机械设备、医疗程序、计算机技术、算法法则和商业流程等，同时还包含组织结构、法律法规、制度安排等，即技术＝自然技术＋社会技术。阿瑟（2018a）曾用"技术集合"（collection of technologies）这个术语表示技术是如何与经济系统产生相互支撑关系的，即技术能（再）创造经济与改变经济结构。

根据复杂经济学的理论支点与支撑体系，本书尝试构建"供给侧结构性改革"的算法规则,具体如下。

第一步,供给侧结构性改革的提出。基于"经济新常态＋三期叠加"这种对"当前经济状况"的判断,在我国计划经济迈向市场经济转型(转轨)过程中提出"发挥市场决定性作用和更好发挥政府作用",把它作为一个技术集合,以"全要素供给(劳动力/资本/土地/技术/全生产要素)＋(制度新供给/结构新供给/政策新供给)"形式进入经济系统。

第二步,技术集合变得活跃起来,替代原有需求侧中某些不适应经济系统的部分,对经济学进行改造。

第三步,新的供给侧元素为支持技术集合和经济组织安排,创造出新的"需求侧"(消费＋投资＋出口)需求或提供进一步的机会利基(opportunity niches)。

第四步,如果被替换的旧的需求侧元素从技术集合中退出,那么它们的附属需求就会逐渐消失,退居后台。它们提供的一系列机会利基,也会随着它们的退出而逐渐消失;反过来,那些用于填补这些机会利基的元素,也会变得不再活跃。

第五步,作为适应性的未来技术集合或未来元素组合(组件),新的供给侧元素在激励下活跃起来。

第六步,商品和服务的生产和消费模式,会在以上步骤的影响下做出调整,成本和价格以及研发的新技术、改革的新元素的激励也会相应做出改变。

本书认为,这个算法规则,在市场系统迈向另一个阶段时,与强调需求侧管理时的算法步骤一致,只不过需求侧管理主要从消费者视角出发,其动力提供机制不一致而已。

在整个经济发展过程中,复杂经济学尤其强调自然技术作用,如阿瑟(2018)认为自然技术是一个不断自我演变的"自创生"系统,认为经济是由以技术为中介(覆盖)的一系列关于商品和服务的活动、行为组成的。也就是说,方法、过程和组织形式构成了经济。

随着新技术的进入,新组织形式或制度也在新技术的"要求"下应运而生。而且,这些新组织形式或制度,反过来也对新技术产生更进一步的需求,即要求有更进一步的方法、组织和制度出现。这个过程是一个正循环关系,于是新经济结构就涌现出来。从长远历史看，蒸汽时代、铁路时代和当下的数字经济时代，莫不如此。

（三）强调"结构性"改革：切入点

供给侧结构性改革在扬弃供给学派观点的基础上，主要应用了马克思主义政治经济学的新发展成果。首先，供给侧结构性改革强调的是"结构性"的改革，供给侧只是作为一个背景性经济框架；其次，西方供给学派在萨伊定律基础上，给出"供给侧"要素，并推导出反对政府干预市场的结论，这与供给侧结构性改革"更好发挥政府作用"的战略定位存在原则性的区别；最后，"结构性"改革要解决的是我国宏观经济中深层次的结构问题，这与致力于解决"滞涨"经济现象的供给学派存在本质不同。供给侧结构性改革涉及的制度、政策、结构性调整措施远多于供给学派所能想到的，涉及社会主义市场经济体制的方方面面。西方供给学派则是在"自由市场"观主导下（其前提预设是"资本主义制度是好的且无须改变"），涉及的政策措施主要是降低"直接税"税率——经验事实表明，效果并不理想。

在"结构性"问题上，传统经济学是没有办法解释的。在其框架里，它注重的是"价格""产量"，而复杂经济学则强调"质量"与"协同"的关系。复杂性市场理论把市场看作一个复杂网络，强调的是"结构"以及"结构的动态演变规律"。

在新供给经济学范畴里，国内学者流行把供给侧"结构性"的组件元素划分为内生动力（包括劳动力、资本、土地、技术和全生产要素[①]）和外在动力（包括制度新供给、结构新供给、政策新供给）（代表性观点详见图 5-1）。本书不太赞同这种划分方式，认为"结构性"供给应该是"全要素"的供给，内嵌于任意要素组分之中。如可划分为劳动力结构、资本结构、土地结构、经济结构、市场结构、制度结构、政策结构等等，而且这些供给侧元素之间形成了一张"激励之网"，具有"协同"效应。当然，在需求侧则由消费结构、投资结构和出口结构等构成。故，本书认为，供给侧结构性改革中的"结构性"要素是一个全生产要素，内嵌于任意要素组分之中。这个可能才是"结构性"改革的本意，而不是单独列出作为一个要素进行分析并进行改革。

[①] 全生产要素，即除劳动力、资本、土地、技术之外的其他所有要素。

例如，从 2015 年开始，房地产业开始"去库存"，导致 2015—2018 年全国房地产价格翻番（可能不是主要原因，但肯定是重要原因），这显然不是国家政策的"初心"，之后国家又提出"房住不炒"的政策导向予以层层补救。造成此状况，是因为"去库存"这个政策没有用系统复杂科学思维与方法进行衡量。再如，过去几年"去产能"政策取得了明显成效，但也存在造成大量社会问题的困境。"市场如何转型？"地方政府目前常用倒逼形式，而不是用系统性思想与组合拳的配套措施来解决问题。

由此本书认为，构建新供给经济学为供给侧结构性改革提供经济理论的同时，需要加入系统复杂性科学思维与方法。用整体性思维与方法，而不能沿用西方经济学的还原论个体主义方法。从已有文献看，至少到目前为止，很多知名学者对供给侧结构性改革做出了政策性解读，也试图构建一种新的供给经济学理论去指导、阐释关涉供给侧结构性改革的宏观经济管理政策，但显然都没有从复杂经济学视角进行相关的研究与对策建议。

如何理解供给侧结构性改革这一"十三五"时期提出的最重要的经济政策？现在已是"十四五"初期了，本书认为，对于"结构性"的理解，主流学者仍在沿用传统经济学范式，这显然是不够的。尤其在实践中，经济政策实践者也几乎不具备"复杂性思维"，每个实体部门之间缺乏"系统协同"，仍按照本部门的"科层制"部门定位，片面地理解"结构性改革"要义，从自己部门利益出发，没有从国家整体利益出发，出台的一些政策经常出现"朝令夕改、部门打架、错乱救火"的忙乱现象。

由此，本书提出，供给侧"结构性"改革应是"经济结构性"与"社会结构性"两者的组合技术集合。并且认为，供给侧"结构性"改革是内嵌于所有经济要素之中的一种复杂性网络思维与研究方法，在市场经济实践中，更需要系统协同思维与工作方式的转变。这个"系统"是什么？急需提供学理方案。

第四节 结论与余论

本部分阐明了基于古典/新古典经济学的市场局部均衡与一般均衡理论实质上是一个神话，主要是：①"无形之手"和外贸自动平衡；②自稳定市场均衡价格；③有效市场和噪声驱动宏观经济周期；④微观基础和理性预期（自愿失业）；⑤利率政策宏观调节；⑥转型实验、金融危机和市场经济的内生不稳定性（陈平，2012）。并通过世界金融危机案例，表明建立在均衡市场理论基础上的经济学是一种"不真实的、真空的"经济学，用它来指导现实中的经济政策制定，必然会导致如斯蒂格利茨所言的"自由市场坠落"。

面对国家提出供给侧结构性改革的宏观经济管理战略与政策实施导向，国内很多学者仍按照西方主流经济学（新古典经济学）的理解方式，对其进行解读与改造，这显然无法吻合我国社会主义市场经济特性，尤其是制度层面上的"更好发挥政府作用"的战略定位。由此，国内很多学者提出"新供给经济学"理论框架，试图从中国经济发展模式中去理解"供给侧＋结构性＋改革"这三个分解维度，创建性地提出供给侧结构性改革的理论依据与支撑。

但研究发现，这个框架基本还是按照传统经济学的"市场均衡"模式，即依然在追求"供给侧"与"需求侧"的一般均衡，认为在"经济新常态"与"三期叠加"背景下，根源问题在于有效供给不足。于是纷纷提倡从供给侧"内在动力"即劳动力、资本、土地、技术四个主要要素与全生产要素提供有效供给，从供给侧"外在动力"即制度新供给、结构新供给和政策新供给三个方面进行"新的供给"，以便提高市场运行效率。从其构建理论框架而言，可明显看出，整个逻辑仍是按照"自由市场"观的主旨与政策逻辑，原因有三：第一，把重要性的"制度与技术"当作新古典经济学中供给方的一个组成部分对待；第二，把"结构性"这个要素当作一个单独的组件（经济要素）看待，而不是把"结构性"这个要素当作每个要素都要进行结构性调整的治理视角看待；第三，构建的方法框架仍然按照传统经济学的还原论方式进行分析。

在这种还原论经济政策施行框架中，从目前政策实施效果看，实践部门并没有完全按照真正意义上的"结构性"改革思路来施策，而把"结构性"理解为"结构"，由此导致近年来很多政策与原本的意图相悖，如房地产业、教育行业、金融行业，都曾推出与改革初衷不一致的政策。

因此，本书提出，供给侧结构性改革需按照系统思维与方法，按照复杂经济学思维与方法，从整体性视角对供给侧结构性改革的各种经济管理方案进行新的解读，并提供经济治理方案。

具体而言，本书认为，"制度创新"与"技术创新"是供给侧结构性改革的关键，但同时，"结构性"改革是内在的整体改革的一条主线。它贯穿于供给侧这个系统内任意要素组分之中，要用"协同治理"的系统方法论对待之。

由此引发出一些新问题：何为结构？如何理解"市场结构"与"社会结构"？市场结构，目前研究得比较成熟，但如何用"社会结构"视角去阐明、理解与分析"市场"？抑或是"市场本身就是一个社会结构性存在"？如若如此，就是一个新研究领域，显然也是一个多学科交叉领域，涉及经济学、社会学与管理学交叉地带，而这恰是本书意欲解决的学术问题与研究方向。

第六章　复杂性市场社会结构

——理论框架、文献依据与模型构建

　　在供给侧结构性改革议题下,本书从新供给经济学中引发"何为结构性?"之问,目的在于提出"结构性"是一个内嵌于供给侧各项改革具体政策措施中,而不仅是供给侧多元素中的某一单独改革项。因结构性本身之复杂,本书意欲从市场社会学视角——当然,还有其他视角,应用复杂性市场系统研究方法,从市场的"制度结构""关系结构"与"实践结构"三个层次且同时又将三者视为一个交互作用产生整体涌现的经济社会现象的思想出发,构建一个市场社会学理论框架与"社会结构复杂性市场系统"演化模型。这个理论框架与演化模型致力于解释三个学术问题:第一,市场的本质是什么? 第二,市场如何形成与运作? 第三,市场研究的社会学转向的理论框架与模型如何构建? 本书试图破除长期以来对"社会结构"这个学术术语的理解痼疾:它是一种社会关系连接模式,是一种静态描述与分析,本身内含有一种静态与动态结合的理解方式。这主要基于以下理由:①把"制度结构"理解为"制度复杂性演变过程";②把"关系结构"视为组织威权结构与复杂社会网络的动态构成;③"实践结构"意味着行动者的实践能动性。从实践、动态与演化过程看待事物"结构",显然它就具有复杂性科学特性。由此,从"社会结构"视角,把市场本身当作一个社会结构看待,区别于传统经济学只是把市场理解为资源配置的价格机制,而是认为市场本身是一种制度,即在社会分工与专业化细分发展进程中,形成的一种关于资源交换的制度,其形式的历史演变具有历时性。本书认为,要把市场看作交易场所、价格机制、制度安排这三种存在方式的融合,是三个维度的聚集体。其中，制度安排需要考虑经济发展模式采取何种市场制度的问题；市场价格机制是资源配置的一种运行方式；交易场所则是市场载体的一种体现。三种市场理解方式，背后的联结点是"实践关系"——市场本体（本质）。同时强调，从时间过程看，市场是在市场行动者实践中，依据实践主体交互作用机制形成非线性层次社会结构（含实践结构、关系结构与制度结构）进而涌现出经济社会现象的系统，即市场是一种涌现性复杂经济社会系统。

第一节　理论框架与模型构建

一、理论框架：市场社会结构

（一）社会结构：分层分解

本书把"社会结构"（social structure）理解为构成社会的元素的组合方式及其实践关系格局。认为，社会结构指向社会构成方式中的三个层面：制度结构、关系结构和实践结构，并且从复杂性科学研究理论与方法论中阐明了主体行动者承载以上三个社会结构层次涌现性互构互纳与交互作用的关系。基于这种理解，阐明了制度结构、关系结构和实践结构的所指（陈林生，2015）。

1. 制度结构

制度结构表征的是组成社会的观念、信仰、价值、符号、期望以及规则等。在这里，制度结构是被行动者理解为能够把握彼此行为且组织起相互之间的一种确定性的国家政策、制度、规范或某种文化模式等。

2. 关系结构

关系结构表征的是社会的"型构"与"机理"。在这里，社会或社会组织被看作由社会关系组成的，表明行动者与其行动之间的相互独立性、因果联系以及他们所占据社会位置的模式。

3. 实践结构

实践结构探讨的是赋予主体行动者的具有创造性且有自我反省、自我转变的能动能力，强调的是行动者根据禀性和经验，产生规范的主体行为的实践能力。在这个意义上理解，实践结构既是主体行为中介，又是主体行为的产物。

（二）市场社会结构：分层分解与重定市场概念

将"制度结构""关系结构"和"实践结构"分层概念应用于对"市场"的理解与分析，认为"实践结构"本身内含有"制度结构"与"关系结构"并成为对"市场"概念的基点理解，而这主要是借助社会建构论、实践论、中国传统"身心"哲学以及复杂性科学的研究方法，并对其进行学术上的技术处理而得出的。由此，提出市场研究的一种经济社会学综合理论——"市场社会结构"市场社会学，在该理论下，市场是一种社会结构，亦可理解为"作为社会结构的市场"（斯威德伯格，1996）。

运用上述对社会结构分层的解析，本书就"市场社会结构"（market social structure，MSS）做一类型层面上的界定（陈林生，2015）。

1. 市场制度结构

作为一种社会经济组织方式，市场以社会建构制度而存在。作为一种制度的市场，其理解建基于"制度的社会建构性演化"之解。市场这种组织形式，既是一种正式制度（如国家政策、法律法规等），又是一种在市场中形成的非正式制度（如习惯、风俗、惯例以及行动者嵌入具体社会情境的反应方式等）。在历史进程中，市场制度是由有着各自利益追求的行动者相互影响所建构演化出来的。

2. 市场关系结构

经济社会学认为市场是指构成市场本身关系结构的行动者之间的复杂网络与社会网络的拓扑关系，而且它更关注关于市场的更深层次的问题，如市场中的权力关系/威权结构、社会位置/地位、资本资源占有关系，以及在这种关系结构中市场变迁的动力机制等问题。

3. 市场实践结构

从"实践结构"出发理解市场被建构的过程是市场本体论的一个重要特色。实践结构作为市场社会结构中被定位的结果，是铭刻在特定市场行动者身体上的，并塑造着行动者的思考、感觉、行为方式及其行动策略等。交换资源的市场实践禀性和营商者成为市场生产、再生产和转换的中心，市场制度、关系结构及虚拟秩序则"具体化"在行动者的交换实践禀性之中。

由此,本书认为,市场是在历时共时性制度建构演化与复杂性经济涌现中,行动者根据交换实践适应性禀性习得的内生实践能力所构建的有其内外部社会性型构关系特征的一种经济社会组织形式。

二、构建:市场社会结构(MSS)模型

根据"实践关系"市场本体论和复杂性科学理论与方法,结合上述"市场社会结构"框架,本书构建了市场社会结构模型的学理框架(见图 6-1)。

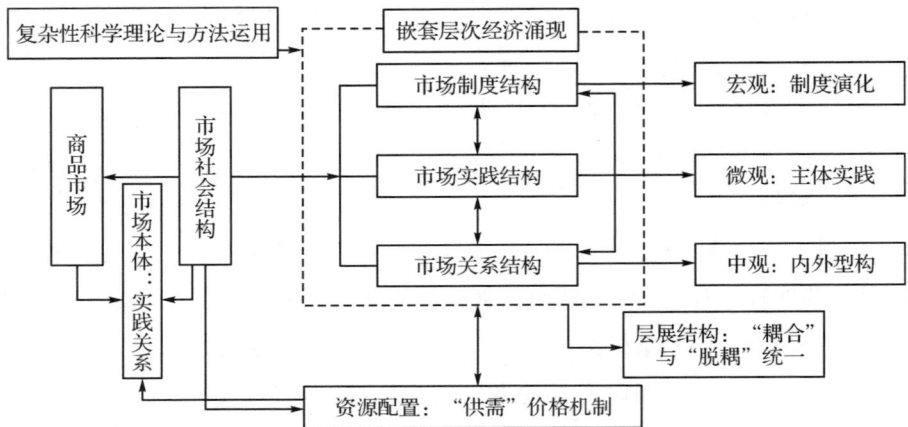

图 6-1 市场社会结构模型的学理框架

(一)注重整体性思维

根据该模型的主旨,可以认为,市场=交易市场(有形市场)+资源配置价格机制+市场社会结构。而"实践关系"是市场本体——实践结构的总和。

(二)明确研究对象

研究策略上,以有形市场(主要为商品市场)作为研究对象,通过其演变过程,把社会结构中制度演变项、关系型构项和主体实践项三者合一"涌现"出的市场行为与现象,作为复杂性市场系统组分分析单元。

(三)应用融贯方法

把复杂经济学方法与社会结构市场学方法相结合,从"结构"内涵,即其联结方式与结构层次性出发,把市场形成与演化视为一个市场组织系统,将市场在诞生、维生、发展演化(遗传进化)、自组织临界性(混沌边缘)间的形态跃迁与

复杂社会网络结构等具体研究方法相融合,构建一个综合复杂性理论和社会结构理论的市场社会学理论分析框架。

(四)强调适应性效率与机制

把市场社会结构性演化中的"适应性"作为市场这一复杂性组织系统的序参量,将"有形市场""资源配置效率"与"动态社会结构"整合成一个"适应性机制"。主要从三个结构层次实现整合:首先,市场主体在实践(实践结构)中"适应"市场内外环境变化。各类市场主体在市场这一开放经济系统中根据内外环境变化调整各自交换策略,如厂商适应性调整供给、消费者适应性调整消费行为等。其次,在开放经济系统中,根据耗散结构理论与原理,市场关系结构内部以适应性方式调整其型构关系,如中心度、聚集性、网络密度等以及结合市场威权结构组织治理模式等。最后,制度结构的适应性调整。市场组织形式处在不断演化中,其中制度结构是主要控制参量,市场永远处于亚临界、临界和超临界中的某一状态中,制度结构是影响其状态的关键点。

(五)重定突变机制

市场自组织临界性即经济混沌边缘,是宏观市场经济研究的重点,同时也是理解市场转型、转轨、市场形态跃迁(升级)的研究着力点。经济突变表现形式有经济危机、金融危机、市场崩盘、系统性风险以及雪崩现象——被形象地称为蝴蝶效应、多米诺骨牌效应等,而复杂性科学理论可以较好地解释这些市场突变现象的内在机制,工具便是复杂性科学理论。本书认为,市场转向态势有两个趋势:其一,雪崩造成经济危机;其二,雪崩是市场转型升级的表现,是市场跃迁的方式与途径,是自组织市场适应性内在驱动所导致的。

(六)凸显"实践结构"与层展结构涌现性

在市场主体不断实践中,实践本身所内蕴隐含的实践结构,是制度结构与关系结构的缘起之处。市场主体实践是市场演化的动力机制,是市场适应与创新的原动力。市场社会结构理论框架与新古典新经济学最大的区别在于,它承认市场主体会根据市场交换信息,通过自身学习机制,在"信息不完备"与"有限理性"条件下,通过市场主体间社会互动机制(社会关系)作用,形成一个属于自己的预测行为策略。

另外,从涌现更高层次上而言,关系结构与制度结构都是在实践结构基础上,通过社会层展结构的"耦合"与"脱耦"机制作用涌现出来的。其中强调,高一层次(层级)的关系结构与制度结构,在其涌现过程中,其本身也具有自身规律,而不仅仅是市场主体一个个地简单相加,而是涌现,即满足整体大于个体之和的整体性结构特征。可以进一步地理解为,虽然关系结构与制度结构是由实践结构所引发,是一种非线性关系,但一旦形成高一层次(层级)结构,就具有其自身的结构性特点,而不能还原为实践结构这个层次。也就是说,社会结构是一个层展结构的涌现表现形式,且层级结构是"耦合"与"脱耦"机制的统一。

第二节　文献依据

一、文献 1. 社会结构

(一)社会结构:概念与运用

汉语"结构"一词,是翻译英语"structure"而来。"structure"源于拉丁语"struere",是建造之意。后缀"ure"在英语中用来形成一个名词,意指一种行动或过程。因此,"structure"有两种含义,既可指建造某物的行动,也可指一个建造过程的产物。可见,"structure"的核心含义与"constructing"和"forming"相关。15 世纪之后,"structure"被大量运用于阐明建筑结构,也常被用来表明建筑原理。随后,"结构"思想从建筑学扩展到工程学、生物学、地质学等,尤其是在达尔文(1859)的《物种起源》中,其应用体现为一种更加接近"结构"本意的用法,认为结构分析不仅是一种静态分析模式,也可表示动态结构性特征。

在这种理念指引下,社会学先驱们很早就开始探讨社会结构。社会可以看作一个被组织起来的整体观念,可追溯到柏拉图和亚里士多德——他们强调"整体大于部分之和"的思想,被认为是后来"系统论"的原初思想萌芽地。但直到 17、18 世纪,社会结构观念才成为分析社会的一种普遍方式。从结构本意看,本书认为,中国传统哲学中《周易》的八卦、六十四卦图,也是基于结构思想构建的,同时老子的《道德经》更是把它哲学化,其"有无相生"的道学思想,就是在"道"的规则下形成的一种结构观,这远比西方采用结构观念分析社会现象要早得多。社会科学发展史表明,社会科学常通过"借鉴""模仿""隐喻",用自然科学尤其是生物学"拟态化"人类社会来进行研究。

如杰西·洛佩兹、约翰·斯科特(John Scott)在尝试将社会结构概念化时使用了两个重要隐喻:其一,与生物有机体相似,社会结构被视为社会有机体;其二,与个性或灵魂相似,社会结构被视为社会精神。对研究社会有机体的学者来说,他们比较关注"肉体"的互相独立、劳动分工、个体间交换,喜欢对社会生活进行"剖析";而那些喜欢使用社会精神隐喻的学者,则更多地关注个体间观点的交流,以及一个社会"灵魂"(spirit)得以影响其组成人员的方式(洛佩兹等,2007)。

具体而言,把社会当作生物学意义上的有机体看待,最早的代表性人物是舍弗勒(Schaffle),他在《社会躯体的结构与生活》中认为,社会躯体的核心器官是国民经济系统、经济体制,消费是"社会的消化过程",是一个"消化器官",供给与消费是一个维持生活与排泄原料垃圾的过程。赫伯特·斯宾塞(Herbert Spencer)是系统研究社会有机体与社会结构之间关系有影响力的社会学家,他构建了一个"社会有机体"模型,认为社会结构与生物结构都可以被看作生长或发展的结果(斯宾塞,1876)。他与同时代的亚当·斯密持相似观点,认为社会境遇应被理解为个体无意识和无计划行为的结果("无形之手"的作用),且把语言作为联通社会有机体的媒介或信息运输渠道,认为社会结构是一个"连续集结"的动态过程。

而在社会精神论这里,阐发最为系统的是黑格尔(Hegel)。他认为,意识或灵魂是将人类从自然界和物质外在世界中区分开来的"理念性"要素。他区分了心理学中的"主观意识"和伦理学、法学中的"客观意识",认为规范、规则和习惯属"主观意识",并且这些意识体现在家庭、市民和国家制度中,由此他认为国家本身就是一个像"活生生的精神"一样运作的"被组织起来的整体"(Hegel, 1807)。

近代以来,随着社会学对"结构"的深入理解与应用,"社会结构"被看作一个专业的科学术语,用来描述复杂社会整体诸多部分被组织为一个特殊的形式或模式。但通过社会结构概念来理论化"社会组织"(social organization)这一特殊社会形式,至今仍是社会学的辩论焦点——是否存在一个独立于个人而存在的社会结构？在《牛津简明英语词典》中，"社会结构"是指社会系统或是社会不同元素之间组织有序的相互关联。但同时也指出，"社会结构"通常没有一个被大家所一致认同的意义，试图提供一个简明扼要定义的努力被证实是非常不成功的。《柯林斯社会学词典》将"社会结构"定义为"社会元素的一些比较持久的相互影响的模式……一个特定社会安排的或多或少的持久模式"。《中国大百科全书·社会学》把"社会结构"解读为"作为某种模式的社会结构，即是指社会体系中各组成部分或者各要素之间比较持久、稳定之相互联系模式"。《简明英汉社会学辞典》把"社会结构"解释为"具长期持续性，稳定且有规律的社会互动关系模式，即支配人们互动的规则或规范"。此外，在《辞海》中，"社会结构"被做如下解释：第一，社会结构被看作一种关系网络，即社会整体之基本要素之间比较稳定、有序的关系网络。第二，一方面，社会结构在宏观上指称社会中的经济基础与上层建筑及二者之间的相互关系；另一方面，社会结构在微观上指称各种不同之社会角色及角色规范和符号体系。第三，按照群体类型之分，社会结构指称阶级、阶层、民族等之间联系之基本状况。第四，按照社会组织功能之分，社会结构指称经济结构、政治结构以及教育结构，等。此外，社会结构有时也被人们当作"社会系统"的同义语。由是观之，李冠福（2018）认为人们对现代社会中社会结构的理解是多元化的。

总的说来，如张静（1993）早年讨论社会结构时所认为的，学者可从不同侧重点进行研究，且主要从两方面展开：其一，将社会结构看成具体所指的某类社会现实，更简单地说，"是可以被直接观察的现实结构"（转引自张静，1993），如年龄结构、人口结构、家庭结构、收入结构等。其二，将社会结构概念作为一种理论分析工具，一种设问和解答问题的思路，一种研究者运用的认识框架，例如角色结构、组织结构、文化结构、体制结构等。前一种立场主要强调现实关系，后一种立场则强调经过提炼的逻辑关系。国内相关文献史研究表明，学者们基本按照这两个方向进行学理梳理与应用性研究，如包智明（1996）通过对西学社会结构研究的梳理，认为构成社会的结构性要素有五种，包括角色、群体、地域社会、制度和社会类别等。周怡（2000）对"社会结构"历时性流派做梳理后表明：①从结构功能主义到结构主义的发展，显示了从宏观到微观的研究趋势；②从客观（结构决定）向主观（主体决定）的过渡；③从结构功能主义到结构主义再到后结构主义,结构完成了从形构到解构的历程。杜玉华(2013)认为,"社会结构"实际上可以看作社会体系各组成部分或诸要素之间的比较持久、稳定的相互联系模式,并在形态上具有宏观、中观和微观三个层次,并阐明"宏观社会结构主要包括人与自然,中观社会结构是人们在不同活动领域中形成的各种关系结构,而微观社会结构是指人们在社会生产中形成的具体社会关系,三个层次不同要素正是在横向协调和纵向有序的分布中彰显出了社会结构和谐运行的魅力"。李冠福(2018)认为"社会结构的复杂性在社会关系层面上表征为三个方面:一是现代社会的复杂组织;二是社会结构的流动性;三是结构与行动之间的复杂关系"。本书的研究侧重于把"社会结构"作为一种研究框架、分析工具和逻辑关系,并试图对其内涵进行重新构建。

(二)制度结构与关系结构

社会学中,"社会结构"与"行动"是相对而言的概念。这里的"行动"与"行为"是两个不同指称含义,"行为"一般是指人的身体物理过程,而"行动"则与行动者意识不可分。也就是说,"行动"是目的性活动,它不仅是行为,而且是基于价值判断而产生的行为,是选择与意志力的行使。由此可推断,"社会结构",应具有"意识"部分,是"行动"赋予其在社会层面上的一种表达,是"个体行动"交互作用涌现出来的一种社会模式或关联。故而,沿袭学术传统,本书认为"社会结构"是"存在"的。这一理解蕴含两层意思:其一,个体的"行动",与"实践"同义;其二,由"行动"构成社会结合模式。在韦伯那里,赋予"行动"以"社会行动"意义显示出"行动"的社会性,其潜在理论内涵是,人必须在"社会情境中"获得行动意义,即只有行动才具有人类社会实践意义。

在社会结构历时性流派中,社会学鼻祖涂尔干(又译为迪尔凯姆)对"社会结构"的理解可谓独树一帜,如洛佩兹等(2007)所言,"在迪尔凯姆对他称之为'社会事实'(social facts)的一般特征进行描述时,他将'集体关系'(collective relationships)和'集体表征'(collective representations)界定为社会结构得以建立的元素"。其中,集体关系表征的是社会关系,是个体之间的关联方式,是社会躯体中的"构造"和"生理"部分;集体表征是意识现象,是存在于个体头脑中的信仰、观念、价值、符号以及期望等,"社会意识"(social consciousness)是集体表征的全部体现。涂尔干意义上的社会结构就是由"集体关系"和"集体表征"

结合、连接和组成的特定规则形式(陈林生,2015)。

"社会事实"是涂尔干研究社会的关键基点。他认为,社会事实是人们行动、思考和感受的方式,这些方式在整个社会中都是普遍存在的,并且能够对它的成员施加"外在约束"(external constraint),即外在的社会事实以很多方式限制着每一个个体,且可通过"形态学事实"(morphological facts)加以分析(涂尔干,1938)。

涂尔干的理论为结构社会学提供了重要的研究方法,我们可换一种表达方式,"集体关系"即为"关系结构","集体表征"即为"制度结构"。在涂尔干看来,"集体关系"即"关系结构",是社会结构的首要元素。涂尔干认为它是一个社会的"内部环境",这个内部环境界定了个体之间的关联方式,比如经济关系、道德关系、亲属关系和国家关系等,犹如斯宾塞意义上的身体部分,并从"器官功能"角度看待这些部分对身体的重要性一样。"集体表征"即"制度结构",是形成社会结构的第二要素。集体表征是精神现象,也被认为是一种"社会事实"。这种表征指存在于个体头脑中的信仰、观念、价值、符号和期望等,但是它可以从一个个体传送给另一个个体,并且可以约束其他人的行动。也正是通过这种交流传送过程,各表征才可以被人们所共有、共享,也因此可以在一个社会中保持或多或少的普遍性。因此,这样形成的"社会意识"是集体表征的全部体现,是通过组成更大社会交往过程的社会化和模仿过程而引起的。

沿着涂尔干理解社会结构的学术传统,陈林生(2015)梳理后认为,社会学的一些主要研究者,在其各自感兴趣的方面展开了一系列拓展性研究。一方面,如米切尔(Mitchell)、齐美尔(Simmel)、布朗(Radcliffe-Brown)、莫雷诺(Moreno)、巴恩斯(Barnes)、莱维特(Leavitt)、列维-斯特劳斯(Lévi-Strauss),以及以格兰诺维特(Granovetter)为代表的新经济社会学社会网络分析方法等都是对这种关系结构思想的发展与运用。另一方面,以帕森斯(Parsons)为代表的倡导功能主义思想的社会学家,更加关注集体表征结构,他们主要探讨社会结构得以规范化的组成方式,即制度结构方面。

若对社会结构研究的历史再做具体展开,可按照如下主线进行再认识。在对"社会结构"的早期研究中,孔德认为社会是一种有规律的结构,它与生物有机体具有相似性;斯宾塞认为社会是由"支持""分配"和"调节"三大系统组成的结构；马克思理解意义上的社会结构，将"结构"看作人与人之间关系的总和，把社会结构视为矛盾关系体，社会结构变化的动力来源于社会内部矛盾运动。应该说，马克思主义社会结构观，不仅指客观实体之间的关系，也指制度、意识形态与生产方式等之间的逻辑关系。帕森斯认为社会结构是由不同基本功能、多层面次系统形成的"总体社会系统"，是包含"目的""适应""整合"和"模式维持"四个基本社会功能的完整体系，但同时更强调模式维持这个共同价值规范体系。列维-斯特劳斯强调"社会深层结构决定社会秩序"，即认为社会结构是深层结构中的规则总体，社会结构本身是隐藏着逻辑关系的。阿尔都塞（Althusser）是马克思主义结构观的延续及深化者，但更强调"多元决定论"的结构因果观。这些社会结构观基本是就"关系结构"或"制度结构"中的某一个侧重点进行研究，而到后帕森斯时代，积极倡导"结构－行动"互构的吉登斯结构二重化理论、布迪厄（Bourdieu）场域理论以及福柯（Foucault）和鲍德里亚（Baudrillard）的后结构主义等，则是开辟了社会结构理解的另外一条道路，本质上是为如何破解二元结构寻找一把适恰的钥匙。本书认为，这把钥匙其实就是马克思意义上的"实践"，而实践主体必然是"人"本身，故而对社会结构的理解离不开"人的实践"这个中介，这必然会导出一个新的理解维度——"实践结构"。

（三）实践结构：底层本体与转介中心

强调社会建构的现代社会新研究方法对上述把社会结构划分为"制度结构"与"关系结构"的观点提出了挑战。如前所述，吉登斯的结构二重化理论、福柯的结构分散化和布迪厄的场域理论都认为应从"个体实践"出发理解整个社会铭刻其上的印记去理解社会的组成方式。即强调应从社会与个体实践互动中寻找其间的联系与规则。如洛佩兹、斯科特所概括那样，"制度和关系的模式产生于这些被赋予能力或技能的个体行动，这些能力或技能使得个体能通过一种组织起来的行动而产生这些模式"，这些能力或技能就是行动者的秉性（dispositions），因此，"社会结构被看作一种具象结构（embodied structure）。具象结构是铭刻于人类身体和思想中的习惯和技能，这些习惯和技能就使人们生产、再生产和改变制度结构和关系结构成为可能"（洛佩兹等，2007）。本书为体现他们的主要观点，将把具象结构和社会有机体的组织方式联系起来，并称之为"实践结构"。实践结构将探讨更深层面的社会结构，认为制度与关系结构的基础在于行动者基于可利用的"默会知识"给出的一种反应,该种知识是实践行动禀性和互动行为的实践能力。由此,测量社会结构的另一维度"实践结构"就成为社会结构生产、再生产和转换的中心。即认为,"把实践活动看作个体行动与社会结构相结合的重要途径,而且认为实践性的个体行动,体现着社会文化、结构和思想意识的生产和再生产"(林聚任,2016)。

另外,如前所述,"实践关系"是社会存在的本体论——主要从哲学、社会学、近代自然科学以及复杂性科学研究中得出。以下就社会学所关注的"实践结构"再做较详细的学术文献梳理。

理解"实践结构",首先需要从"结构与行动"的关系中寻找答案,尤其社会学另一个重要分支——社会建构论。如沃特斯所言,"建构主义(constructionism)(主观的/个体论的),寻求的是理解个人的和主观间的意义和动机。在这里,人被看作有认知能力和沟通能力的行动者(competent and communicative agent),他们积极主动地创造或建构着世界"(沃特斯,2000)。借用哈里斯(Harris,2008)的观点,社会建构论主要有两种类型:一种是解释性的社会建构论,如实用主义、符号互动论、现象学、人种志方法论、叙事分析、认知社会学、符号社会学、后现代主义等议题,核心观点是"事物的意义不是天生固有的……事物的存在与性质很大程度上依赖于人们有意义的实践";另一种是客观性的社会建构论,关注的是真实事物的创造,而非意义的创造,认为被建构出来的东西不是解释,而是事物的真实状况。虽两者存在差异,但同时都表明"现实不是自动、自然、自发生成的,而是人类行动创造出来……人类是建构工作者……人类通过劳动工作建构出现实"(Harris,2008;林聚任,2016)。

经典建构主义主要包括:韦伯的理解社会学——赋予行动以意义;米德(Mead)的符号互动论——强调语言沟通对行动者相互关系的作用;舒茨(Schutz)以柏格森(Bergson)和胡塞尔的现象学哲学为基础创立的现象学社会学——关注的重点是通过心智图像来解释社会世界;加芬克尔(Garfinkel)的常人方法学——强调社会学家必须以行动者的相同做事方式理解社会世界。而当代或后现代时期,建构主义主要体现为女性主义认识论和新社会运动论,如图海纳(Touraine)和贝克(Beck)的作品、卢曼的自在建构论、吉登斯的结构化理论以及布迪厄的建构性结构主义,以及激进建构论的相关论点等(陈林生,

2015）。

　　在建构论者看来，主体是一个积极行动者。建构论是 20 世纪 80 年代以来重要的社会科学方法论，且至今未有衰落迹象。林聚任（2016）认为当今社会学越来越重视社会实践的"实践转向"研究，称这种社会建构论为"实践建构论"，并总结了三个维度：①过程性与解构，即实践建构的理论视角；②与境性与地方性，即实践建构的分析路径；③一元化，即实践建构的主客体弥合。与本书相关的实践建构论的核心思想之一是，"实践是具身化的（embodied），是一个地方性、与境性过程"，"'具身化'是指人类活动的形式与人体的特征紧密联系在一起……强调具身化的实践理论家通常认为身体和活动在实践内被'构成'"（夏兹金等，2010）。其中，布迪厄的建构论结构主义与吉登斯的结构化理论最能体现本书所提出的"实践结构"含义。

　　布迪厄将自己的理论称为"建构论结构主义"或"结构主义的建构论"。所谓"建构论结构主义"，布迪厄如此解释："就'结构主义'或建构论'结构主义'而言，我的意思是不仅在象征系统（语言、神话等）里有客观结构，在社会世界本身里，也有各种客观结构，它们独立于作用者的意识与意志，而且可以引导与限制作用者的实践或表征。就建构主义而言，我是指有双重的社会源头……"（转引自苏国勋等，2005），"必须回到实践中来，因为实践是实施结果和实施方法、历史实践的客观化产物和身体化产物、结构和习性的辩证法"（布迪厄，2003）。可见，布迪厄的建构论结构主义同时具有客观结构的维度和主观惯习的维度。即他综合了"结构主义"与"建构主义"的两种路径，并建立了这样的一个"场域实践感"模型：习性×资本＋场域＝实践。在布迪厄的理论框架中，场域是一个客观存在，它独立于行动者和社会科学家的感知而存在。但布迪厄不是纯粹的结构决定论者，场域社会结构必须与主观惯习联系起来才能得到理解，即必须是在"关系性思维"，尤其是他所强调的"实践感"中才能理解。其中，布迪厄倡导一种主观或建构论的解释，以解释社会行动者如何在意义生产中建构社会现实。布迪厄对惯习概念的理解恰是建构论理路的体现，即体现了"建构的结构主义"和"结构的建构主义"特征。这样，在布迪厄理解惯习的意义上，他同时摆脱了客观主义结构论和主观主义诠释学的危险。但在"场域－资本－惯习"框架中，布迪厄认为行动者的惯习不同程度地依赖于他们在场域中的社会地位，由于这个原因，布迪厄给予了结构主义或客观维度更大的优先性。

另外，布迪厄的惯习概念是通过主体实践感而获得对场域的适应与重建的。作为一种政治—反思性的实践，"布迪厄的社会科学——他称之为'实践理论'——又是变革性的，因为它最终是要在客观化的社会结构的碰撞中创造一种新的主观性"（德兰获，2005）。建构论结构主义认为社会科学的目的是加强行动者对社会结构的建构实践能力。布迪厄试图通过分析"实践感"以及社会科学家提高"反思"水平，反思现存物受到的来自社会场域的约束与限制，布迪厄的建构论内蕴着行动者在压制性场域中建构社会结构的自由——惯习生成性能力。在布迪厄看来，惯习功能体现在以下三方面：一是阐释了行动者实践与利益相结合的风格统一性；二是认为惯习是社会位置的产物；三是强调了惯习是实践的生成法则（布迪厄，2007）。总之，布迪厄认为惯习是在"特定的实践空间"中被建构的。如林聚任（2016）认为："作为社会建构论'实践转向'中的一个重要分支，布迪厄的实践建构论以反思和批判为特色，强调场域和习性的历史性和生成性，强调对研究者与研究对象之间关系的反思、对整个许可自身集体无意识地反思，强调对实践的真实的逻辑的重视，这一点冲击了人们惯常的思维方式，为人们提供了新的认识角度。"

另一个强调行动与结构互动且具有代表性的观点是吉登斯提出的结构化理论。如特纳（2001）对他的评价："吉登斯对社会学的最有力的批判之一是其对社会学理论中二元论的驳斥"，"结构化理论把制度分析和行动者在相互依存的情境中的互动结合起来，在理论上是一大贡献，他修正了本土方法论和现象学的过激，而强调了在相互依存的情境中行动的反思性监控"。吉登斯在探讨社会科学与自然科学研究方法上的差异性时提出了双重解释学方法论——以解决生活世界与社会科学专业性之间的关系和社会科学的基本性质与任务等问题。吉登斯的结构化理论与双重解释学方法论是内在呼应的，他是在拒斥行动与结构二元对立基础上，从生活实践层面分析社会的运转问题，从而形成的结构化理论。吉登斯强调他所理解的行动是一个被我们不断加以反思性监控的、理性的、有目的性的过程（Giddens，1979b），而不是一个机械化的反应过程。

关于行动与结构的互构关系，国内有系统研究的是郑杭生和杨敏。他们在《社会互构论：世界眼光下的中国特色社会学理论的新探索》一书中提出了"社会互构"观点:"社会互构论在理论预设上不主张对于个人与社会其中一方的优先性选择(这意味着对其中另一方的排斥性选择);在实践中不赞成具体的个人与社会的关系上的主导或从属、支配或服从、强制或被制的观念",并对社会互构论下了一个这样的定义:"简言之,社会互构论是关于个人与社会这两大社会行动主体间的互构共变关系的社会学理论。"(郑杭生等,2010)郑与杨的社会互构论为我们研究中国当前社会现象提供了一种新思路,并在反思行动与结构这两极之间的方法论之争中提供了一种中和思想,并否定了社会学研究中形形色色的宿命论和唯意志论。

问题在于,我们如何构建一种理论框架,或者说通过哪种研究方法论能体现和把握"行动与结构既是互构关系,同时又要承认主体行动建构意义,但又被结构所强约束",超越吉登斯所提出"双重解释学"的学思模式,达到哈贝马斯所认为的生活世界的真实,解决布迪厄所构思的"从人的逻辑转向事实的逻辑"问题?反思社会学在这方面做出了一定努力。但本书强调,任何试图通过一种所谓"普适"理论或方法去把握"真实世界"之"真"的努力都是无效的。因为,任何理论和方法的提出都受制于下面几个问题:首先是研究者智识时空限制性;其次是提出者或研究者利益立场;最后是任何理论与方法的提出都必须满足"一定的条件",只有在规定条件框架下,一种理论或方法才是可信和科学的。

鉴于以上对行动与结构的一个学理背景以及它们之间关系的历时性梳理,最终本书认为,行动与结构的互构关系,在承认主体行动实践能力的同时,又受制于结构的强约束。这种行动与结构的关系指向三个层面:首先,阐明了行动与结构是互构关系;其次,承认了主体行动对结构的建构意义,并且结构本身也是内含被行动所建构的一种动态变化;最后,在行动与结构的关系中,强调了结构对行动具有强约束作用。因此,如何用一个既能体现行动与结构关系的这三个层面含义又能体现社会学内涵,既有学理传承性又有学术前沿性,既简洁明了又能体现国内外学术领域历时性研究成果的词语成为本书的研究焦点。最终,本书拟定了"实践结构"这个从主体身心出发理解社会结构的提法。

(四)提出:"实践结构"的含义、意义与作用

通过上述分析,本书理解的"实践结构"有以下四层含义:①结构由人的行动实践建构而成;②结构与个体实践之间是相互建构关系;③"实践结构"整体

词义又可理解为是一个由行动实践禀性出发而又被结构所形塑的行动特征；④落脚点在于个体实践行动，但又包含有结构层面的相互建构的辩证关系。总之，本书的理解是：实践内蕴结构含义，而结构也是一个被建构的实践过程，实践与结构是一个动态的、相互内储的、个体与整体相互包含的辩证关系。

从宏观的社会学视角看实践结构，可以这样理解：社会发展是一个社会与个体互构的动态过程，即社会每向前一步，都是既定社会结构与个体实践行动相互抗争的结果。这是总的社会发展规律，而问题是：这个规律在历史长线上是"真"的，但在现实节点上却总会出现既定社会结构意志与个体意志的相悖。这必然导致"是谁在控制结构意志？""这种结构意志体现了谁的利益？"的追问。至此，社会学问究就有了意义，即社会学关注的主题就是一种社会结构与个体行动或者说是个人与社会是如何良性运转的；良性运转的机制与条件是什么；在承认结构与行动互构关系后，我们是否有办法对行动与结构间的动态关系进行量化分析。显然这个工作是极其困难的，因为个体行动在被结构化过程中，由于结构本身的复杂性，个体行动对社会因素的各种理解存在主观上的不同判定，会产生不同行为表现与观点倾向。因此，研究遵循社会学意义上的一般行为人行动意向，无意涉及个体研究。在这种学科假设前提下，本书将遵循一条学理路线：在类别基础上，对类别进行归纳，并寻找它们之间的关联性与散化性。只有对社会结构的笼统概念、思维框架、关系分析或逻辑关系进行"类别"意义上的划分，或社会结构本身内含层级（如本书把它分为三个层级/层面——制度结构、关系结构与实践结构），才有可能对社会结构有较全面的理解与适恰性的理论及经验应用。

上述学理梳理的目的在于：分析结构与实践行动的互构动态关系，构建一个类别学意义上的分析路径，以便对行动与结构进行条件性框架分析，从而达致两者间如何相互影响作用的"机制问题"——三个结构层级间的作用机制。

总之，提出"实践结构"，对分析社会结构的意义与作用在于：一是构建了"实践结构（关系）"深层本体论；二是构建了社会结构层次性，其中"实践结构""关系结构""制度结构"是一个相互嵌套又层层递进的微观—中观—宏观交互的非线性涌现关系；三是强调了作为社会结构转介/中介的"实践结构"对社会结构生产与再生产的中心作用，即表明"实践结构"内蕴有"关系结构"与"制度结构"。

(五)实践结构:主体建构论的含义及其引发的现实思考与回应

当前,如洛佩兹、斯科特指出,在社会学延续涂尔干的传统,把社会结构特征分为"集体表征"与"集体关系",并以之为模板延伸发展的同时,强调从个体与结构动态互动视角进行分析的"辅助因素"——具象结构(embodied structure)已经被吉登斯、福柯和布迪厄等做了更好的理解,并成为现当代理解社会结构的主流观点。具象结构是铭刻于人类身体和思想中的"习惯和技能",这些"习惯和技能"使人们生产、再生产和改变制度结构和关系结构成为可能(洛佩兹等,2007)。关于 embodied structure 的译法,国内学者允春喜(2007)翻译为"具象结构",但从英文词义上我们可以看出,它强调从人的身体出发去理解社会结构的含义。把"被身体化的结构"翻译为"具象结构",可能是译者受到了洛佩兹和斯科特的著作《社会结构》的影响,书中对结构的理解有两方面含义:一是制度与关系结构是一种虚拟化的抽象存在,二是只有"被身体化的结构"才是可被行动者真实感知的具体存在。于是借用美术学意义上的"具象"术语——相对于抽象而言——对其进行翻译。洛佩兹、斯科特对"embodied structure"一词的理解主要强调身体的一种"习惯"和"技能"。若做这种理解,他们偏向于行为主体者被动结构化的意思多些。但并没有真正理解布迪厄对行动者建构实践能力的肯定。同时,本书认为,中国古代哲学体系中,从个体的"身"与"心"两个方面理解社会秩序问题,更有见地些。从先秦、两汉、魏晋到宋元明清的文化史中,在如何处理人与社会关系的问题上,从人的身心出发再到社会秩序结构("修身齐家治国平天下")的构造,有一条明晰的路线可循。中国古代哲学倡导"知"到"行"的过程恰也是西方社会学理解意义上的主体"实践"过程,两种文化的最终导向是一致的,即都是强调从个体实践层面去理解个体如何实现社会秩序结构的问题。一个主体实践的过程,也是一个主体实践结构的过程,在这个意义上,本书拟定提出"实践结构"恰能体现该含义。

"实践结构"注重更深社会结构本体论的探究。如洛佩兹等(2007)认为:"关系和制度结构的基础在于人们基于利用可用的知识所做出的境况反应。知识并不是由分立的一组组'事实'和'观念'构成,它是建构行动的身体禀性和产生规范控制的社会行为的实践能力。"故而,测量社会结构的另一维度"实践结构"(具象结构)是作为它们在社会空间上定位的结果,是铭刻于人类身体上和他们思考、感觉和行为方式上的。从这点来讲,身体和身体的存在成为社会结构生产、再生产和转换的中心。制度和关系的虚拟秩序就"具体化"在人类组织之中,这些组织的行动就使我们推断它们的存在成为可能。可见,洛佩兹、斯科特是沿着布迪厄所理解的惯习思路展开谈论的。布迪厄对惯习的研究是将其"作为社会实践的身体研究",表明作为主体的身体需要在日常生活中经常地、系统地得到生产、维护和呈现,身体被看作受各种社会结构所制约的活动或实践得以实现和成为现实的潜能机制、转换机制和中介(陈林生,2015)。再说,社会学历来都比较关注对主体"身体"的探讨,如米德的"自我"表述、特纳的身体"秘史"以及西林(Shilling)的身体"缺席在场"观,以及帕森斯的"行为有机体"等,都对主体"身体"的重要性做了积极或间接性的思考。

从社会结构出发理解社会相互作用的模型,尤其得益于舒兹等的行动现象学研究以及乔姆斯基(Chomsky)的语言分析学方法的启示。现象学强调行动者的行动对社会结构的意义,语言分析学强调社会交往的"语法",如西库列尔声称,就社会结构存在这一事实而言,它只存在于个体为了了解社会状况和做出协调行动而使用的规则和程序。吉登斯认为,社会结构并不是关系或制度聚类的简单型构,强调行动者用来产生这些关系和制度模式的规则和资源系统(Giddens,1976)。他借用索绪尔(Saussure)的语言学观点,主张人们的行动和互动如同言语,而社会结构就像是语言,并不存在于时间和空间中,社会结构由规则和规则系统构成,它只是个体相互作用的"展示"但不能还原为这些相互作用,等。由此可判断,社会学理解的社会结构及其分层方式,已然是现代复杂性科学思维在社会学中的运用,即强调实践能动主体(实践结构)的社会互动导致社会关系结构与制度结构的涌现,并且已有一种倾向认为,关系结构与制度结构这两个层级尤其有其自身规律,不能还原到实践结构。

本书认为,布迪厄努力构建的"惯习"观试图突破行动与结构二元对立方法论的不足,但其惯习观最终又不得不寻求马克思意义上的"实践"去解决其行动如何实现的机制问题。布迪厄的实践哲学、"关系哲学"和"性情倾向的哲学"所使用的"实践""惯习"等概念,正如其所言,"确信只有深入一个经验的具有历史处境的现实的场景中,才能理解社会世界最深刻的逻辑","关于习性,可以运用马克思描述尊重惯例原则时所使用的语言"(布迪厄,2007)。反复再生产会因为时间不断延续而产生固定化和习惯化性质,而这种固定化和习惯化也就意味着布迪厄意义上"习性惯习"的形成和稳固。社会结构/秩序的制度化是这样,一种活动的"实践"化也是这样。按照葛兰西说法,现代西方社会理论所倡导的"实践"观恰恰是利用这种机制而获得其学理合法性,布迪厄理解的"实践"及其运作机制与其类似。由此,本书有理由认为,从行动出发理解行动与结构的互构问题,绕过行动"实践"议题是没有意义的(陈林生,2015)。

综上,社会结构转向身体需引进一个"实践"变量,但实践是否可以解释一切行动目的生成模式,需受经验世界的挑战。即认为,行动实践受制于"社会性制约条件",即"条件的框架"。主体的行动意向、目的受结构约束,而且在不同条件框架内其实践能力、范域亦有不同。于是,本书认为,行动与结构互构关系在承认主体行动实践能力的同时又要受制于结构的强约束。鉴于此,本书从主体实践能力与经济社会发展(社会结构)关系的稳定、动态变化和主体分层机制等方面提出一些经验性判断。

第一,经济社会一般处在稳定发展阶段,即社会结构处于相对稳定状态,受制于该结构的主体实践结构(微观)就与该社会结构(宏观制度结构和中观关系结构)及其规则产生某种契合,从而使行动主体总是按照其所内化的结构性要求即在他们看来是正确的方式进行活动。如此,主体实践行为与社会结构复制、运作和再生产就比较一致地融合在一起。这是经济社会发展的稳定条件与机制。

第二,社会结构总是在社会实践动态变化中走向裂变或突变并产生新的不稳定结构,一旦先前稳固结构发生变化,即以耗散结构方式呈现,那么原有行动者就应在这种裂变或突变过程中根据自己的实践能力做出不同的调整。这是经济社会发展的动态机制。

第三,主体适应外部环境变化做出调整的能力与社会结构的裂变或突变往往不是同步发生的。由此,导致两种结果:一是能及时适应和恰当做出调整的行动者,仍能与社会结构变化同步发展;二是不具备调整能力的行为者就会被社会结构变化甩出历史舞台,成为结构裂变或突变的牺牲品。从这个意义上,可以认为结构对行动的作用是强的,因为大部分行动者的习性总是带有强惯性和对未来的不确定性。这是经济社会发展的实践主体分层机制。

以上对行动与结构动态过程的描述犹如混沌边缘理论所描述的那样，从终极社会发展角度而言，这是社会历史发展规律。但需追问的是，在一个既定时空域内，如体现国家权力意志的经济社会政策的变化是不是一种能体现全民意志的"正确"的结构变化？这是需要深究的学术大问题。

（六）社会结构分层分析：意义与作用

第一，将社会结构进行分层分析，具有经验性与理论应用性的分析作用。如本书把市场社会结构划分为市场制度结构、市场关系结构与市场实践结构等。

第二，强调实践结构是制度结构与关系结构的内化、中介与转化路径。制度结构与关系结构都可在实践结构内涵中找到它们给予的烙印和赋予的印记。实践结构是制度结构与关系结构转化的中介，同时也是它们生成的机制。实践结构、制度结构与关系结构是"三位一体""交互嵌套"的关系，同时强调实践结构是本体，在这个一体化关系中，实践结构是基点，制度结构与关系结构只有通过实践结构才能被我们所理解。

第三，在制度结构、关系结构与实践结构互动互构互纳的交互关系中，需分析它们之间的交互条件与涌现机制。即，我们需建立一个模型：在哪种制度结构与关系结构中，实践结构本身作用能发挥正功能，从而促进经济社会发展；而在哪种情境中，实践结构虽能内化它们，但又被它们所约束和影响，显得"无可奈何"。这个模型是我们运用社会结构理论，努力构建一个有"条件框架"的意蕴所在。同时，在分析其具体经济社会系统或其子系统时，又可提供一个层次交互作用而涌现出具体组织特性的科学依据。

第四，结合复杂性研究理论与方法，强调"实践结构""关系结构"与"制度结构"之间是一种"耦合"与"脱耦"的层展结构关系。"耦合"机制表现为：同根性耦合关系、微观态与宏观态的耦合关系和中介环节耦合关系。具体而言，一是各个结构层级中的相互作用具有深刻的内在关联性，即同根同源关系；二是在每一结构层级上，在临界处，微扰能通过"关联长度"机制，促发上一层级产生巨大涨落，即实现了上下两个层级间的"耦合"机制；三是微观实践结构，即实践主体是中介转换的作用，即具体的关系结构与制度结构的变化通过实践结构的中介环节得以展示。"脱耦"机制表现为：由于社会结构内含三个不同结构性的层级，其基本能级存在差异，导致各个层级进入整个社会结构中的时空尺度不同，形成不同层级之间的运动过程、作用发挥的相对独立性，即"脱耦"。不同层展结构之间处于"耦合"与"脱耦"的辩证统一过程，由此，得以不断涌现新的层展结构——社会结构。

二、文献 2. 复杂性研究与社会学核心议题：行动与结构

社会学对复杂性的关注由来已久（Blau，1964；Merton，1968；Schelling，1971；Cohen et al.，1972；Watts，1999）。只是社会学的关注与作为一个专门学术领域的复杂性研究相比，显得零星、分散，且对当下复杂性研究跟踪不足，成果匮乏。

乔天宇等（2020）认为，出现社会现象复杂性及其研究热点大致源于以下几个方面的发现：①启发式（heuristic）行动——有限理性导致（阿克洛夫等，2012）；②适应性（adaptive）行动——"适应性造就复杂性"（Holland，1995）；③行动者间的（interact）互动；④反馈（feedback）机制——行动与环境的互动，行动具有反射性（吉登斯，2000）；⑤行动主体是异质性的（heterogeneous）；⑥不确定性（uncertainty）——既是复杂性的来源，又是其在结果上的表现等。

早期的研究主要有：涂尔干继承孔德的社会有机体"整体性"观点，认为在社会层面存在突生属性（emergent property）——与"涌现性"（emergence）同根近义，但研究策略是用社会事实去分析社会事实，是用一种"复杂"去研究"复杂"。韦伯认为应从"社会行动"——受他人影响的行动出发理解社会，虽含有微观互动解释宏观涌现的复杂性思路，但如其认为资本主义与新教伦理精神具有亲和关系但无法解释众多具有资本主义精神的个体如何结合互动促成资本主义发展那样，也无法解释微观个体的互动如何涌现宏观现象的机理。齐美尔认为通过互动产生相互影响，社会才会存在。布劳（Blau，1964）的社会交往结构理论认为"从遍布于个体之间的日常交往和他们人际关系的较为简单的过程推导出支配社区和社会复杂结构的社会过程"，困难仍在于行动者间相互依赖的机制问题。科尔曼的"船形"模式为社会学讨论涌现性提供了基础参考框架，但遗憾的是没有提出具体研究方法。近期，怀特关于"市场从哪里来"的讨论，

涉及市场如何在参与者互动、观察和调整中涌现出来，并提供了市场涌现数学方法，但其分析是静态的，只关注市场达到平衡状态时应满足的条件，却绕过了如何达成平衡的动态过程（转引自王晓路，2007）。由此，Granovetter（1985）认为，探索微观与宏观之间的桥接问题，需借助社会网络分析和"嵌入性"观念，以推进复杂性经济社会学的研究。

具体而言，按照乔天宇等（2020）的研究思路，相关研究可按"行动"与"结构"两个方面展开梳理。

（一）"行动"研究

社会学学者们主要从集体行动的发生和新行动者的加入两方面对复杂性研究做出了富有成效的努力。

1. 对集体行动的研究

如默顿（Merton，2006）用"自我实现预言"表明行动者定义的虚假情境导致真实后果发生的过程，谢林（Schelling，2013）用"临界质量模型"（critical mass model）——以"起立鼓掌"集体行动发生机制为例对"自我实现预言"做了解释；Granovetter（1978）构建了一个"门槛值模型"（threshold models），重点考察了临界阈值（即门槛值）为正态分布的情况。这些研究表明，集体行动大规模爆发具有类似"临界相变"和"混沌边缘"的特点（Langton，1990）。另外，福勒等（Fowler et al.，2005）的研究还涉及组织行动者参与复杂情况，如选民与选举，创新扩散也可视作集体行动的后果等（Deffuant et al.，2005）。

2. 对新行动者的研究

同集体行动一样，新行动者出现也可看作宏观涌现的结果。如科恩等提出的"垃圾桶"模型，将组织决策视为问题流、解决流、参与者和决策机会等过程共同作用的结果，每个过程都是时间函数，受到参与者互动结构及注意力分配影响（Cohen et al.，1972）；阿克塞尔罗德的"进贡"模型，利用元胞自动机模拟国家形成，并验证高压政治、强取豪夺等机制的关键性作用（Axelrod，1995）；阿克斯特尔等提出企业内生模型，认为只要行动者按照偏好行动，较大规模公司体就能够涌现出来（Axtell，1999；Epstein et al.，1996）；帕吉特等借鉴化学反应过程，认为通过技能——产品自催化（autocatalysis）网络，经济生产系统就能够得以涌现和进化（Padgett et al.，2012）。

(二)"结构"研究

这方面,主要是研究了社会分化和制度的起源与维持等议题。

1.社会分化的研究

社会分化是社会学的经典议题,但很少有研究从微观行动者互动中讨论分化的生成性涌现问题。已有研究主要关注两方面内容:一是群体在空间上的分化机制;二是社会经济分化特征,如收入和财富分布的规律性。对群体空间分化的研究,有福塞特(Fossett,2006;2011)引进"社会距离"变量对谢林模型进行改进,强调空间竞争和社会群体间的互动;布鲁赫等对谢林模型做了进一步改进,引入了更多偏好函数等(Bruch et al.,2006)。对社会经济分化的研究,早期有帕累托发现意大利人的财富拥有状况服从幂律分布(power law distribution,也称帕累托分布)。安格尔(Angle,1986)提出三条微观财富分配规则:一是财富易在行动者间转移;二是剩余财富越多的人,更有可能在竞争中成功;三是失败时其流失的财富与其拥有剩余财富成正比,从而证明了帕累托分布,并证实了默顿提出的马太效应,即"富者愈富"和"赢家通吃"机制。巴拉巴西和艾伯特提出偏好依附机制(preferential attachment),即社会网络中拥有朋友的数量存在巨大分化,朋友数量多呈幂律分布,并经数理与计算机模拟得出无标度网络幂律特征(Barabási et al.,1999)。萨尔加尼克等(Salganik et al.,2006)的研究表明时尚流行度也具有幂律分布的特性,等。

2.对制度的研究

社会学一般认为:①制度是外生的,蕴含在古老习俗、宗教观念等之中,世代传承;②制度是在微观互动中自发演化生成的。代表性研究有:阿克塞尔罗德(Axelrod,1986)通过计算模拟,在博弈演化中考察两种行动在规范程度上的变化,研究发现,当在社会博弈中引入元规范机制之后(即采取"针锋相对"策略),社会规范会成功地建立起来;森托拉等(Centola et al.,2005)发现行动者局部嵌入和狂热者空间集聚会加剧虚假规范执行,小世界网络则会抑制。

3.复杂性社会科学的研究

Macy等(2009)认为,基于图论的社会网络分析以及基于博弈论的行动分析是探索社会现象复杂性的有效工具。但社会网络分析偏于静态分析,而博弈论又无法放松基于完全理性等严苛条件,无法处理人际互动问题。目前,SFI基于行动者建模(agent-based modeling,ABM)的做法已成为复杂性研究的主要工具。元胞自动机(cellular automata,CA)和多行动者模型(multi-agent model,MAM)是 ABM 的两种具体分析工具,其中 Epstein 等(1996)的"糖域"模型是经典示例。近年,系统地把社会学与复杂性科学结合起来并取得显著成就的是布莱恩(Brian)和哈弗提(Hafferty),他们在《社会学与复杂性科学:一个新的研究领域》中考察了社会学与复杂性科学各自的知识传统、方法论传统和主要研究主题,把复杂性社会学研究领域分为:复杂社会网络分析、计算社会学、卢曼复杂性学派、社会控制论和英国复杂性学派等(Brian et al.,2009)。

总之,社会学从不缺乏互动视角,但过去更多地关注局部互动。在信息技术革命和计算机技术发展中,行动者可以更迅速且直观地了解社会系统状况,更有针对性地调整自身行动。这为研究社会复杂性系统提供了方便和未来的分析工具。乔天宇等(2020)对此梳理后认为,未来进一步的议题如下。

被科尔曼(Coleman,1994)视为社会学核心任务的微观到宏观转换问题,一直是社会学的心病。社会如何从行动者的微观互动中涌现,可以看作运用复杂性思维对"社会何以可能"这一基本问题的重新理解。

格兰诺维特认为传统社会学是"过度社会化"的解释方式——行动者完全内化了社会规范的假定,而新古典经济学又是"低度社会化"的解释方式——理性选择中社会化严重不足。于是,他主张用"嵌入性"的观点来避免二者的缺陷(Granovetter,1985)。但"如何嵌入""嵌入方式""嵌入程度"以及主体嵌入后的互动涌现机制仍是需继续探讨的问题。

研究方法方面,当前社会学所采取的研究方法主要有两种:统计分析和案例分析。在经验研究中,统计分析常用于解释同一层次变量间的关系,但对微观行动如何演化为宏观的图景,常规统计方法几乎无能为力。案例研究能揭示微观行动的大量细节,能为解释宏观创造条件。但问题在于,它较难对宏观后果进行有效测量,也很难在微观行动与宏观图景之间建立可确证路径。ABM是呼应复杂性需求的方法创新,它克服统计分析与案例分析的局限,推出了一种"扎根于实用主义和复杂性的新范式"(Epstein,2006;Macy et al.,2009)。目前,发展中的社会经济学与复杂性科学研究具有方法上的一致性,是社会学未来应该关注的重要领域。但,社会学与复杂性研究的互动之路也受到很多限制性约束。例如,针对动态和多重社会网络的研究在社会学中仍不多见,很大程度上是因为满足研究需求的数据不易收集。

三、文献 3. 市场社会结构:梳理与评述

市场社会学被定义为社会学在经济市场现象中的应用,是将社会学参考框架、变量和解释模型应用于市场活动复杂现象的分析。在市场社会学理论与经验研究中,社会学家善于把市场看作一种社会结构进行分析。梳理表明,主要有两种取向:其一,强调制度作用的"政治经济"研究路径;其二,关注微观层面的"企业或产业"研究路径。强调制度作用的市场观点主要从效率出发,如戴维斯—诺思模型、拉坦模型和林毅夫模型等。关注微观层面的社会学家则从"合法性"视角探讨微观层面有形或特定市场的经验解,其研究路径可框定在本书的"社会结构"视野内。

(一)国外研究及其动态

涂尔干强调规则对不同区域人们的市场交易行为的影响。齐美尔主要关注货币对市场的作用。韦伯是对市场问题最感兴趣的社会学家,晚年的他曾试图发展一门他称之为"市场社会学"的学科(Weber,1978;斯威德伯格,2003;2005)。韦伯的市场观主要强调市场斗争问题,如其指出市场中的价格只是经济中竞争(价格斗争)的结果。韦伯理解的市场主要倾向于具有"物理性集合"的特定市场;同时,他还界定了市场的"市场性""市场自由"和"市场规制"等市场结构问题,并首次使用了"市场斗争"这一术语,以强调市场中的权力斗争和冲突因素。

市场嵌入理论是当前市场社会学最前沿的研究之一,这得益于波兰尼(Polanyi)提出的"嵌入"性概念以及之后新经济社会学对市场研究的新发现。波兰尼强调了市场的社会结构问题,并在《大转型:我们时代的政治与经济起源》(1944)和《经济:制度化的过程》(1957)中提出具体微观市场是"嵌入"于社会结构之中的,且由现实社会结构所决定。沿用"嵌入"概念,格兰诺维特(Granovetter,1985)的新经济社会学给其经济"嵌入"社会结构提供了学术话语资源,并认为任何时代的经济行为都是嵌入于社会结构的。同时期,帕森斯和斯梅尔瑟(Smelser)认为市场是一种社会体系,他们把市场当作社会系统中的

一个子系统,在其 AGIL 分析框架中,市场将以不同方式和途径依赖于社会系统而被社会结构化(Parsons et al. ,1956)。

近二三十年,从社会结构视角研究市场的成果相对突出,出现了怀特(White)、伯特(Burt)和贝克(Baker)等具有影响力的学者。如 White(1981)认为"市场是相互密切监视着的生产者组成切实的同行圈",即市场是由市场参与者之间交互信号或沟通再生产出来的社会结构所组成的;Burt(1992)提出"结构性自治"市场新概念,而 Baker(1990)证析了市场网络对市场操作的影响。其中,沿着社会网络分析方法对市场进行的研究取得了令人瞩目的影响,如巴伯(Barber)、海因尼曼(Heinemann)、伯纳克(Bonachich)、格兰诺维特、沃拉斯坦因(Wallerstein)、迪马吉奥(DiMaggio)和泽利泽尔(Zelizer)等人的相关研究。其中,最具影响力的是格兰诺维特。

斯威德伯格是明确提出"作为社会结构的市场"的著名瑞典经济社会学家。他把市场理解为一种社会结构——买卖双方通过交易行为而维持的固定互动模式。他尤其强调市场竞争、与竞争相联系的交换行为以及市场的互动特性等(斯威德伯格,2003)。同时,正如他所认为的,目前还存在着另一种新经济社会学的研究范式,并且受到了理论研究重视与经验研究应用,即以法国著名社会学家布迪厄为代表的新近法国的经济社会学。布迪厄关于市场的研究,最经典的是其在《经济人类学原理》一文中对市场的纲要性阐述,他认为市场是互相竞争行动者之间交换关系的总和(布迪厄,2009)。布迪厄强调行动者在作为战场的经济场域中以其实际占有支配地位与其所处场域结构中的位置展开竞争,从而不断进行自身再生产。无独有偶,美国当代著名社会学家弗雷格斯坦(2008)也认为,应把市场视为一个社会场域,提出市场场域结构由参与者共同理解的文化所建构,并认为市场从根本上说是一种权力系统。其中,弗雷格斯坦主要用产权、治理结构、交换原则和控制观等说明特定市场的形成、发展以及稳定机制。与此同时,鲍威尔(Powell)、迪马吉奥和道宾(Dobbin)等学者也都把"市场场域"作为研究市场社会学的研究转向看待,并提出市场社会结构的一些应用模型。

(二)国内研究及其动态

市场研究是经济社会学的核心领域。从韦伯强调市场是权力争斗、竞争关系的社会结构以来，市场研究在西方学术话语中得到了上述代表性作品的推动并取得了极大发展。然而，国内从社会结构视角探讨市场特别是强调市场内部"权力、竞争与分层"的研究，梳理发现，文献之少以至很难就"资料"进行阐述。当然，其中不乏论述经济社会学时"顺便"涉及市场领域。在国内重要期刊网站输入"市场＋社会结构"主题词或关键词进行搜索发现，相关研究仅有陈晓霞（2003）的《作为社会结构的市场》以及吴苾婷（2003）在《社会》2003年第2期上发表的译自斯威德伯格文章的《作为一种社会结构的市场》。陈晓霞以梳理国外"作为社会结构的市场"相关研究为主，斯威德伯格的观点如前所述。

　　近年，因中国市场经济加速转型，国内社会学学者开始关注该领域，其中较具代表性的有朱国宏、汪和建、沈原、刘世定、刘少杰、符平等。以下就国内逐渐形成一个市场社会学研究共同体的学术观点做一评述（陈林生，2015）。

　　朱国宏（1999）在《经济社会学》第9章第6节中提出了"市场体系的社会结构"，提到"本章将使用'市场体系'概念来说明这一点。与'市场''市场经济'等词相比，'市场体系'一词更富有社会学的意味。它包含了市场顺利运行所必需的结构要素。市场体系可以被视为一个人们在其中进行经济活动和相互作用的关系体系，所以它必须包含：①有关的市场主体、市场活动者；②市场主体赖以发生互动的信号、信息的刺激；③保证各类相互作用、各类行动得以维持下去的规则、制度。于此相对应的是：自由的理性行动者、价格－交换体系和权利体系的安排"。在这个"市场体系的社会结构"中，朱国宏等（1999）认为，市场主体所进行的市场活动，本质上是在经济框架内的社会行动。对行动者而言，目的及与之相关的手段、规则、可利用的资源等构成行动选择情境，而这成为理性考虑的隐含前提，它决定着行动选择、行动方式等。并且认为"价格－交换"体系比主流经济学中的"需求－供给"关系更吻合现实中的市场运作情况。市场交换要受到市场商品本身文化载体、市场背后权力占有、不平等交换以及社会－文化结构等诸种影响，如性别、种族、地域以及社会文化心理（比如家族企业中的报酬体系）等社会因素影响。权利体系的安排对市场（作为一种社会组织形式）是极其重要的，是市场运行的前提和原因。这种权利（比如行为权利和财产权利）的界定与规范是市场外政治、文化、社会等力量共同建构的。实际上，朱国宏对市场社会结构的理解是从以下三个层面展开的：①行动者；②市场价格形成;③市场与国家、社会、文化等的相互作用。

汪和建(2012)从"迈向一种新综合的经济社会学"视角对"作为'乌托邦'的市场均衡理论"做了批判性回应,提出中国人市场实践行为的基础假设应是"自我行动的逻辑",他对中国民营企业进行案例调查后发现中国人将自主经营当作参与市场实践的首选方式,由此提出"自我行动与自主经营"的市场实践模式。在此基础上,汪氏提出一种市场社会学研究的再转向,即"通向市场的社会实践"理论。但,汪氏在分析"市场社会结构"时,对"社会结构"的应用仍是在一般意义上的模糊泛化式采用。如认为"结构分析方法犹如摄像技术,能够对在一个特定时间和地点上存在的'物件'即社会关系网络予以清晰地显示,并借助某些概念工具对该'成像'(网络结构的形态及其某些行为意涵)予以分析。然而,一个无可否认的事实是,这种分析理念的核心——通过结构(这一外在属性)推论或预测行为——是静态的和机械的,它并不能帮助我们获得对那些处在网络结构中的行动者的真实意图及其行动内在逻辑的理解"。显然,他借助"嵌入性"思想与分析方法,仅从关系结构出发理解社会结构时遇到了"两难选择"问题:要凸显社会结构因素,便不得不将"嵌入性"概念从广泛的文化—制度嵌入缩减为单一的社会结构嵌入;要最大限度地运用社会结构分析方法(尤其是定量分析),便不得不压缩与文化—制度直接联系的主体意识和选择空间。结果,"社会结构分析便不得不沦为一种社会结构拜物教,一种反文化—动机和反历史的静态的分析工具"(汪和建,2012)。于是,在对中国人市场实践调查分析基础上,他提出了一种通向市场的社会实践理论,其目的在于"通过一种基于行动理论的社会实践理论,以理解具体的市场实践或其他社会实践过程"。

在"通向市场的社会实践理论"中,汪和建(2012)借鉴布迪厄"社会实践"理论提出了他的研究纲领和分析进路。如其所言,"我相信,上述努力能够得到来自布迪厄的社会实践理论(social praxeology)的支持"。在布迪厄社会实践理论基础上,汪氏认为,虽然布迪厄提出了社会实践理论,但他并不是一种真正将行动者策略行动作为其研究焦点。主要认为,布迪厄提出"惯习"概念是与布迪厄所声称的"惯习是含混与模糊的同义词",认为布迪厄在这个问题上是纠结于理论逻辑(概念图式)与实践逻辑的,原因在于布迪厄可能"唯恐人们用作为研究工具的理论逻辑代替作为研究对象的(日常世界中的)实践逻辑,因而刻意降低或者拒绝其可能提炼的理论逻辑"。

　　本书认为,汪和建对布迪厄社会实践理论的评论,在布迪厄最终倾向于偏向结构主义方法论上与本书对布迪厄理解市场变迁力量来自场域内部级次结构错配而引起的看法是一样的,即认为布迪厄在市场变迁力量中无法达到如马克思对社会变迁的革命力量相媲比。汪氏在指出布迪厄对社会实践理论应用时其不足之处恰是因为他对中国市场实践的调查中发现:中国文化尤其是作为主流的儒家伦理,在形成中国人所特有的社会行动即他所声称的"自我行动"中的关键作用是不一样的。另外,在表述"惯习"概念时,关于布氏所言与"模糊"概念同一,这个理解未必尽然。因为,场域理论的假设基础是建立在"惯习"这个极具有创造性的概念上,且布迪厄在其大量相关著作与论文中对"惯习"都有详尽表述,至于他所认为"与模糊同一"的说法只不过是一种暗喻而已。因此,我们不必纠结于他这个即兴表达。汪氏提出"自我行动"概念,是基于两个基本要素"自我主义和关系理性",这是吻合中国事实的一种历史与文化建构,并在这种自我行动逻辑中,最后构建出一种"作为有约束的策略行动过程的社会实践理论"。其实,"有约束的策略行动过程"也是表达一种在布迪厄理解意义上"在结构的约束"中的惯习之意。故而,在本书看来,任何时刻的行动必然在社会结构情境中产生,至于判断一个行动所表现出来的策略选择在"结构"与"行动"两极中偏向哪一极,或者说,一个行动基于结构与行动的互动作用而产生,主要看在哪种情形中,到底是受限于结构的因素多些还是自发行动多些,视具体情境而定,且行动本身也是结构化的(吉登斯理解意义上而言)。况且,对这些结构情境影响行动发生的因素进行量化表达也是一件极为困难的事情。

　　沈原的著作《市场、阶级与社会——转型社会学的关键议题》(2007)较为系统地介绍和探讨了新经济社会学对市场的研究,主要以介绍和分析市场的新经济社会学为主。其中有价值的是补充了两个基本论点:第一,在新经济社会学学派内,同样是力求将"社会结构"观点引入市场分析,但也出现了两条路线,一条是怀特路线,主要是通过引入社会结构变量来改造或完善经济学的市场模型;另一条是格兰诺维特路线,即在有关市场的所有问题上,用社会学的解释变量替代经济学的解释变量,如关于"工作搜寻""企业文化""内部升迁",他都意欲以"社会结构变量"加以解释。第二,认为以格氏为代表的社会网络分析,只是市场分析的若干社会学模式中的一种,还有以泽利泽尔为代表的文化分析模式和以道宾、弗雷格斯坦等为代表的制度分析模式。沈原在分析与探讨市场新经济社会学研究之后进行了田野调查。对 HB 省 BG 镇箱包市场做个案调查后,发现了这个箱包市场是如何在制度变迁大背景下,从各种社会力量的复杂互动中形成的,又是如何变化和发展的,并描述了市场中解决纠纷的社会机制,以及商标这一各种地方性社会、政治和文化力量互动的地盘,从而说明市场的形成过程(沈原,2007)。

符平(2013)在对市场社会学研究进行了较全面的理论梳理并对惠镇石灰市场进行实证调查研究之后,提出了市场分析的"政治—结构"框架。《市场的社会逻辑》一书呈现了他所要表达的观点:"本书尝试做出这样一种努力:一方面,从社会学理论的角度对以往有关的市场与社会学的理论及经验研究展开批判性地反思和重构,厘清市场社会学恰切的理论进路,借此建设性地扬弃既有学说,提出用以充当市场社会学之综合范式的政治—结构框架;另一方面,以政治—结构框架为观察和分析视角,深入考察惠镇石灰产业市场不同链条上的历史变迁和秩序转型,以期理解并解释市场结构变迁和秩序转型的社会机制,析出市场发展的社会逻辑。"从学理逻辑看,符平主要是借鉴了弗雷格斯坦提出的市场分析的"政治—文化"方法,并在阐述这个方法对中国市场社会的适用性时,据其所调查案例意欲提出一个在其看来是一种"市场社会学综合范式"的"政治—结构"框架。在这个理论框架中,他强调市场的政治维度,即强调国家角色和权力机制在市场中的作用,以及经济实践赖以为基础的政治过程及其斗争背景;同时,他提出"政治—结构"框架有意拓展结构主义的结构意涵,有意提升社会学结构范畴解释力,并且将结构按照显结构和潜结构的分类对影响经济行为的规范、制度和习俗等进行分析。

本书发现,在符平的分析框架中并没有出现市场行动者实践范畴,只看到"政治"与"结构"对市场的作用维度。如其所言,"提出的市场社会学的综合范式——政治—结构框架,是对市场的实体嵌入观如何往操作性和分析性方向推进的问题进行探索的结果"。可见,符平关于市场的"政治—结构"观是在格兰诺维特理解意义上形成的,即认为市场是嵌入于社会结构的。但这个在本书看来是一种"关系结构"视野的结构观,在符平那仍被理解为是一个对"社会结构"

全面理解的范畴。如符平将对"结构"的理解划分为显结构和潜结构,"我所说的显结构,是指那些规范和影响经济的、在外部形态上表现为客观且真实的正式组织结构和制度,如科层制、政治体制、经济体制与经济政策、产权制度、行业协会等都属于显结构的范畴。而潜结构是指经济生活中那些被经济行动者普遍认同和实践、集体特性很强、在外部形态上表现为主观而虚拟的要素,譬如经济惯例、经济习俗、经济理念、商业观、关系文化、未成文的行规、弗雷格斯坦意义上的控制观等等"(符平,2013)。之后,符平虽然承认其结构观内含有如布迪厄、吉登斯和斯维尔理解意义上的人的实践逻辑在经济行为中的作用,但与其对结构的表述显然是矛盾的。因为从符平将结构划分为显结构与潜结构的分析中,仍然看不到行动者的实践。或许符平并未找到一个恰如其分的表达语去论述其"结构"内含有"主观客观化"与"客观主观化"的结构话语,在显结构与潜结构的划分中又陷入了对结构一词理解的结构功能主义,是一种集体性、强制性、稳定性和不可化约性的概念先在性理解模式。对此,本书提出新概念"实践结构",以便将这个看似矛盾的词语组合在一起展开分析。

如果把经济社会学划分为两个主要学术路线,即"经济学的经济社会学"和"社会学的经济社会学",那么,刘世定致力于研究的经济社会学则属于前者,这与刘氏出身经济学学科相关。诚然,其研究方法与贝克尔的研究路线有相似之处——用新古典经济学的概念工具分析本是社会学家关注的问题如歧视、教育、婚姻、犯罪等。因为刘氏经济社会学的研究宗旨在于"在效用最大化的基础上引入社会学的某些变量,并将两者结合起来",其努力构建的解释框架犹如斯威德伯格所说,是"为经济学的模型绑上社会学的脚手架"。刘氏在研究市场方面的主要观点是,从市场的运行机制视角进行分析并认为"市场价格是在许多人参与下形成的一种合约,一种制度的安排,虽然在有些时候,这种制度安排是非正式的"。于是,他分析了市场均衡价格与政府价格干预政策的关系、制度与价格反应的内在机理、社会地位与价格的关系以及人际关系网络与价格的匹配机制等问题(刘世定,2011)。刘氏关注的经济社会学议题中,已经涉及市场中的价格是一种社会的建构,并且从国家制度、政策、市场行动者的社会地位以及人际关系网络等对市场交易秩序的影响做出了分析,但因为他的出发点是经济学框架,或者说他的理论假设是"人的效用最大化"这个主导经济学的大厦基础,显然与从社会学行动者出发理解的路径存在不同。而社会学研究经济问题,从一开始就对经济学中人的行为假设持批判态度,也正是这个不同,才有经济社会学的学科发展。笔者欣喜地看到,经济学学者开始关注社会学研究经济问题的议题,但"行动者实践"维度的缺席,显示其理论框架显然与社会学存在研究路径的不同。

从行动者"感性选择"研究市场经济行为,刘少杰的观点具有代表性。他认为,"开展感性选择研究的重要意义在于:人们的选择行为是理性思维和感性意识共同支配的行为。……因此,对感性选择的表现形式、存在层次、发生机制和运行过程开展深入的研究,建立比较系统的感性选择基础理论,可以填补国内外学术界在这方面研究的欠缺,进一步丰富和完善理性选择理论、集体选择理论和社会选择理论"(刘少杰,2012)。在对 20 世纪末中国国有企业改制中大量下岗工人的行为选择问题进行调查研究的基础上,刘少杰等针对"下岗工人在信息匮乏、资源薄弱、自主能力较差、没有备选方案的情况下无法进行精打细算的理性选择,大量的再就业行为是在感性意识支配下由模仿、从众而成的",于是他把这些行为称为感性选择,即由感性意识支配的选择行为。刘少杰借鉴西方近期发展的行动理论如卡尼曼和特沃斯的认知心理学、哈耶克的感性秩序论、布迪厄的感性实践论、吉登斯强调感性意识的结构化理论、马尔库塞的感性解放论,以及以马奇和迪马乔为代表的新制度主义中行为模仿、从众和制度同构等观点,根据其调查经验对人的经济行为选择理论做出了有益补充。另外,有些学者从组织社会学视角有所涉及地谈到市场问题,尤其是组织分析的新制度主义所持有的市场制度同构观。

从经验研究看,很多社会学学者在市场研究方面,其研究路径大都是"政治—市场经济"的宏观研究,比如对社会主义市场经济的研究、对市场转型引致社会转型的研究等。另外,还有一些国外学者也对中国市场现象进行了研究,有影响力的有维克多·倪(Victor Nee)的"市场转型理论"、简·奥伊(Jean Oi)的"地方性国家法团主义"以及林南的"地方性市场社会主义"等等。

四、文献 4. 复杂经济学(CE)研究

(一)CE 研究概述

近半个多世纪以来,形成了诸如系统经济学、混沌经济学、演进经济学、信息经济学、经济控制论、不确定性经济学、经济系统自组织理论等具有"系统范式"特色的新经济理论。这些理论得以发展的根本原因是经济系统过于复杂,它是一个"复杂巨系统"。迄今为止,只有复杂性理论能够同时将秩序、结构、自组织、演化、进化、不确定性、混沌性等图景纳入统一视野的理论体系。美国圣塔菲研究所开创的"复杂性经济学"(complexity economics,CE)研究,是经济学研究范式中的一场重要革命。

2019 年 12 月 12 日,习近平总书记在中央经济工作会议上指出,"必须从系统论出发优化经济治理方式,加强全局观念,在多重目标中寻求动态平衡"①。近年,习近平总书记在不同场合多次强调系统思维与复杂性治理的观念与要求。近 10 年关于复杂性经济学方面的研究也在逐年增多。

霍金(Hawking)曾称"21 世纪将是复杂性科学的世纪"。复杂性科学兴起于 20 世纪 80 年代,是系统科学发展的新阶段。复杂性科学的发展,不仅引发自然科学界的变革,也日益渗透到人文社会科学等领域。1984 年成立的美国圣塔菲研究所被视为世界复杂性问题研究的中枢,它聚集了以 Cowan,Holland,Kauffman,Schultz 和 Sherman 等为代表的一批具有物理、生物、经济和计算机等多学科背景的研究者,并由此形成了包括系统动力学派、适应性系统学派和混沌学派等。同时,在欧洲也形成了布鲁塞尔学派和哈肯学派等。复杂性科学主要涵盖非线性科学、混沌理论、模糊学、信息论、控制论、自组织理论、系统论和耗散结构论等不同分支学科的内容。

具体而言,具有代表性的学派及其理论为:①布鲁塞尔学派,代表人物Prigogine 在 20 世纪 70 年代提出复杂性科学概念,并以非平衡理论研究为主导,提出耗散结构理论;②哈肯学派,代表人物 Haken 首次提出通过演化方程方

---

① 《不断健全和完善我国经济治理体系》,人民网,2019 年 12 月 17 日,https://baijiahao.baidu.com/s? id=1653124665198620672&wfr=spider&for=pc。

法研究协同系统的各种非平衡状态和不确定性，开启协同学理论研究；③圣塔菲学派，提出复杂适应系统理论，认为根据外部环境不同，微观层面智能主体可以通过互动与学习改变自身结构和行为方式，进而影响宏观系统的演变和进化；等。

国内，复杂性科学研究在 20 世纪 80 年代末才逐渐兴起。最早明确提出探索和应用复杂性科学的是钱学森院士，他提出了"开放的复杂巨系统"理论。之后，成思危(1999)、苗东升(2001)、戴汝为等(2001)，宋学锋(2004)，颜泽贤等(2006)，汪小帆等(2006)，顾基发(2007)，张维等(2010；2012)，邓翔等(2013)，范如国(2014；2017；2019)，毛征兵等(2018)以及熊熊等(2013)等从介绍国外复杂性科学研究与方法，到运用于具体实际经济领域与管理实践，展开了各种不同研究。

在经济领域，目前主要创立了两种研究工具："基于主体的计算经济学(agent-based computational economics，ACE)"和"基于主体的建模(agent-based model，ABM)"。总体而言，当前复杂经济学应用研究领域非常广泛，包括自动化交易、商业和管理、自然系统和人类系统的耦合、经济政策、电力市场、基于主体模型实证校核和验证、制度和社会规则演变、计算主体实验、学习和心智体验、网络形成和进化、政治经济学以及技术变迁和发展经济学等等(颜泽贤等，2006；张江华等，2020)。

(二)扩展文献：阿瑟贡献

布莱恩·阿瑟是美国著名经济学家和复杂系统思想家，新墨西哥州圣塔菲研究所(SFI)的外聘教授。其代表著作主要包括：《复杂经济学：经济思想的新框架》(2018b)、《技术的本质》(2018a)、《经济可看作是进化的复杂系统 II 》(1997)以及《收益递增和经济中的路径依赖》(1994a)等。阿瑟是 2019 年度科睿唯安评选的"引文桂冠"经济学奖得主。

1.三个学术贡献

阿瑟的学术贡献体现在以下三个方面：①将复杂性视角引入经济系统，并致力于打开"技术黑箱"，深入挖掘技术本质及技术进化机制与经济之间的关系，理顺复杂经济学研究的基本逻辑；②审视并解释经济系统内生非均衡和自创生(self-creation)机制，推动均衡经济学向非均衡情况下自然延伸和复杂经济学理论的最终形成；③在复杂经济学范式下，系统研究收益递增经济学和资产定价两个核心问题，为现实经济世界的现象解释和系统运行提供重要指导（唐任伍等，2020）。

2.六个显著特征

SFI创立了"圣塔菲研究所视角"（或称"过程与表现视角"）。基于"经济过程与表现"，阿瑟指出复杂经济具有六个显著特征：①分散交互作用；②没有全局性控制者；③交叉分层组织；④连续适应；⑤永恒创新；⑥非均衡动力学（Arthur，1997；2018b）。霍兰（2019）将具有这些性质的系统定义为"复杂性自适应系统"（CAS），主要认为"作为自适应非线性网络的经济"体现为经济行为主体时会形成预期，会在建立预期模型基础上进行预测并做出决策。

3.三个研究基础

研究基础包括：①认知基础多元化——分布式认知过程；②凸显结构层次——互动模式的网络结构和递归结构；③强调过程涌现的重要性——强调描述、新型数学方法与计算机建模。

4.三个演化机制

在复杂性演变机制方面，阿瑟提出了三个重要机制：①共生或"协同进化"——随参与主体多样性的增加而增加；②结构深化——单个系统中随结构复杂性的增加而增加；③捕获软件——外向型系统会捕获外部元素使系统整体性快速涌现。在这三个机制中，预测复杂性的增长是间断性和时代性的，且前两种机制是可逆的。如其所言，"任何一个系统，只要它的结构要面对提升自身性能压力，并有一个'继承下来的、可变的、结构世系'，都会呈现出进化现象"（Arthur，2014a）。

5.技术与经济因果循环

在阿瑟（2018a）看来，"经济是技术的一种表达，并随这些技术的进化而进化"。"因为经济是它的技术的表达，所以经济是一整套安排，这些安排源于各种过程、组织、设备和制度规定，它们构成了不断进化的技术集合，因而经济要随着它的技术的进化而进化。同时，因为以经济源自它的技术，所以经济要继承了技术的自我创造性、永恒开放性和永恒新异性。因此，经济最终产生于创造技术的现象。"进一步地，阿瑟还对二者之间的因果循环进行了描绘，即当技术构成集合之后，创造出了包含决策、活动、商品流、服务流等在内的经济结构，同时经济决定着接纳哪些技术，因而调节着新技术创造，也持续不断地调节着自身结构。

6. 研究方法

阿瑟的研究方法主要是通过经济视角审视技术进步步骤，进而描述经济结构性变化的发生过程。据阿瑟总结，当一项新技术进入经济领域后，会召唤新的安排，即新技术和新组织的结合形式；新技术或新安排反过来可能引发一系列新问题；为寻找这些新问题的答案，又需进一步的新安排，或通过修正现有技术来达到目的，于是便打开了更进一步新技术的需求之门。"这种不断向前推进的'问题与解决方案'（挑战与回应）的序列，就是我们所称的结构性变化序列"（Arthur，2009），经济也正是在这一变化过程中构成并不断重构自身。由此延伸，经济结构性变化就是一个包含技术进化及其引发的一系列对经济结构的新安排、新调整的复杂过程。

7. 一个基本假设

阿瑟认为"经济不是确定的、可预测的、机械的，而是依赖过程的、有机的、永远在进化的"，其基本假设是"经济不一定处于均衡状态"（Arthur，1999）。

8. 两个分析工具

阿瑟的分析工具包括：①"非线性动力学"；②"计算机模拟归纳"。前者将非均衡、不规则、不可逆、不确定等复杂现象和系统，引入并贯穿于复杂经济学理论和数据分析的始终，认为"经济系统中若干要素的结合对整个系统的作用不是简单地线性相加，而是相互间存在着复杂的耦合关系"（Arthur，1991）；后者"通过计算机模拟并进行反复的计算和归纳，能够在不同条件下重新得到结果，确定潜在的深层机制，层层递进的简化现象，提取现象的根本信息"（Arthur，2014a）。

9. 两个核心思想

阿瑟的核心思想有二：①非均衡状态才是经济的自然状态；②演绎推理将被归纳推理所取代。阿瑟强调非均衡状态才是经济的自然状态，不仅是因为经济总是面临着外部冲击或外界影响，还因为非均衡本身就产生于经济内部。而对于内生非均衡出现的原因，阿瑟则将其概括为根本的不确定性和技术创新或技术变革两个方面。他认同熊彼特的著名观点即"经济体系中由生产方式的新组合产生的力量,能够破坏任何可能达到的均衡"。基于其"爱尔法鲁酒吧问题"(EI Farol Problem)——"关于去酒吧还是不去酒吧,人们究竟是如何进行决策的?"的建模,认为这是一个典型的归纳推理问题,因为"所有行为主体都无从得知其他行为主体可能选择的决策模型,因此也就不能以某种确定的方式形成自己的正确预期模型,同时,任何共同的预期都有被打破的可能性"(Arthur,2000)。所谓归纳推理,即"在某些决策环境中,我们先形成各种各样的工作假设,并根据其中最可信的那个工作假设采取行动,如果不再有效,那么就有新的工作假设取而代之"(阿瑟,2018b)。

10. 两个主要问题

主要问题包括:①正反馈与收益递增经济学;②资产定价。关于正反馈与收益递增,阿瑟认为:首先,正反馈机制存在于区域、城市建设及产业自我强化的形成过程中;其次,正反馈机制运行包含历史小事件的存在及其决定性作用的发挥。"在经济中的许多领域,稳定和均衡似乎并没有发挥作用,相反,现代复杂技术的出现和采用,往往放大了正反馈对经济变化的影响,并表现出收益递增的特性。"(Arthur,1996)关于资产定价理论,阿瑟认为"市场中的交易者经常看到市场提供的投机机会,相信'市场心理'的存在,与市场新闻没有关系的'羊群效应'可能导致泡沫和崩盘"(Arthur,2014a),并认为"假设资本市场上的行为主体是完全异质的,他们的预期需要不断适应市场,而市场本身则是他们的预期共同创造的"(Arthur,1997)。阿瑟由此建立的股票市场模型得到了广泛运用。

11. 三条重要政策建议

①阿瑟认为,经济是一张"激励之网",它总能激发新行为,诱发新策略,并让它们共同形成"合理"结果,从而驱动系统不断变化(Arthur,1999)。根据收益递增正反馈所描述的经济结构可能因某些历史小事件固化并被锁定现象,提醒政策执行必须避免两个极端——强制实现预期结果或极端放任自流,而应设法将系统"轻轻地推到"能够生长和自然涌现出结构的那个方向上去。在这里,政策干预既不是"沉重的手",也不是"看不见的手",而是一只"轻推的手"(Arthur,2014c)。②从国家层面来看,阿瑟指出:"成功的高科技生产和国际贸

易的政策应该是鼓励企业积极寻求产品和流程改进,加强国家科研基地建设,打造高新技术优势"(Arthur,1990)。③建议在政策实施前引入有效的失败模式研究。阿瑟强调,科学的政策体系设计必须以复杂性认识为前提,审视社会系统和经济系统中不断进化的复杂网络;同时,还需预先对拟设计的政策进行压力测试,找出它们的弱点和可能存在剥削的地方,从而最大限度地克服或避免这些预见到的问题(Arthur,2014c)。

12.两个强调

首先,阿瑟强调"数字化正在创造着一个全新的经济体,它是一个庞大的、相互联系的、自治的经济体(人类可以设计它,但不直接参与它的运行),它是远程执行的、全局的、开放的,并不断在动态中进行着自配置和自修复"(Arthur,2011)。其次,阿瑟强调分配繁荣对创新的影响,"未来经济发展的目标必须从生产繁荣转向分配繁荣,既要转变政治理念,又要积极探索分配手段的优化更新,从而鼓励人们把精力更多地投入创新性的行动中去,适应技术变革中经济发展的新规则"(Arthur,2017)。

第三节　社会结构复杂性市场系统:
推导思路与模型

一、交叉创建:学理推导思路

(一)挑战 1.社会学核心议题——"行动—结构"的桥接机制

1.争论焦点——"行动—结构"关系

"社会结构"是社会学核心概念,但从概念提出到目前研究现状而言,常被泛化使用,原因在于社会学最主要的任务(科尔曼语)——厘清行动与结构的关系——一直是学界争论焦点,也是划分社会学学派的主要依据。其中,"社会结构"是否如涂尔干所言的可视为"社会事实",是争论的焦点。

2.边界问题——"社会结构"复杂性

社会现象的复杂性,导致理解社会连接的方式或模式——被称为"社会结构"的概念或分析工具,显然也是极具复杂性的。这种复杂性源于定义"社会"本身的学术边界性问题与实践边界性问题。

3. 主要观点——"社会结构＝实践结构＋关系结构＋制度结构"

相关文献表明,洛佩兹等(2007)把社会结构当作是涂尔干意义上的"集体关系"与"集体表征",其中集体关系就是本书所定义的"关系结构",集体表征就是本书所定义的"制度结构"。涂尔干之后两三百年以来,关于"社会结构何以可能?"的问题,其落脚点显然在于"人",背后逻辑是"社会是人的关系的总和"。那么,问题就变成了"人如何构成社会?",即人构成社会的途径与机制是什么。"实践"——人有意识的行动,就被抬上理解社会的前台位置,由此马克思提出实践观,近代以来众多学者努力打通"行动－结构""人－社会"间关系的思考成为研究主题。同时,以身心为载体的实践,其本身具有"身、心、脑"相结合的意蕴,并结合中国文化中的"身心合一"及其引发出的人性假设、心理结构、心理预期、决策模式等的以结构性方式存在的实践人及其行动,就被本书定义为"实践结构"。其中,也借鉴了近现代以来的显学研究,如布迪厄的"建构结构主义"、吉登斯的"结构二重化"等。故而,为便于刻画,本书构建了这种理解方式:"社会结构＝实践结构＋关系结构＋制度结构"。

4. 主要问题——"三维结构划分间的关系"

关于"'实践结构''关系结构''制度结构'之间是一种什么样的关系"这一问题,在复杂性科学研究之前虽有涉及,但在"传统科学"范式下,在学科细化中这三种结构常被"孤立性"地研究。这源于近代以来,"还原论"思维与研究策略成为主要研究方式,包括自然科学与人文社会科学。

5. 时代智识——复杂性科学研究进展

近百年来,自然科学研究不断拓展,已然对牛顿力学体系有了突破,如相对论,尤其系统论的提出与研究,以及信息科学、计算机的发展与推动,使自然界与人类社会的复杂性被科学研究成为可能。可以理解为,物理学、化学、生物学、生态学以及计算机科学的发展,导致其研究思想运用于复杂性社会科学成为可能。其中,数学作为一种分析与研究的科学逻辑工具也在不断地向前进展。

6. 原理运用——"社会结构层级间的复杂性关系"

根据"复杂性科学"原理,"关系"才是事物本体,即要用"关系性思维"去理解自然事物的本质。在人类社会中,借鉴自然科学的复杂性思维与逻辑关系,可推导出"实践关系"是人类社会的本体。具体到"社会结构"这个议题,可推导出"实践结构"(与"实践关系"意通)是"社会结构"的本体。于是,本书构建的模型有三层含义:其一,"实践结构"是"关系结构"与"制度结构"的本体;其二,"实践结构"与"关系结构""制度结构"属同等级同层次;其三,"实践结构"是整体社会结构生产、再生产与转换的中心。显然,这种理解给研究带来极大难度,但得益于复杂性研究有了问题解决的可能。本书认为,采取复杂性科学研究的"整体性"思维与研究策略,与"还原论"思想与其研究方法相比,能更好地理解真实的社会结构。

7. 模型构建——"社会结构的层展结构"

本书认为,"实践结构""关系结构"与"制度结构"是一种复杂性科学研究意义上的"层展结构"——"耦合"与"脱耦"统一的嵌套关系(见图6-2)。

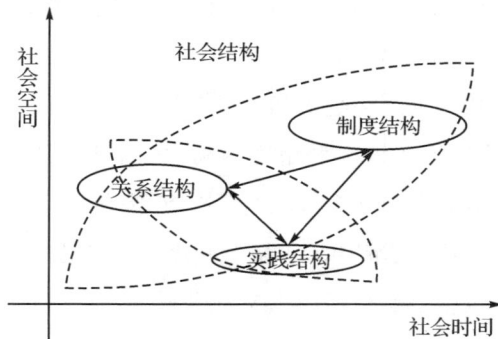

图6-2　社会结构的层展结构模型

(二)挑战 2.经济学核心——作为"黑箱"的"市场"

1."黑箱"追问——"何为市场?"

目前,主流经济学(以新古典经济学为代表)把市场理解为一种资源配置的价格机制,这显然剥离了"市场"本就具有的历史与制度的厚度,犹如很多经济学家称之为一个"黑箱"领域,即还未被"打开"——还未进行有效的理解与分析。主流经济学把市场作为一个交易场所或一种制度。但需拷问:以什么样的制度去引导、规制市场这种制度？交易者之间是一种什么样的关系？交易过程与结果有没有受到交易者权力、地位、心理预期，以及风俗、习惯、人际关系等的影响？当前，还有一种对"市场"的理解，来自马克思并被制度经济学、市场社会学等继续研究，主要认为"市场是一种交易场所及其交易关系的总和"，这个理解能比较全面地概括市场的交易性质。但仍须进一步地追问"'什么样'的关系总和？""关系的类型有哪些？"等具体化的学术与实践问题。

2. 市场本体——底层"实践关系"

目前，综合来看，可定义"市场＝市场制度＋资源配置机制＋交易场所"。那么，这样理解的"市场"，是通过什么主线把这三个不同层面（制度、机制与具象）的事物连接起来的？这个追问，需解决的问题是"市场的本质"或"市场的本体"是什么。因此，在本书第二章进行了论证，即市场的本体是"实践关系"，认为只有"实践关系"才是市场构成的内在本质。

3. 框架提出——"市场社会结构"

文献表明，已有市场社会学在这方面做了一些努力，但其研究显然不足。况且，已有研究仍停留在泛化理解"社会结构"层面，导致研究的无序化与碎片化。也就是说，在没有正确认知"社会结构"前，对市场的理解必然存在碎片化与片面化的问题。可以认为，"市场社会结构"理论框架，要比经济学家提出的"市场结构"分析框架全面、复杂得多。"市场结构"研究主要涉及市场交易中，市场份额占有率、企业行业地位等；而"市场社会结构"理论显然包含这个理解，同时更是一种"全景式"的经济社会系统视角。

4. 整体论观——"对'还原论'的批判"

何为市场社会结构？借助学界关于"社会结构"的麻雀解剖式的梳理、分层分析与经验研究，本书把市场社会结构划分为"市场实践结构""市场关系结构"与"市场制度结构"这三个类别与层级。显然，这个划分方式的挑战在于厘清这三个维度（层面/层级/层次）之间的关系。经济社会现象显然要比自然现象更复杂，它们之间常常是一种相互交叉、错综复杂的关系。按照传统"还原论"与"因果关系"的研究策略，即根据整体经济社会现象体现出来的经验世界，经过"下向因果推理"逻辑，运用统计学数学方式，建立回归方程、微积分方程，努力寻找现象之间的"线性"关系，这是近三百年来科学研究的主要方式。当然，这种处理方式具有一定的合理性,但前提假设是底层的"物"或"人"是固定的、死的、不变的,只有这样,这种"下向因果推理"才有可能。从方法论视角看,"假设"只是"假设",建立在"自利理性人"假设基础上的主流经济学甚或自然科学中的"原子""分子",随着近代学术研究进展,目前受到了挑战。当前主流经济学学科的主要问题是,囿于古典物理学(牛顿力学体系)的科学视界,把"人"看作"原子式"的人。可以说,建立在这个假设基础上的经济学目前仍占主流地位,其难以理解,也无法理解。

5.分析视角——复杂性市场系统

近一个世纪以来,复杂性科学,尤其是建立在"老三论"与"新三论"基础上的复杂性系统科学研究,为本书找到了一条从学理上更接近"真'事实'"的可能路径。其倡导的"能动主体""粗粒化重整"以及"层展结构"的研究策略,为社会科学研究中的市场社会结构分层分析提供了一个新的分析视角。

(三)挑战3.复杂经济学——"市场的解"有待深化研究

目前,复杂经济学对古典、新古典经济学发起了挑战,在其"非线性、非均衡与不确定"视野下,按照"报酬递增""市场内在非均衡性"解释了经济市场"涌现"行为以及市场"雪崩"等现象,对主流经济学倡导"市场均衡"的核心机制发起了挑战。目前看来,从宏观视角看,复杂经济学嫁接了制度经济学、演变经济学、行为经济学、博弈论经济学、信息经济学等,但对经济学核心——"市场"的微观研究,从其建立的如股票市场模型、资本市场定价模型等来看,仍然是沿着"资源配置"市场机制这个新古典经济学统领范式进行的在其基础假设上的扩展性研究,即仅为关于具体市场的经验性研究,还未发展出一套针对"复杂市场系统"的可行性理论。从目前文献来看,"市场"在复杂经济学那里仍然是一个"半黑箱",仍是有待进一步深化的学术问题。

二、一个尝试:交叉综合研究

根据上述挑战,本书试图构建一个"市场社会结构"的理论框架与模型,以打通其内在学术机理。

构建分析框架与模型的依据,在于以下七个"基于"的论证与经验性应用。

第一,基于市场本体是"实践关系/实践结构"的论证与市场本体实践关系研究纲领的提出。

第二,基于 RPEM(进路－范式－方法论－市场类型)市场研究总体理论分析框架。首先,R－E＝经济学理解或价值关联。其中,R＝从本体论上假定"实践关系"是市场的本体实在,进而按照经济学批判实在主义的认识论划分,以"同态"复杂性经济系统给予分层处理;E＝经验描述"经验域"或事件"实际域"的市场具体类型理论研究,并具有意识形态和人类价值关联性。其次,P－M＝律则性解释。基于 P＝上向因果性的或功能性的逻辑和语言分析;M＝阐发或评价因果/功能的方法和研究市场机制的技术。

第三,基于"社会结构＝制度结构←＋→实践结构←＋→关系结构"。关键在于确定社会结构中的层级结构是一个复杂性层展结构的嵌套模式。

第四,基于复杂性科学的市场系统理论与研究方法运用。提出市场研究生态位方法:一是市场生成——涌现生成(EG);二是市场维生——复杂适应系统理论(CAS);三是市场演化——遗传算法(GA);四是市场突变——自组织临界性(SOC)、混沌边缘;五是市场结构——复杂社会网络(CN 和 SNA);等。

第五,基于复杂经济学的基础假设。市场是"非均衡、非线性、不确定"的经济涌现行为。

第六,基于"结构性"改革的时代背景。供给侧结构性改革中的"结构性"应包括"社会结构"维度,案例研究以商品专业市场为例。

第七,基于"市场社会结构治理"的研究目的。市场治理的路径在于"社会结构"中的三个层面:实践结构、关系结构与制度结构,进而提出相应的治理机制与方案。

三、"社会结构复杂性市场系统"(CSMSS)模型

基于上述七个"基于",本书尝试构建"社会结构复杂性市场系统"(complexity system of market social structure,CSMSS)模型,如图 6-3 所示。

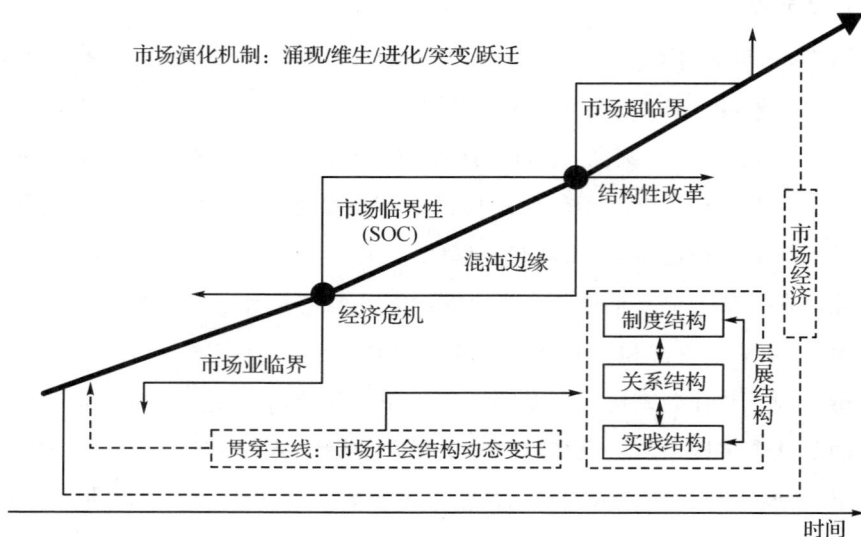

图 6-3　社会结构复杂性市场系统模型

第一,制度背景:市场经济。以市场制度(制度结构)为主导的资源配置的社会经济制度。①

第二,贯穿主线:社会结构。市场社会结构("实践结构""关系结构"与"制度结构")作为主线贯穿整个市场形态演化过程,即市场演化是其内部社会结构动态变迁的外在表现形式。

第三,涌现机制:主体实践。市场是市场参与能动主体在"实践"的过程中以非线性的交互方式涌现而来,若不出现一些大的社会制度破坏或外部环境破坏,市场即能够按照自身结构性要求,包括人的能动实践、合适的关系模式、有效的经济发展制度等,根据自组织涌现机制良好运转,从而满足人与经济社会发展的阶段性需要。

第四,层展结构:嵌套关系。"市场实践结构""市场关系结构"与"市场制度结构"三层次之间是复杂性科学理论所理解的"层展结构"——"耦合"与"脱耦"的辩证嵌套关系。

第五,演变:量质跃迁。从方法论上而言,市场形成与演变遵循市场涌现、

---

①　亲属关系型经济和国家再分配型经济不在此模型考量中。

市场维生、市场突变、市场进化的"量变"到"质变"的"跃迁"过程。本模型应用复杂社会网络研究方法结合社会结构动态变迁思想进行有效结合，以表明市场演变的结构性问题。

第六，市场内在逻辑：市场突变。与新古典经济学的理解不同，在承认报酬递减的同时，市场也常表现出报酬递增的事实。由此，借助复杂经济学观点，重建"市场资源配置"的内在逻辑——市场内生不均衡导致"市场突变"现象。

第七，时段界定：自组织观。按照自组织观点，若从市场形成长程看，可把市场演化划分为时间历程中的物物交换原始市场、以货币为中介但不以货物增值为目的市场、商品市场，以及从空间分布的区域市场、国内市场和国际市场等；若从短程看，可采取"截图"方式，对其中任一时段内的市场做一个短程性截取分析。其中，划分标准或引起市场演变的"因子"最主要的是"技术"与"技术聚合"的创新。强调"创新"涵盖科学技术的创新，也包括制度、组织形式的创新。由此，把市场划分为"亚临界状态、临界性状态和超临界状态"，以便刻画其演化过程的时段性。

第八，雪崩方向：临界混沌。理解临界混沌的关键在于如何分析和正确看待市场"自组织临界性与经济混沌边缘"问题。区别于传统经济学观点，借助耗散结构理论、协同进化理论、遗传算法进化理论，尤其是自组织适应性系统理论阐明市场的"临界性，即混沌边缘"状态时，其发生机制如"沙堆模型"演示的经济雪崩现象，由此导致的市场变化方向可能趋向于以下两种中的任意一种：一是促发经济危机、金融危机，甚或经济社会系统性风险；二是促发经济向更高阶段发展。

第九，方法运用：系统科学。运用复杂性科学研究成果与复杂性经济学观点，把市场看作一个经济系统，即提出"复杂性市场系统"。由此，在具体研究方法上，可用复杂性科学研究方法来解析市场的形成与演变问题，如计算机仿真模拟、AI智能市场交易模拟（股票市场）等。目前可采用SWARM计算机平台、元胞自动机模拟等。

第十，模型难度：结构量化。从学术传承上来看，把社会学、经济学与复杂性研究三者交叉起来进行研究是一个令人兴奋的研究领域。但同时，如何将社会学的核心问题——"行动与结构"、经济学的核心问题——"市场"与复杂经济学的核心问题——"非线性涌现机制"进行有效结合,找到它们内在共同关注点与主线,是难点所在。基于此,本书尝试:一是提出"社会结构"是其共同点与主线(是否合适有待学术与历史经验的考证);二是用数学简洁的逻辑方式描述与分析其模型,尤其是在社会结构的分层结构中,层级结构间的交互影响的数量描述与数学模型构建方面。复杂性研究已经在自然科学尤其是物理学取得了令人瞩目的成绩,但在社会科学领域,如何取得突破,是未来学术研究的主要领域与方向之一。

第十一,研究局限:抛砖引玉。鉴于社会科学以及统计学的固有特点,目前只能分析同一层次上的数量关系,不同层级/层次之间的交互作用尚无法分析。再者,获取满足复杂性市场系统研究需要的数据极其困难。因此,构建"社会结构复杂性市场系统"模型,在目前来说只能起到抛砖引玉的作用。

四、社会结构的层展结构性

(一)层展结构:概念借用及其含义

"层展结构"概念借用了鲁品越在《深层生成论:自然科学的新哲学境界》(2011)及《论世界的"单元结构"与"层展结构"》(2010)中的用法。鲁的"层展结构"则是借用冯端、金国钧《凝聚态物理学中的基本概念》(2000)一文中对"emergence"的翻译"层展"而来。目前,国内学者多将"emergence"翻译为"涌现",但本书更喜欢用"层展结构"来表达社会科学中的结构特性问题。尤其是"层展结构"与本书提出的"社会结构"各层级之间的关系意味相似,故而采用。

时间与空间是由无数个"点"组成的"连续体",这个观念一直是困扰自然科学界的梦魇。可以说,这些"无穷小"的"点",是自然科学的麻烦制造者和逻辑危机的发生源。鲁品越从"芝诺悖论""一尺之棰,日取其半,万世不竭",以及经典物理学"紫外线发散悖论""电子自能发散困难"等来分析如何走出悖论与困境,引出了现当代量子理论对此问题的解决思路与学理依据(鲁品越,2010)。

实际上,在现实世界中,物体不是按照"还原论"的想象一直分割下去的,而是通过物质实在的相互作用得以实现。分割的界限由产生相互作用的"能量级别"所规定。因此,在某种特定能量级别下,空间只能分割到一定程度。由此,这个"不可分割的最小长度单元"(cutoff)就取决于测量过程中相互作用的能级。于是,确定最小长度单元所占据的空间即称为最小空间单元的是"粗粒化变换",在这个被粗粒化变换的单元中寻找下一层次的"最小空间单元",即是"细粒化变换"。此两者构成一个完整集合,是"重整化群"的表现形式。用量子力学的语言来说,假设这个不可分割的最小单元是 Δx,其相互作用动量的最小单位(即相互作用时动量交换的最小单位)为 Δp,那么,就必然符合不确定性原理:$\Delta x \Delta p \geqslant h$(这里的 h 是"普朗克常数")。也就是说,事物之间的相互作用动量决定了其可以"分割"的空间尺度大小(鲁品越,2010)。特定相互作用中空间不可分割最小单位的存在,必然导致时间不可分割最小单元的存在。二者结合在一起称为不可再分解的"时空单元"。由于不同的相互作用过程,事物之间交换的最小能量与动量单位不同,从而导致相互作用的不同深度,由此产生了不同的最小空间尺度,这就导致了"可分性"与"不可分性"的相对性。

而按照"还原论"的思想,世界是由最基本的构成单元(如"点"或"原子")组成的静态结构。这种静态结构常常也分为各个层次,但所有层次的现象归根到底由最基本的层次所决定。一旦最基本的层次被决定,整个世界结构与各个层次的现象也就全部决定了。如主流经济学所假定的"经济人",就是这个"原子"或"点",由此推导出的各个层级的所有经济现象,最终都可还原到这个基点上。

量子理论研究表明,客观事物相互作用的过程能现实地分割("可分性"与"不可分性")事物——体现于测量仪器与微观粒子的相互作用过程。现实世界的分割是一个个相互作用的过程,而不同级别的相互作用过程生成了不同层次的现象。世界不是宏观形态可一直还原到"点"的机械"连续体",而是由一层层令人惊异的结构所组成的层次结构,各个层次之间具有深刻的内在关联。由此认为,整个客观物质世界的现象不再是由最基本的层次决定,而是由各个层次的相互作用过程所生成。于是,我们看到,由各个层次的相互作用产生了丰富多彩的多层级结构世界。

(二)层级之间耦合与脱耦机制

"量子理论对经典时空观的根本变革,集中到一点就是:时空随着能级的大小而被分割为相应能级下不可分割的单元,即时空尺度也是分立的,而不是无限可分割的"(鲁品越,2011)。这个由不可分割的不同层级上最小时空单元通过前述"粗粒化"与"细粒化"的重整集合,满足"标度变换"的耦合参数 μ。在这个尺度变换下,粒子之间的相互作用方程是不变的,即"标度不变性"(scale invariance),于是我们可以发现,物质系统在不同尺度上具有"自相似性"。它表明:第一,相互作用的场方程相对重整化群的对称性,即粒子之间的交互作用方程是一样的,只是参数值不同而已。第二,相互作用强度将发生跃迁式变化。即细粒化层级越低,其强度越小;粗粒化层级越高,其强度越大。参数作用值 μ 不断取值下去,呈现出来的就是"自相似""层层嵌套"的层级关系。需指出的是,粗粒化与细粒化不是研究者的主观划分,而是由事物本身内在相互作用决定的。

除了不同层级具有"自相似性"之外,层级之间还具有脱耦性和耦合性。

1. 脱耦性

各个层级之间的脱耦性,又称鲁棒性,是指由于最小不可分割的能量单元所含有的能量小,它不能分辨由高能级所生成的更小尺度的时空尺度,因而在这一层次上无法表现出更小尺度中发生的现象,即它与更高能级与更小尺度层次的现象是"脱耦"的(鲁品越,2010)。每个层级都具有"鲁棒性"——"健壮稳定性",即某一时空尺度上的相互作用系统状态,不会因其相邻能级时空尺度上的相互作用变化而改变。同时强调,物质粒子间的相互作用在不同层级中同时出现,以相互匹配而又相对独立的强度运行着。

2. 耦合性

各个层级之间的耦合机制通过以下三种方式表现出来。

(1)同根性耦合关系

各个层级中的相互作用是同一相互作用在不同时空尺度上的表现,因此它们彼此同根,即根源于同一相互作用。因此,各个层级中的相互作用现象具有深刻的内在关联性。

(2)微扰涨落耦合关系

各个大尺度的运动过程由小一层级的尺度单位所构成,小尺度单位内部发生的各种现象在大尺度运动过程中不能觉察。但是,小尺度单位内部不断进行着的各种自由随机运动与相互作用运动之间的矛盾,虽然不能在大尺度层级上表现出来,但会影响其他小尺度单位,形成相对于这个大尺度的"微扰"。下一层级的微扰能够影响到的范围被称为"关联长度"。"一旦达到某种条件(临界条件），某些微扰能够最充分地吸收能量而产生正反馈式的扩张过程，这时'关联长度'将迅速变大，于是来自下一层级之间的相互作用的'微扰'将迅速地通过这一层级的宏观尺度表达出来。于是就实现了从下一层级向上一层级的表达，这是两个层级之间的重要'耦合'机制。"（鲁品越，2011）

（3）中介环节耦合关系

中介环节耦合关系是指微观小尺度范围的事件，通过一系列中介环节影响大尺度中的上一层次的物质过程。如 DNA 通过 RNA 等合成蛋白质——中介物质酶，通过影响生物体的代谢过程控制生物性状，反过来，生物宏观层次状况也通过中介物质酶影响 DNA 与蛋白质的生成。社会生活中也是如此，如"群体性事件"等，都具有类似的中介耦合作用关系。

（三）社会层展结构

按上述层展结构的分析逻辑与运用，本书得出以下结论。

1. 社会结构中各层级的"自相似性"

"实践结构"表征的是诸行动者的交互实践行动。行动者是社会学中用来表达能动的实践主体，复杂经济学中为"能动主体"，自然科学量子力学中为"粒子"，而本书用"市场实践结构"，表征的是市场参与者包括市场消费者、企业、服务商、厂商、销售商等市场实践主体，甚至包括参与市场运行的政府组织及其行动等。

"关系结构"表征的是涂尔干意义上的"集体表征"，及实践主体在相互作用中产生的"关系"，这种"关系"在客观上可描述为由一组点、线、资源组成的复杂网络社会关系，即社会组织中的关系模式。当前，量子理论用"量子"来表征粒子之间的关系，即"量子"不是长度单位，而是表示"粒子之间的相互作用的关系"，即"量子"是"关系"。社会发展表明，由自主体的人组建的社会具有形式多样的关系模式，比如科层制、扁平化组织、"橄榄型"社会等。本书中，"市场关系结构"表征的是市场参与主体所构建的各种经济型社会关系，如企业垄断关系、在位者与挑战者权力关系、劳资关系、世界经济体系中不同国家之间的模式关系等，这些结构关系方式往往表现为联盟、竞争、合作、竞合等。

"制度结构"表征的是"集体意识"，是一种人类自身发展起来的规则体系。制度按照新制度经济学的解释可分为两种：一是成文的法律法规与规定，如宪法、国际法以及国家内部诸种法律法规文件等；二是不成文的规定，如风俗、习惯、约定俗成的潜在规定等。制度的作用在于对未来不确定的一种约束,或是一种管理者奖赏制度,或是人类长期生活中形成的约定俗成的生活规范,如伦理道德、乡规民约等。"市场制度结构"表征的是,在何种国家制度模式下,国家采取对待"市场"定位的模式,主要体现在"政府"与"市场"关系定位上的制度性安排。由此,采取的市场政策比如有各种财政政策、货币政策、劳资关系政策、商品买卖政策、房地产政策、市场要素政策,以及各种资源配置的制度与政策等。

量子理论的研究表明,自由随机运动的粒子之间因相互作用涌现出各种层级结构,并发现粒子之间的相互作用存在"重整化群"的层级,于是根据其耦合与脱耦机制,产生了层级结构。这个层级结构,小到目前被我们所揭示的"粒子"——其相互作用关系称为"量子",大到整个宇宙世界。但人类世界,显然比宇宙世界要小一些,人类世界属于整个宇宙世界和生态世界中的一个"层级",有其边界性。研究人类世界,小到个体的"人",大到由人组成的"社会"。这个边界性决定了我们的研究对象。于是,本书采取了量子理论中"粗粒化"与"重整化群"的方式,把由人组成的社会划分为三个层级结构,即实践结构、关系结构和制度结构。并认为,每个结构都具有其自身的表现、发展与演化规律。

"实践结构",是实践主体之间因社会互动形成的"结构性"主体存在,包括个体主体的心理结构、人格结构、知识结构、决策结构、"三观"(世界观、人生观与价值观)结构、品格修养结构、能力结构以及身体健康结构等等,按日常用语,也可表达为"素质"。人是在与他人的社会性互动交互实践作用关系中形成自身的一套"结构"的,这个实践主体的结构有其自身的形成与发展规律。在市场行为交易中,作为实践主体的人所表现出来的则是按照市场本质以及市场逻辑呈现出个体交易性的特征,包括所有主体结构性的市场交易倾向,其决定因素或是经济利益,或是权力考量,或是情感性交互,等等,视具体情形而定。

"关系结构",是由主体实践结构交互形成的关系模式而促发形成的新的层级结构。这个关系结构,自有人类以来就存在,因为人是社会性的交往物种,离开社会交往的人就不存在"人"的属性。只是根据历史发展阶段与不同定义,存在不同的交往方式而已。这个层级的关系结构,因人的交往而形成,但其形成的层级具有其自身的模式与发展规律,目前复杂社会网络分析在这一方面做出了积极的贡献。即,关系结构其自身模式,可根据点、边、资源三组元素构建各种类型的关系模式。各种模式由实践主体的交互作用关系产生,但又具有其自身模式,它不能还原到个体的"实践结构"这个层级上。因生活生产需要,主体之间进行市场交易活动,也必然形成市场关系结构的特有模式,这个模式也是根据实践主体交互关系的不同而有所区别,但一旦形成,就不能还原到具体的市场交易者这个结构层级上。

"制度结构",是由主体实践交互作用形成的一种人类社会借以存续的契约规定与规则。即制度结构也是由个体主体因实践作用而形成的一种制约、规范或引导个体交互作用的一套规则体系,同时,这个制度层级的结构还来自关系结构模式的定型与推动。可以说,制度结构包含有实践结构和关系结构的因子,但又不能还原到实践结构与关系结构的层级上进行理解,因为某种制度一旦形成,其自身就存在一个特有的发展与演变的规律和模式。即根据人类历史发展需要,每种类型的制度都由其自发演变性和人为设计性构建形成。市场制度结构,即表明市场作为一种人类自发形成与形塑的制度存在,对实践主体具有规约与引导作用,对市场交易的关系模式也具有规约与引导作用。

从对"实践结构""关系结构"和"制度结构"的分析看,三个结构都具有其自身特性,在发生学与演变史机制上也具有"相似性"。如此,研究方法论上的意义就在于,每个层级都应分析其自身特性,而不能按照"还原论"的研究方法进行解析。

2.社会结构层级结构间的"耦合"与"脱耦"机制

本书认为,借鉴量子之间层级结构发生的关系,社会层级结构之间也具有类似的"耦合"与"脱耦"辩证统一的相互作用机制。

第一,"实践结构""关系结构"与"制度结构"的"鲁棒性",即健壮稳健性的"脱耦"机制。

第二,"实践结构""关系结构"与"制度结构"之间又存在"耦合"机制,即具有"同根性耦合关系""中介环节耦合关系"和"微扰涨落耦合关系"。其中,第三种关系表明,下一层级的微扰刚好在上一层级的临界处时,能够引起上一层级的涨落,甚至突变。这个突变,类似于物理学中的相变、自组织理论中的临界性、混沌理论中的混沌边缘,以及几何学中的分形及分岔,并以幂律分布的方式产生突变。市场中,经济危机常以这种方式体现出来,"蝴蝶效应""多米诺骨牌效应""马太效应"等也都是这种机制形象的表现形式。

总之,把社会结构这个长期以来被结构主义固化的静态思维模式予以"激活",并结合社会学、经济学与复杂性自然科学的理论与方法,是一个值得进一步跟踪与融合研究的交叉学术领域。

第四节　本章小结

本章主要根据社会结构分层模式构建了一个社会结构复杂性市场系统演化模型,且对社会结构、作为社会结构的市场(市场社会学)以及复杂经济学进行了文献梳理,并以此为依据,提炼出社会结构市场社会学研究主题。其中,主要借助复杂经济学基本假设、基础理论以及核心要点并结合自然科学系统论思想与研究方法构建了一个"社会结构＝制度结构←＋→实践结构←＋→关系结构"的"层展结构"嵌套关系模型,同时指明这个领域有待努力的学术方向。

本章的主要结论包括:①"社会结构"包含"实践结构""关系结构"和"制度结构"三个维度与三个层次。②市场社会学研究主线是把市场看作社会结构,即"作为社会结构的市场"一直是这个研究领域的主战场,但在如何理解社会结构上,因"社会结构"一词的泛化使用,也导致市场社会学陷入无序状态。由此,对"社会结构"进行精细化的改造与界定性分层分析,进而提出了市场社会结构理论,也可称之为社会结构市场社会学。③整合市场作为"交易场所""价格机制"与"制度安排"三种理解方式,从市场本体是"实践关系"出发,提出"市场实践结构",且在制度结构中整合理解"制度安排"、在"关系结构"中整合理解"价格机制",以此构建了一个市场形成演化与市场机制统一的可能分析框架。④强调用复杂性研究理论与方法,并结合市场涌现、维生、进化、突变以及复杂社会网络这一生态位研究方法在具体模型做嵌入式运用。⑤从"结构性"角度切入,认为"结构性改革"在市场社会学看来,是一个嵌入于各个供给侧结构性改革方面的结构性调整,不能仅把它看作一个改革的变项处理。⑥构建了方法论上的社会结构复杂性市场系统分析模型,为政策制定者提供市场治理的学理依据和实践指导;等等。

第七章 案例研究

——钢贸市场

本章以福建周宁人经营的钢贸市场①（专业市场集群）后期出现区域性、系统性风险及转型升级为例，运用"市场社会结构"（MSS）理论研究框架，以"市场制度结构""市场关系结构"与"市场实践结构"的分层刻画方式进行市场社会学的学理阐释，主要表明：第一，从计划经济迈向市场经济的宏观经济管理"市场制度"建设过程中，我国出现的大量专业市场具有"簇群"式涌现性质；第二，专业市场内部，形成了一个地方性市场实践"领导型企业结盟"的"威权结构"（格兰诺维特，2007）与强社会网络关系——市场内部构成人员以血缘、亲缘、地缘关系为主；第三，受"惯习"（布迪厄语）生成与促发的习性带动，在不断营商"实践"中，市场行动者内在"烙印、刻印"的实践结构与宏观制度结构、市场关系结构"相互建构"——展现为"层展结构"，由此判定，因市场主体之间的交互作用而涌现出了专业市场及其市场集群；第四，运用复杂性理论与方法，把钢贸市场（集群）看成一个演进过程并具有其生命周期——诞生、维生、演化进展、突变以及形成了复杂社会网络结构，并强调其内在演进动力机制是市场行动者的实践能力；第五，市场转型升级的条件是：市场制度完善、市场关系模式净化，以及营商主体掌握新技术；等等。

---

① 本书在不同地方使用"钢材交易市场""钢材现货交易市场""钢贸市场""钢市"等名称，都指同一个含义。"钢材交易市场"和"钢材现货交易市场"是较为书面的表达，而"钢贸市场"则是比较日常的口语表达。同时，"××钢市"也在不同地方被使用，在地方工商行政管理部门一般登记的是"××钢材交易市场经营管理有限公司"。

第一节　市场经验性议题

一、经验性观察的市场议题

第一，日常生活话语的"市场"更多地指向"有形市场""商品市场"，如农贸市场、服装市场、汽配市场、小商品市场、钢贸市场、建材市场、劳动力市场以及金融市场等。而新古典经济学意义上的"市场"主要作为一种商品价格的合成机制，并没有在现实生活中得到话语体现。常言道"××产品没有市场"也是指产品没有购买者。至此，"市场是什么？"这一本质问题仍需进一步分析与提炼。

第二，我国市场经济逐渐完善的同时，专业市场内部营商/务工人员基本以血缘、亲缘和地缘关系为主，这种地方性社会关系营商网络对市场经济发展的影响如何评估？是促进还是阻碍？

第三，案例观察表明，从 1996 年成立"前店后库"式的上海逸仙钢材现货交易市场，到 2010 年周宁人在全国建有 400 多个交易市场，其钢贸市场模式不断被复制、繁殖，其内在的经济社会机制是什么？

第四，由实体钢贸市场转向"融资性资本运作"市场，其演化内在推动力与运作逻辑是什么？是什么原因促使周宁人（县域人口不足 21 万）人均能从银行、其他金融性机构融资近 200 万元（据 2010 年金融机构的不完全统计数据，周宁人的融资金额共计近 4000 亿元）？2010 年下半年之后，周宁人经营的钢贸市场与钢贸市场集群处在崩盘边缘，其间为何出现大量民间借贷纠纷与银行融资出险偿贷诉讼，甚至造成整个坊间毁灭性的人际信任危机？

第五，观察表明，国家钢铁行业政策对钢铁市场及作为流通环节的钢贸市场的发展及影响显然是强的。但其影响的程度如何进行政策评估？如何判断某一制度/政策的施行有利于市场良性发展？

第六，近年，在后钢贸危机时代，存量钢贸市场被政府重新规划，地方政府基本暂停新钢贸市场审批，且钢贸市场本身在借助信息技术时走向了电商物流平台的经营模式。但也出现了新的问题：大资本的介入，更易形成垄断性市场现象,未来该如何治理?

总之,经验观察表明,需梳理的主要问题是:

问题一,日常观念的"市场"与主流经济学家理解的"市场"存在差异,由此引发追问:市场的本质是什么?

问题二,有形的商品市场,按照主流经济学的解释,主要是规模经济、坐商经济的需要,但无法解析中国各类商品市场里,主要的营商/务工人员基本以有同一血缘、亲缘与地缘关系为主的人员构成结构问题。由此引发追问:社会关系对市场形成与发展的影响作用机制是什么?

问题三,改革开放后,在经济转轨过程中,政府与市场边界的阶段性界定,导出市场模式的更迭进程,其中专业市场的涌现是其典型示例。改革开放至今,为解决市场买卖间的信息不对称问题、节约信息与物流成本,专业市场得以快速发展。但近年来,因信息技术的高速发展,有形专业市场存在的基础性根基受到了挑战。由此引发两个追问:一是专业市场不断被复制与繁殖的内在逻辑与机制是什么? 二是专业市场未来发展方向在哪里? 是否有退出经济历史舞台的可能性?

问题四,从市场治理层面看,造成"钢贸危机"的影响因素是多样的,如国家市场制度、行业性政策、国内外钢铁需求、国内铁矿石进口来源与谈判模式、行业结构、定价模式、物流模式,以及钢铁行业金融财政政策、中小钢贸企业融资模式、民间融资法律规范性、地方政府规划以及从业人员营商能力、营商环境等等。其中,在钢贸危机爆发后,因融资出险导致大量营商人员陷入经济困境,并面临法律诉讼,尽快恢复营商"元气",重新树立新时代创业"精气神"是当务之急。由此引发追问:"市场治理"应采取何种思维? 针对具体问题时又该采取何种治理机制与方案?

二、钢贸研究现状

截至 2021 年 6 月,在中国知网输入主题"钢贸市场""钢材交易市场",有 20 篇论文与报道;但输入篇名"钢贸"则有 1258 篇论文与报道。从钢贸市场视角看,2012 年是个研究分界点。2012 年之前,钢贸研究以钢贸市场与地方经济社会效益良性互动发展为主;之后,以对钢贸市场濒临崩盘现象的新闻报道和经济学"经验域"研究为主,尤其是对银行融资模式进行反思的研究较多。从钢贸商视角看,报道性新闻多,学理性研究少,但也不乏对"交易市场""交易成本"的经济学分析。从研究对象视角看,基本以闽东周宁钢贸商及其经营的钢贸市场为主。从区域视角看,以上海钢贸为主,但也不乏对长三角与珠三角钢贸市场的分析。

新闻报道较多,但比较零散,主要以包斯文(2007;2009;2012;2014;2017)长期性跟踪式报道为主,其主要报道与探讨了钢贸市场模式、定价方式以及后钢贸危机时代金融风险原因、管控措施与政策建议等。在研究性论文与著作方面,主要以从"社会结构"视角对钢贸市场的长期性跟踪式市场社会学研究为主(陈林生,2010;2012b;2013a;2015;2016)。同期,一些硕士论文从公共管理学科与工商管理学视角对上海钢贸融资危机、不良贷款做了对策性研究(李珉,2016;胡世畅,2017),也有从钢贸动产质押的质押权效力展开的法律研究(王劭琳,2013)。总之,近几年尤其是2012年之后,大量研究集中于钢贸市场银行融资的出险问题上。

第二节　案例扫描:社会结构层级视角与判断

一、案例描述、分析与基本判断

(一)案例扫描图示

经调查,并借助"市场社会结构"理论分析框架进行案例分类式学理梳理,本书认为,钢贸市场的变迁力量主要来源于国家制度环境政策变化、市场经济社会组织模式变迁以及周宁商帮群体实践禀性变换等多层因素,如图7-1所示。

(二)案例分层分析

1.制度政策

中国钢材交易市场是在国家计划控制迈向由民营企业主导经营的过程中发展起来,是个被逐步合法化的过程。在中国工业化、城镇化进程中,井喷式的钢材需求,使得各地政府争上钢厂项目与钢贸市场,并未按照市场供需关系盲

		稳定发展的钢贸市场		"濒临崩盘"的钢贸市场
周宁钢市案例				

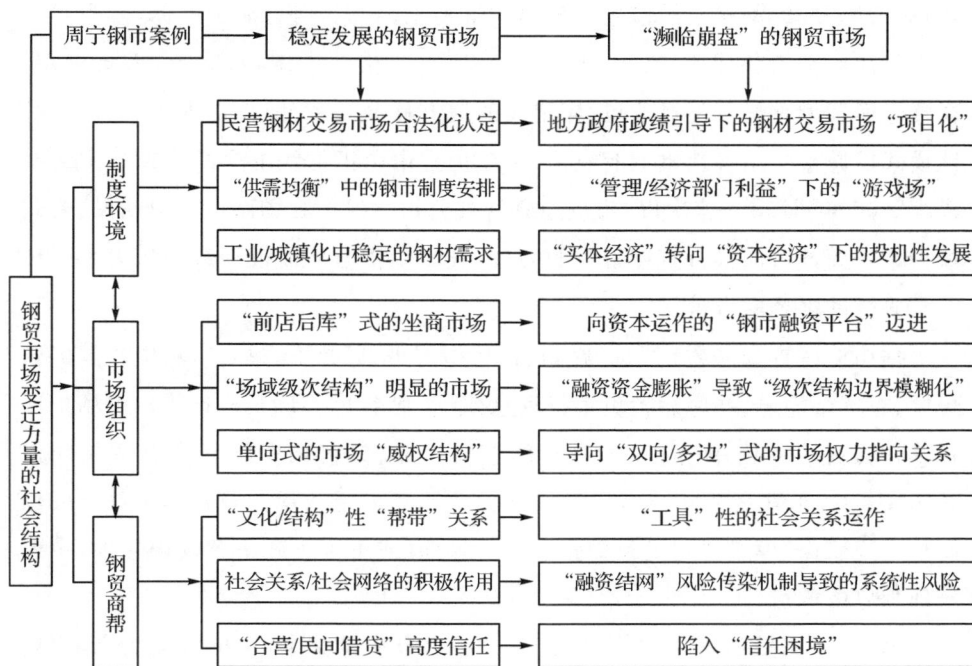

图 7-1 钢贸市场变迁力量的社会结构

（钢贸市场变迁力量的社会结构）

制度环境：
- 民营钢材交易市场合法化认定 → 地方政府政绩引导下的钢材交易市场"项目化"
- "供需均衡"中的钢市制度安排 → "管理/经济部门利益"下的"游戏场"
- 工业/城镇化中稳定的钢材需求 → "实体经济"转向"资本经济"下的投机性发展

市场组织：
- "前店后库"式的坐商市场 → 向资本运作的"钢市融资平台"迈进
- "场域级次结构"明显的市场 → "融资资金膨胀"导致"级次结构边界模糊化"
- 单向式的市场"威权结构" → 导向"双向/多边"式的市场权力指向关系

钢贸商帮：
- "文化/结构"性"帮带"关系 → "工具"性的社会关系运作
- 社会关系/社会网络的积极作用 → "融资结网"风险传染机制导致的系统性风险
- "合营/民间借贷"高度信任 → 陷入"信任困境"

目允许民营钢贸商买地/租地建设钢材交易市场。调查表明,周宁人在全国各地创办的钢材交易市场常被当地政府作为"重点工程"立项。主因是钢贸市场有占地规模较大、进场商户较多、资金密集等特点,这些特点相对于地方政府、工商部门和金融机构而言,都是重要的市场资源优势。地方政府常常未尽职调查与分析,盲目提倡、允许、默认钢贸市场建设。由此导致:经济上行(包括世界经济周期性上行)时,市场参与者尚可获得各自利益;但一旦经济出现波动或下行,盲目扩张的钢贸市场就容易出现过剩危机。如,截至 2010 年,周宁人在上海创办的钢材市场达 46 个,无锡市 40 个左右,连云港市 11 个。据不完全统计,周宁人在全国创办的钢材交易市场(包括钢材仓储库和专营钢贸码头)已达400 多个,并高度集中在长三角地区。

2.市场组织

20 世纪 90 年代初,因终端钢材需求量剧增,周宁人自发形成了一定规模的商帮群体,并于 1996 年在上海创办了逸仙钢材现货交易市场,这是中国第一个

"前店后库"式的钢材交易市场。该模式集物流、商流、信息流于一体，减少了各种交易成本和商住成本，并以地方"族群聚穴"（格兰诺维特，2007）形式出现。在资金密集型钢材贸易行业里，周宁人的地方社会关系/网络得到了极致发挥。该模式后并被全国各地钢贸商效仿，至今仍是中国钢材线下交易市场的主流模式。2000年，该市场首次以"市场经营管理公司担保＋驻场商户5户联保"模式取得市场商户可向银行直接融资的突破，且该模式当年被银行系统认为是一种"开创性"的银企融资模式。

据访谈调查，2009年之前，在银行"稳中有进"风控下，只有市场中较具经营规模、有资金需要，并愿意担负银行利息（基准利率上浮10％～15％）、市场担保费等各项费用的信用公司，才能取得市场担保、银行融资配套资金支持。但2009年之后尤其是2009年，在"经济刺激"下，"市场经营管理公司担保＋驻场商户5户联保"模式得到极致扩张。其传导性（或可称为政策解读误导性）主要表现为以下四点。

第一，在宽松的货币政策刺激下，市场资金流量剩余，房价水涨船高，用钢大户房地产业出现飞速发展，这个市场信号传递给周宁钢贸商的便是"下游用钢客户"需求强劲，由此套取银行资金大量流向房地产、地产等固定性"预期高投资回报"产业。

第二，钢贸公司套取银行资金进行"房地产、地产"投资，还有一个原因是钢贸公司向银行贷款时须提供一定的固定资产作为抵押物，后期变成套取资金购买固定资产，再用固定资产通过担保公司或市场经营公司担保贷款，变成一个融资规模不断变大的风险游戏。

第三，在"资金流动性剩余"市场中，钢贸商为获得经营终端生意展开了无序竞争，最终导致帮终端客户"垫资"成为钢贸行业的一个"共识"。

第四，在综合性市场判断与银行政策刺激下，钢贸商把"钢贸市场"当作一个"融资平台"，所套取的银行资金要么流向固定资产，要么在全国各地进行钢材市场与担保公司的再生产，造成经营"钢材现货贸易"也是为了进行再质押以获得银行资金的投机模式，并美其名曰"资本运作"。

据周宁上海商会统计，2009年之后，钢贸行业年平均利润为2％～3％（原因：钢厂产能过剩、钢厂定价保证金沉淀资金成本、钢材价格信息高度透明与市场无序竞争产生"垫资"成本等等），而从银行融资的年平均成本（包括银行贷款利息及上浮、担保费、库存监管费、虚拟吊费、银行存单质押费以及银行季度存款周转资金成本费等隐性资金成本）一般为15％～20％。可见，钢贸商一旦发生"融资操作"，就"如同吸毒，没有回头路"[①]，只能不断地在不同金融机构、信托（托盘）公司和各个钢贸市场之间进行"融资活动"，寄望于这种"融资瓮盖"游戏，以取得"时间和空间上的生存缝隙"。

　　然而，好景不长，钢贸市场"融资平台"运作方式，在短期性经济刺激政策下获得表面繁荣。2011年后，在国际金融危机持续影响、国内产业结构调整、银信融资政策变化、钢贸商融资渐现出险情况下，加上媒体不断报道、个别商户"跑路"事件促发等叠加因素，银行等金融机构为风控计普遍采取了抽贷、追贷等"一刀切"方式。以上诸种因素促使周宁钢贸商及其钢贸市场全面爆发了区域性和系统性风险，并被多数媒体称为"钢贸危机"。

　　市场稳定，其内部需具备在位者与受控者"权力系统"特征，并形成一种"地方性知识"的"控制观"以强化这种市场稳定的文化认知（布迪厄，2009；弗雷格斯坦，2008）。本书认为，在没有介入融资阶段时，钢贸市场是满足稳定条件的。但走向全面融资之后，市场稳定的条件与机制受到了破坏，主要表现在以下三点。

　　第一，因"贷款资格"审查制，提供担保功能的在位企业与需融资支持的受控企业之间存在明显的"权力"关系。后期，因担保责任风险分担制，受控企业以担保责任为要挟进一步获得在位企业融资担保，即双方关系变为"反权力"要挟。

　　第二，后期，新办钢贸市场力求快速运营以便能及时回笼投资资金（因其投资资金多从其他市场以钢贸类1年期贷款的形式获得），为争夺驻场商户，常声称市场已经获得银行授信，保证商户能获得银行融资，但要以"融资资金

---

　　① 调查中，"融资犹如吸毒"是该群体的普遍感叹。当前，留守在钢贸阵地的反而是那些因没有足够的"社会关系"无法获得钢贸市场或担保公司担保认可的商户。但因钢贸市场资金流动性剩余的特点，也迫使这些没有融资但有自留资金的公司/个人把资金借贷给他人经营，从而希望获得较高的利息回报（一般是按照月息3分计，即年化率36％）。因此，即使没有融资，这些钢贸企业或个人也几乎都涉入民间借贷纠纷中。

共用"①为模式,即采取"合谋融资"模式(陈林生,2013a),这放大了市场风险。

第三,钢贸商在全国不同市场和不同银行间获得的融资资金远超其经商能力,且是不计成本的。

从以上后期钢贸市场的表现可知:

首先,它破坏了在单个市场中形成的一种"自上而下"的市场内部威权结构(格兰诺维特,2007),而这是市场稳定的重要条件之一。

其次,因强社会关系形成的融资结网模式(吴宝,2012),促使钢贸商之间的权力关系变得"相互指向",即其权力关系变成双向或多指向的权力关系。

因此,本书得出一个结论:破坏市场稳定的重要条件是"场域内部的场域级次结构边界"模糊化(布迪厄,2009;斯梅尔瑟等,2009;陈林生,2013a)。原因是,市场内形成了一种"双向或多指向的权力关系",这种权力关系变化是导致市场变迁的重要因素。需表明:这个结论针对后期钢贸市场有效,正像之前本书所提出的市场系统观一样,"权力关系"模糊化在市场变迁处在"临界性混沌边缘"时作为一种促发因素发生作用。由此,使得市场变迁改变了原来的模式或阶段:要么导致市场向"雪崩"方向演进,要么导致市场向更高一阶进发。

(三)钢贸商帮

据调查,周宁县的传统产业是与"铁"相关的铸锅、铸造业,改革开放后,部分周宁籍商人因市场需求变化,转向与"铁"相关的钢材贸易活动。在经济效益与强社会关系带动下,形成了一种如费孝通如言的"差序格局"式的"帮带模式",即以传统文化、社会结构中情感支持为主的经营业态,该业态促进周宁人"一波接一波"地进军钢材贸易行业,并一个接一个地创建以"上海逸仙钢材市场"为模板的市场经营模式。

钢贸市场稳定发展阶段,周宁人一般是在"有关系"的族亲、朋友、同学和老乡等引荐与带动下进入市场,并逐步形成一个钢贸群体,后常被称为"钢贸商

---

① 即以商户名义取得的银行融资资金需与市场创办者按约定比例共享的共用模式。据调查,一般是按照 5:5 比例。

帮"。但后期因钢贸市场膨胀式无序发展,以"工具"利益化他人[①]为目的的"家乡网络"[②]特征明显,尤其是在全面进入"融资结网"(吴宝,2012)模式之后,"强社会关系"使融资网变得简单,但也因此加速了风险传染,强社会网络的消极作用凸显。表现为:存在风险传染机制,原信任合伙或参股经营、民间借贷行为因银行融资出险爆发,人人求"自保",使得民间周转借贷变得极其困难,"谁也不相信谁"成为后期周宁钢贸群体的普遍心态,使得整个坊间资金链瞬间"凝固"。再加上金融机构向该行业的借贷资金被不断抽走,追偿起诉事件经常发生,诸多因素都加剧了整个信任体系的崩塌。

(四)三条基本判断

经案例调查与上述学理梳理,可得到我国市场实践性的三条基本判断。

判断一,把一个专业市场或其形成的市场集群看作一个系统,市场外宏观经济环境政策的改变,对市场内,或单个的市场系统的影响是强的。

判断二,市场组织形式本身,在中国文化及制度性背景下,强社会关系的地方植根性文化特征明显。

判断三,市场主体营商机会与能力受控于在地营商环境的刻印与塑造。同时也可表明,市场主体实践能力形塑市场组织形式的同时,也成为情境式地改变自身适应市场变化的营商能力载体。

---

① "工具化关系",可参见 Jacobs(1979)提出的"关系是个体行动者为了追求私人利益而运用的人际关系策略"、Hwang(1987)提出的"关系是权力游戏"、Wong(1999)认为的"个人涉入无论何种关系网络,都基于一种工具理性"、黄绍伦(1991)"个人倾向于运用其网络资源以便于不愿负债于家庭"的判断,以及杨善华、侯红蕊(1999)提出的"'利益'成为差序格局中决定人们关系亲疏的一个重要维度"等观点。

② "家乡网络"的构建机制,可参见汪和建(2012)在《经济与社会:新综合的视野》"关系交易与网络生产——生产网络是如何构建与运作的"一章中的分析(pp.327-363)。其中,汪氏主要从关系交易视角分析了吴江横扇羊毛衫产业区"Y生产网络"构建的社会机制问题。

第三节　层展社会结构:钢贸市场

一、钢贸商实践结构

实践结构表明,它从市场主体出发理解市场如何被建构的过程,是市场社会结构的本体论。如前所述,实践结构成为市场社会结构中被定位的结果,是铭刻在特定市场社会结构的行动者身上的,并塑造着行动者的思维、感觉和行为方式(策略)等。从实践结构视角理解市场,主要是借助社会实践理论与复杂经济学能动主体、适应能力主体的实践交互决策能力出发理解市场是如何被建构的涌现过程及其社会互动机制的问题。需阐明的问题是:①商人实践能力是如何形成的? ②市场主体依据何行动逻辑进行实践策略? ③行动逻辑与规则是否可以被我们所认知? ④市场主体会根据其掌握的哪些资源进行有效行动与决策? ⑤为什么说实践能力是一种转换制度、关系结构的中介与再生产的中心? ⑥实践适应性市场主体通过哪些规则使得市场得以涌现?

如汪和建所言,"'实践'活动天然就具有将结构与行动以及建构与运作(规则或结构的再生产)结合起来的特性"(汪和建,2012);同时,复杂适应系统理论认为主体能够与环境以及其他主体进行交互作用,在不断交互过程中不断地"学习"与"积累经验"并以此改变自身。实践活动并不是一种"无意识"行为,其形成受控于地方植根性经商文化,并根据其所理解的一种"值得去追求"的生意(市场活动),并以 IF/THEN 的市场主体适应性规则,衡量自身拥有的资源,在可资运用/调用的资源禀赋判定下,创发出的一种思维与行动方式。

案例调查表明,周宁钢贸商实践结构是在传统产业背景下,在传统与现实生活的冲击下,通过"地方能人"成功示范,输入其心理结构特征的一种思想印记与思维模式。同时,在国家市场经济制度转变与经济政策推动下,运作社会关系(社会资本)资源,形成了一种地方性特有的"生存发展心态",并以此执行营商务工实践决策。经调查梳理,其形塑因素如图 7-2 所示。

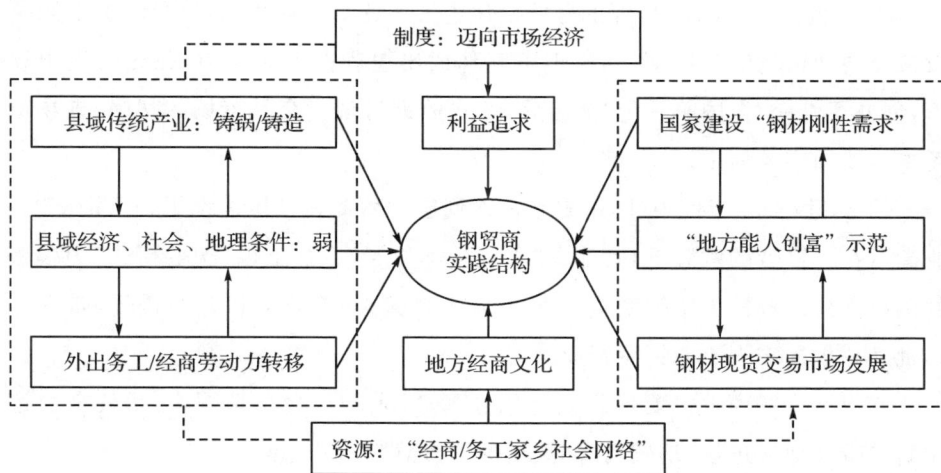

图 7-2 周宁钢贸商实践结构形塑因素

调查表明,周宁钢贸商实践结构是一个多因素协同形塑过程,包括但不限于以下因素。

①周宁县域传统经济主要以与铁相关的铸锅、铸造产业为主,且在改革开放初期,县域周边形成了一个铸造产业集聚区。

②铸造产业的发展带动了钢铁贸易活动(以废钢废铁贸易为主)。

③因周宁县地理、经济、社会条件弱,尤其是交通不便,地处福建东北,为生活计,一直以来就有大量人员外出经商务工的传统,这一传统强化了劳动力迁移功能,促进了劳动力社会网络的形成。

④自古以来,周宁行政管辖范围政事多变,山区地带形成了强宗族观念,"一山一方言"的民族志特征也加强了其"村落内在治理"功能,在外出务工经商过程中,较易形成强社会网络关系。

⑤在与"铁"相关的务工经商活动中,因传统产业铸锅业逐渐被铸造业替代,携带技术、经商经验与资金的部分周宁人开始转向全国各地寻求铸造与钢铁贸易市场空间。

⑥改革开放后,尤其是 20 世纪 80 年代末 90 年代初,在部分经济能人带动下,出现了几个流动务工经商聚集地,如以铸造业为主的广西和以钢贸为主的长三角地区。

⑦20世纪90年代初,因上海城镇化进展快速与工业化急速发展,加上国家政策导向和市场经济推动,周宁钢贸商释放出蓬勃的市场活力,在先行者引领下,创办了上海/全国第一个"前店后库"式的钢材现货交易市场。其中,进场市场主体以周宁人为主。

⑧20世纪90年代中叶,率先致富的周宁钢贸商在县城建设了一条钢贸"兴业街",在先富者的刺激下,其他人"再也坐不住了"。加上以"逸仙模式"为模板的钢材交易市场被周宁钢贸商一个个地成立起来,需要大量老乡进场,带动了一批又一批周宁人走向钢贸行业。

⑨前期进场商户主要依靠其与创办者/股东的社会关系网络,后逐渐由进场商户带动他人进场,钢贸商像"滚雪球"式地聚集在一起。

⑩在这过程中,周宁人思想/思维已被钢贸行业所"铸模"。地方能人示范、钢贸商心理特性塑造、钢贸经验沉淀以及强社会关系网络影响等,改变了周宁人的实践结构——心态与行为模式。

⑪在钢贸经商过程中,无意识或有意识地"效仿"是周宁钢贸商的行为特征。介入融资性企业经营模式时,这种"效仿"力量是强大的。据调查,后期融资性企业经营模式,与其说是企业经营的需要,不如说是一种"心智结构"被强制"牵引"的结果。

⑫从这个层面上而言,钢贸市场制度结构、关系结构就内化在钢贸商实践结构中,从中可以发现它所独具的一种对市场制度、关系结构的理解。因而,可以说,经商实践结构承载着市场运作的中介、基点和它们之间转换的要素。

⑬从个体实践层面出发,可认为在经商实践结构形成过程中,前期,周宁钢贸商在成功模式刺激下,形成了一种制度经济学理解意义上的"资产专用性",在经济上行时,它强化了这种经商实践性;但近年(后期),在国内外经济形势变化、钢铁产能过剩和稳健货币政策施策下,因市场实践结构的"路径依赖",使得周宁钢贸商无法及时抽身而出或及时改行而全面陷入贷款出险和民间借贷纠纷的困境之中。

⑭在前期市场发展过程中,"家乡网络"具有积极作用;但这种社会关系网络在介入融资这种经营模式之后,因融资结网传染机制,其负面效应被爆炸式放大。

⑮按照复杂性经济学的解析,钢贸商是在经商、经验积累中,不断地与其他市场主体进行交互实践交易,以适应来自外部环境经济形势与内在心理结构变化,寻求一种适应性效率合理化的过程。

二、钢贸市场关系结构

在市场关系结构理论看来,市场是由市场经济社会性关系所组成,即市场中行动者及其行动间的因果关系、相互独立性以及它们占据位置的模式。

正如格兰诺维特所关注,"为什么企业也会整合成一个可认知到的社会结构?"也就是说,多数企业会在颇排外的一个企业群体内相互做生意。于是,格氏把这种合作企业群体称为"企业集团"。在探讨企业集团时,格氏提出"什么使得集合一群企业成为多多少少有黏合力的社会结构变为可能,且什么决定了这个结构形态?"的问题。格氏认为,经济学在理解企业联盟时有关注到联盟动机问题,但基本是一种静态分析;而社会学视角更多地关注"联盟何以可能"以及经济行动者如何动态地建构联盟的问题。格兰诺维特从"鸟瞰"视角分析了企业联盟的焦距,认为,可以"视企业集团为一群互有正式或非正式联结公司的集合体,而其联结强度是中等的"。这样定义企业集团,它排除了太松——如短期战略联盟或"太黏"——在法律上被视为一个单一实体公司——的企业集合体。他认为,企业集团是指一组公司整合在一起,既不完全整合也不太松散;多数企业集团介乎结盟与联邦之间。格氏认为,对企业集团的研究少之又少,可能原因在于"外人不那么清楚",虽然它是一种普遍经济社会现象(格兰诺维特,2007)。本书所调查的钢贸市场,犹如格氏理解意义上的"企业集团"。

企业集团的另一个基本特质是如何组织层级威权结构。在这个问题上,格兰诺维特把威权结构划分为"层级控制型"和"平等伙伴型"两种。格氏从企业联盟角度分析了介乎市场与公司组织间的企业联盟的网络关系,此关系中一种正式与非正式的结构得到强调,并从"何以联盟"动态关系阐述了企业间的连带主轴、所有权关系和威权结构,最终提出"值得我们进一步研究"的是企业集团效益(长保)如何与制度环境相互作用关系的问题。

基于以上理论判定,下文就钢贸市场的关系结构组织方式导致市场风险的机制进行案例式研究。

(一)威权结构与融资结网

调查与研究发现：其一，钢材交易市场"威权结构"在"老乡网络"与"组织网络"重叠模式中因介入担保融资产生了变化，除了具有与格兰诺维特界定的"企业集团"特征之外，还具有"领导型企业结盟"的本土交易市场特征；其二，"融资结网"模式在介入"权力"与"强社会关系"变量之后，其风险传染机制得到了强化。据此，本书提供了一个"垂直威权结构"与"水平社会网络"相互促进而产生社会关系消极效应的实证支持，并以此解析近年我国钢贸行业产生系统性风险的经济社会现象。

应用关系结构分析市场，除了能从一般社会网络分析方法去定量描述市场中企业间的社会关系之外，本书对市场企业间的"威权结构"(格兰诺维特，2007)与"融资结网"(吴宝等，2011)模式进行了分析，进而解析了钢贸市场特有的地方市场实践方式。基于上海 YF 钢材现货交易市场的调查，提出中国地方情境式专业市场内企业关系结构的特有问题，尤其是强社会关系的负面效应问题。

观察表明，需探讨的经验性问题主要有：①周宁人创办的钢材市场中，为什么进场的钢贸商及其工作人员基本上都来自同一个县？②钢材市场中哪些经营者能得到市场创办者的支持，尤其在向金融机构贷款需要担保时？市场中哪些经营者具有强的资金拆借能力和市场内的钢材赊货调配能力？③整个钢材市场在面向外部经济体时，犹如一个"企业集团"或"企业联盟"，但在钢材市场内部又呈现出与此不同的市场关系结构，那么这些因社会关系不同而导致的钢材市场内部"威权结构"应是怎样的？④钢材市场内部俨然形成了一个市场权力系统，各个钢贸公司因掌握资源不同，其市场地位显然不一样，这种现象引发一种新思考：市场中的层级控制关系是如何形成的？⑤"滚雪球"式发展的钢材市场，在迈向"融资平台"运行时，是什么市场逻辑导致它们处在行业系统性风险中，即钢材市场稳定性在什么关系结构情境下出现了变迁？

对以上问题进行梳理，问题①②显示钢贸市场中企业主个体层面的社会关系问题；问题③④⑤显示了钢贸市场中公司间的层级关系结构问题。分析个体企业主行动是解释公司策略的中间步骤，在于其能反映公司社会层面的关系结构变化，为便于分析，由此把问题①②转化成与问题③④⑤一样的构成市场中钢贸公司间的"群体属性"问题。这些属性包括：驻场钢贸公司典型性行动、生存与发展商业策略，钢贸公司间社会关系的成员网络及其产生的权力结构以及限定钢贸公司成员行动的社会规范或一些非正式规则在市场实践方式上的体现，等等。这些钢贸类公司群体性属性，主要关注钢贸公司的社会关系结构问题。归纳地看，主要探讨在钢材市场中，企业主是靠什么经济或社会机制聚合在一个钢贸市场中，由商人组建的公司法人，其在市场中的地位如何，由此解析企业社会层级型构关系的机制。

主流经济学认为，市场中平等参与者进行交易活动，最终形成一个普遍被参与者认可的市场出清价格，并在这种价格机制导引中，形成市场自动调节与资源配置经济机制，即认为市场是由交易规则组成的一种价格和资源配置方式。但经济社会学认为，在市场价格机制背后，行动者的"社会网络""市场地位"等都起着关键作用，即在不否定价格机制的同时，更是从组成市场的"社会行动者"出发，探讨建构市场"行动者联系方式"且能被感知的"市场型构关系"。因为在经济社会学看来，组构市场的商人是"镶嵌"在市场中的"社会行动者"，如格兰诺维特所言，"对人类行为的完整分析，应该尽量避免过度与低度社会化的孤立问题，行动者既不是像独立原子一样运行在社会脉络之外，也不会像奴隶般地依附于他/她所属的社会类别赋予他/她的角色。他们具有目的性的行动企图实际上是嵌在真实的、正在运作的社会关系系统之中的"（格兰诺维特，2007）。

此类问题，学界焦点在于组织的"市场抑或科层"的争论问题。借助格兰诺维特的理解，一些交易规则如经济学所理解的由市场负责，而一些市场交易则如威廉姆森（2011）认为的那样留在"科层组织"之内。这里无意探讨交易的经济市场规则，而是从经济社会学所关注的经济体聚合的社会机制（社会网络）、市场地位以及由此在介入担保融资后形成企业组织网络的"融资结网"模式在科层制性质市场模式下走向系统风险的因果关系，并提出强社会关系中的市场经营方式产生的负功能作用，由此印证"过度社会化"下社会网络的消极效应。

田野调查表明，周宁人经营的钢材市场是由一个从小山县"出门在外"的经商务工人员组成的县域"老乡市场网络"，市场威权结构明显。本书将对这种由"老乡网络"与"组织网络"相互重叠形成的市场权力系统，在介入"融资结网"商业形态并受其风险传染机制影响而导致的系统性风险进行探讨，以解析市场经验性问题，由此说明中国社会地方情境下市场实践方式其所独有的特征。

（二）"老乡市场网络"

观察表明，钢贸市场内形成的公司网络，犹如格兰诺维特意义上的"企业集团"关系，但又不尽相同。格氏从"如何联盟"角度探讨了以"信任"为主轴的企业集团内部联盟问题，以及"内部层级威权结构如何组织"的问题，并把威权结构划分为"层级控制型"和"平等伙伴型"两种类型。如韩国财团是层级控制型的范例，也被 Biggat(1991)称为"制度性父权主义"；而日本企业集团中的相互持股、总裁俱乐部等则是"平等伙伴型"的代表，即各企业在法律上是独立的，但却会用各种战略方法协调彼此之间的行动（格兰诺维特，2007）。

分析发现，钢贸市场同时存在"层级控制型"与"平等伙伴型"的市场威权结构。一方面，当钢贸公司需融资贷款请求市场股东或与此关联的担保公司出具融资担保函时，或市场内部公司需向其他钢贸批发商赊货而又要市场股东或担保公司担保时，层级控制型权力结构显现。另一方面，当钢贸公司并没有或无须融资贷款时，他们只利用市场中堆放的钢材"虚拟性"地向下游终端用钢客户表明其钢材存货经济实力时，市场内部公司彼此之间是默契的，这些公司只是按照市场规定每年缴纳场地租金、水电费、吊装费以及货物监管费等。此种情况下，这些公司与市场股东和其他公司表现为一种平等的伙伴关系。为便于说明，从历时性过程，把钢材市场划分为"担保融资前"和"担保融资后"两种类型分析其威权结构变化，当然介入担保融资后的钢贸市场并不是每个商户都会进行担保融资，因此后期钢贸市场同时存在层级控制型与平等伙伴型的市场威权结构。

介入担保融资贷款前，钢贸市场的威权结构如图7-3所示。

在钢贸商介入担保融资之前，钢贸市场的关系结构表现出如下特点：①钢材市场经营管理公司及股东主要是建立一个固定的物流场所提供给进场商户公司进行坐商式交易，主要经济行为在于如办公场地租金收取、生产安全监督、吊装费用和水电费收取等日常管理工作，以及批发商货物监管和货物占地监管等。②市场内商户之间依靠一定的"社会关系"形成不同的非正式"帮带"小团体，其中钢材批发商"大户"之间经营不同钢材品种，形成差异化经营的商业联

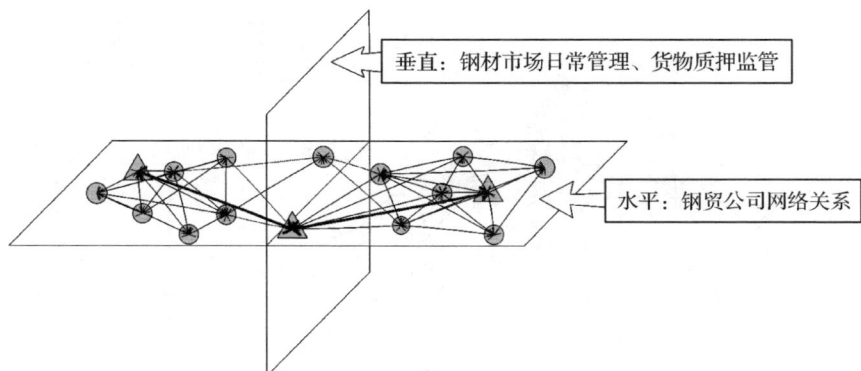

图 7-3 商户融资贷款前钢贸市场的威权结构模式

注:图中"▲"表示钢材市场中的"大户"(批发商);"●"表示给"大户"经销钢材的散户。

盟,"大户"周围依据不同社会关系聚集一定范围的"散户经销商"。③如伯特(2011)所分析的社会网络"结构洞"特征,一些占据不同"帮带"小团体的节点(中间人)成为商户之间资金调剂、钢材货物调度的关键人物,同时因占据"结构洞",按照周宁人的话讲,是"没有资金也能做生意"的人。此类情况,若按照格兰诺维特的界定,钢材市场管理公司与其管辖的钢贸公司以及钢贸公司之间是一种"平等伙伴型关系",只不过他们依赖强社会关系这种社会机制黏合在一个钢材市场里。

但在商户介入担保融资之后,这种平等伙伴型关系就演变成了一种层级控制型威权结构。调查资料显示,2009 年 6 月,YF 市场配套的融资性担保公司通过与民生银行上海分行商谈获得 2 亿元的企业主个人信用贷款(简称个贷,每户 500 万元额度,共计发放 40 个商户)和兴业银行上海分行 1.5 亿元的货物质押贷款(根据货物质押物值,每户额度 1000 万~2000 万元不等)。资料表明,这 40 个商户中,有 32 户是通过股东关系进入市场的,另外 8 户也与市场股东存在熟人关系;有 5 户需要与市场经营管理公司"共用"贷款资金,还有 2 户是市场经营管理公司股东借用他人公司的"壳"来进行融资的。1.5 亿元货物质押贷款中有 7000 万元由市场股东个人经营的钢贸公司获得,另外 8000 万元放贷给原有市场中的钢材经营批发商。从 2009 年 YF 市场钢贸公司获得担保融资情况看,其市场的威权结构发生了改变,如图 7-4 所示。

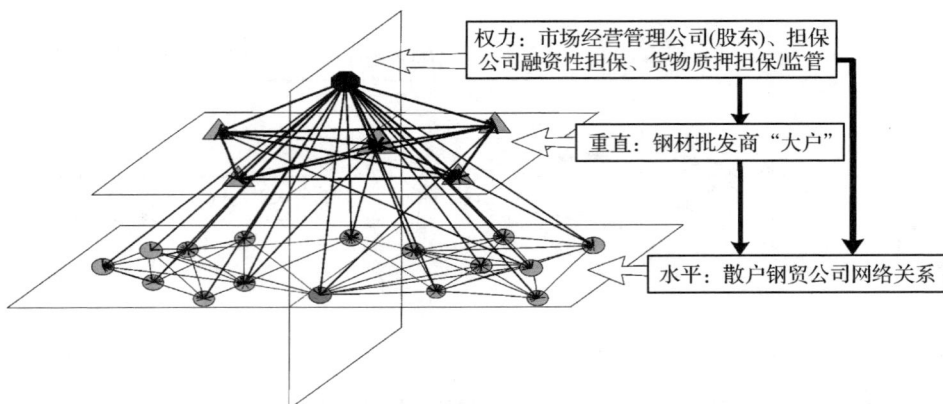

图 7-4　威权结构"垂直"与"水平"的组织关系

注:图中"●"表示市场经营管理公司/市场股东/担保公司股东等;"▲"表示批发商;"○"
表示一般散户;粗线条"→"表示权力指向关系。钢材市场在介入融资担保后,市场形成
了具有权力指向的层级控制关系。

　　介入担保融资后,钢贸市场的威权结构发生了变化,主要体现在:①从融资
商户甄选机制看,具有熟人信任关系的商户比那些与市场股东没有强社会关系
的商户更能获得市场经营管理公司与担保公司股东的融资担保。②为增进钢
贸市场经济效益,市场内的钢材批发商大户仍是市场融资的扶持担保对象。
③在垂直层级制关系上,钢贸市场不仅承担日常市场管理事务,更是决定哪些
进场商户能获得银行融资的"权力在握者"。④市场股东自营钢贸经营性公司
在向银行融资时,愿意与场内钢贸大户联保,以便形成市场内钢材经营销售的
"结盟机制"。⑤在水平伙伴关系上,不具有强信任关系的商户,在融资担保问
题上需获得被市场股东认可的任一钢贸大户的担保,或与之形成联保关系,这
催化了钢贸大户与一般商户在另一层面上的层级控制依赖关系。⑥银行和担
保公司要求钢贸商在融资时采取"联保"方式(一般为 5 个公司/企业主),在银
行看来,它能一定程度地化解融资出险问题,但这种联保模式恰也强化了市场
内部商户之间的社会关系运作。⑦为化解市场商户融资出险问题并获得更多
银信资金,市场股东采取的策略是"占用进场商户的融资额度",主要方法有三:
一是商户若没有与市场股东形成强的信任关系,以商户名义获得的银行融资资
金须与市场经营管理公司"共用"——一般按五五比例分成,市场经营管理公司

也相应承担银行利息；二是市场经营管理公司借用商户公司的"壳"进行融资，即商户获得的银行融资额度全部按照民间借贷的方式借用给市场股东；三是市场股东"聘用"个人成立钢贸公司，按照每年6万~10万元不等的"法人酬劳费"给予。这些融资方式已经涉及违法违规行为，但在后期钢贸市场中却普遍存在。

（三）提出："领导型企业结盟"

借助格兰诺维特定义的平等伙伴型和层级控制型企业间关系结构对钢贸市场介入融资担保前后的威权结构变化进行分析，具有强解析力。但调查发现，钢贸市场显示出的特征并不完全吻合格氏所界定的"企业集团"性质，同时介入融资担保后的钢贸市场不像经济学理解意义上的"企业集群"，也不具备汪和建构建的"生产网络"特征。

格兰诺维特"企业集团"中"层级控制型"的特征之一是"所有权关系"，强调集团企业内部"控股"或"相互持股"的股份所有权关系；"企业集群"强调产品分工体系的完善问题；汪氏构建的"生产网络"也是在"分工体系"框架下强调"社会关系"的关键作用问题。而调查表明，钢贸市场迈向"融资平台"时，显然要比他们的分析复杂些，表现在：①钢贸市场具有"专业市场"——买卖双方交易特定场所——的特征，但市场内存在市场经营管理者市场股东与钢材贸易商，钢材经营"大户"与"大户"之间的战略联盟，"大户"与"散户"之间的经销联盟，市场内因存在不同的"社会关系"而形成不同的"赊货模式"，这些特征形成了钢贸市场这种地方性市场的特有实践方式。②市场在介入融资担保功能之后，"为谁提供担保""怎样才能通过市场担保获得银行融资资金"和"与谁联保"是市场经营管理者与进场商户、商户考量的主要问题。由此，形成了除格兰诺维特理解意义上"企业集团"特征之外的另一种特有"威权结构"：市场股东之间、市场股东与钢材大户之间、市场股东与市场散户之间、大户与散户之间、散户与散户之间，散户中又有"工地商""帮砖头商"等区别，这些不同性质市场经营主体之间产生了错综复杂的因社会关系强弱和占有资本不同而产生的"权力"谱系。如何判定经营主体在市场内的"社会位置/地位"？除了根据其个人资产、公司财务情况、个人信誉来判定之外，其与市场股东"关系如何"是融资担保考量的主要社会变量，这是决定其能否在市场内获得各项资源（包括但不限于融资、资金拆借和赊货等)的关键。③钢贸市场成为"融资平台"是建立在"老乡网络市场"基础上的一种新商业形态。其中,市场股东和担保公司股东(两者常具有叠合关系)除获得担保费等经济利益之外,还能借助商户公司的"壳"进行再融资;而进场商户通过市场担保获得的银信资金进行钢材贸易外,也进行"他地"钢贸市场的创建,凭借另一个地方的"市场股东地位"进行融资再生产。

按照商户日常话语,钢贸市场的市场股东被称为"领导",在这个意义上,可把钢贸市场看作一个"领导型企业结盟"的企业集团。这一定义显示出中国地方市场的经验性特点:①"领导型"吻合原有计划经济"单位制"影响下的市场经济过渡特征,是经济转制下一种经济和文化模式的"思维惯性"。事实上,市场经营者对进场商户除具有经济利益控制功能外,同时具有政治意义上的权力运作和社会意义上的等级控制功能。②强调"社会关系"与中国关系文化相吻合,采信社会资本概念与中国关系文化特性存在不同。③"企业结盟"不仅是经济学意义上的企业战略联盟关系,更是建立在社会关系引发信任感基础上的"经营结盟"和"融资结盟"。因此,本书认为,"领导型企业结盟"概念比格兰诺维特"企业集团"概念更能体现钢贸市场内企业之间具有中国特有市场实践的关系结构方式。

中小企业通过社会关系获得融资,国内外理论与经验研究都较为充分。在国家产业政策或者说外部更大经济场域发生改变的情况下,"领导型企业结盟"这种建立在强社会关系基础上的"融资结网"模式,在其内在风险传染机制下助推了行业系统性风险,值得学界展开更深入的理论与经验研究。

(四)"融资结网"风险传染机制

对社会网络(或称社会资本)的研究大多集中在其对寻找工作、技术创新、企业战略合作等方面的积极作用上,较少提及社会网络的负面效应(Portes et al.,1996)。国内研究也大多从社会关系如何带动区域人员网络式就业、创业以及农民工如何融入城市的社会支持网络等方面展开探讨,但关于社会网络负面效应的研究则较为少见。"融资结网"指的是企业向金融机构融资贷款时,因应用社会关系产生的信任感而形成联保的融资模式。这种社会网络融资模式因其内在风险传染机制容易形成"一荣俱荣,一损俱损"的经济社会现象。

1.钢材市场"融资结网"风险传染机制

资料表明,YF 钢材市场内商户融资网络不仅体现在市场内,其商户还在周宁人经营的不同钢贸市场进行融资活动。其社会网络融资的简化模式如图 7-5 表示。

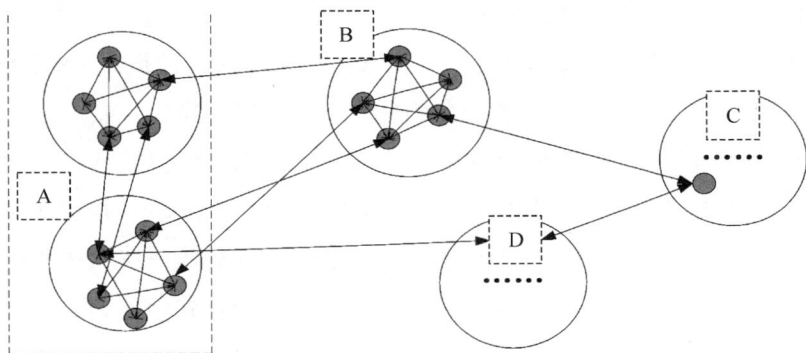

图 7-5 钢贸市场内外融资结网模式

注:"A""B""C""D"表示不同的钢材交易市场,"●"表示参与联保融资的钢贸公司,"↔"表示联保关系。

从模式看出,周宁人的钢贸市场俨然形成了错综复杂的市场内外融资网络。如 A 市场内部有着复杂的融资网络关系,表现在两个方面:其一,面向同一银行机构担保融资时,形成市场内"5 户联保"(主要的联保方式)的不同组别;其二,当面向同一市场内不同银行贷款融资时,原有的"联保组"又重新组合,构成相互交叉的"连保组"(周宁人语)。同时,A 市场中的商户又与市场 B、C、D……中的商户形成相互交叉的融资网络关系,市场 B、C、D……也与市场 A 一样存在复杂的内部融资网络关系。在这种模式下,只要钢材市场中任一企业发生财务状况恶化,银信到期还不了融资借贷资金,联保组就须承担偿还贷款的连带担保责任,这样就形成了一个风险传染机制。

企业在进行联保融资时带有明显利益动机。首先,联保融资可给企业带来银信资金,从事自有资金不足的市场商业行为。其次,在经营不善的情况下,可转移信贷风险,由联保组的其他企业给予代偿,或由市场经营管理公司和担保公司代偿。如企业 a 无力还贷银信资金,按照联保责任,必须由给予担保的其他联保企业 b、c、d、e……按照分摊比例代偿。这样融资企业就形成了风险捆绑关系，客观上造成了融资结网方的风险依赖。融资结网中的企业财务风险很容易传染，个体风险的分担和转移实质上是风险在网络内的传染过程。融资结网内的企业，不但要承担自己的经营风险，还要承担联保方的经营风险。个体风险通过联保方的风险实现分担转移，传染至网络内的邻近节点，从而产生风险传染。更为严重的是，若企业 a 因经营不善而破产，或者是恶意"跑路"，给予联保的企业 b、c、d、e……受联保代偿责任拖累，很容易发生破产或"跑路"，风险进一步累积，触发破产或"跑路"的连锁反应，造成"多米诺骨牌效应"，最终形成系统性风险。2012—2015 年，因世界性经济危机延续、房地产政策调整以及钢材产能严重过剩等宏观经济因素，钢材价格一路下滑，加上钢贸商大量垫资导致资金无法及时回笼，钢贸产业出现大量企业无法偿贷的现象。另外，各银行机构加强对钢贸商的收贷力度，加上"一洲事件"的引爆[1]（此后，不断爆发钢材交易市场股东、大量钢贸商无法偿还银信资金和出现大量民间借贷纠纷等），使得具有融资结网特征的周宁钢贸商开始全面陷入经营、联保和信任危机，进而在宏观经济面和内部"融资结网"相互作用下促发了钢贸行业的系统性风险。

吴宝（2012）根据对国外相关文献的梳理得出"个体风险传染机制升级为系统性风险"的网络机制主要有风险依赖（risk interdependence）、风险传递（risk propagation）和风险加速（risk accelerator）三个连续环节。如其所言，"个体风险不仅会透过融资结网关系转移、扩散，还会在过程中增殖、放大，最终可能酿成系统性风险。个体风险向系统性风险演进升级是上述三种网络机制相互交织作用的结果"。当然，风险演进过程因涉及多种因素，其复杂性和不可预测性都较强。现通过"5 人联保"模型构建对个体风险向系统性风险的演进予以解释，如图 7-6 所示。

阶段 1：风险依赖机制。若企业 a 出现经营风险，无力偿贷银信资金，出现"破产"或"跑路"，联保企业 b、c、d、e 须承担代偿责任，局部风险加速形成。此阶段经常出现三种情况：①假设企业 a 是某钢材市场内的个案，且联保企业 b、

---

① 2012 年 2 月，江苏无锡一洲钢材现货交易市场的董事长，因银行贷款到期无法偿还银信资金而"跑路"，据媒体调查与报道，其债务在 10 亿元以上，其中银行贷款近 6 亿元，其他为民间借贷资金。

c、d、e 愿意且有能力代偿,风险可控;②联保企业 b、c、d、e 中有个别企业无力偿贷,但为此担保的担保公司或钢材交易市场愿意且有经济能力偿贷,风险也是可控的;③在情况②下,为"联保组"担保的担保公司或钢材交易市场经营管理公司无力偿贷,就形成了局部风险。

阶段 2:风险传递机制。在阶段 1 基础上,若企业 e 破产或"跑路"导致其与另外的"5 户联保组"中的企业 f 因在不同银行或不同钢材市场形成联保融资关系,导致企业 f 须承担偿贷责任。而企业 f 又与企业 g、h、i、j 组成"5 户联保"关系,这样因企业 e 无力偿贷、破产或"跑路",风险经企业 f 向更多的融资网络成员传递。

阶段 3:风险加速机制。其他的网络成员间形成风险加速环路,即企业 f 破产或"跑路",并导致企业 g、h、i、j 等也面临破产或"跑路",并带动与其联保的所有企业陷入危机中,且各个担保公司与钢材交易市场经营管理公司已无力偿贷,整个融资网络崩溃。

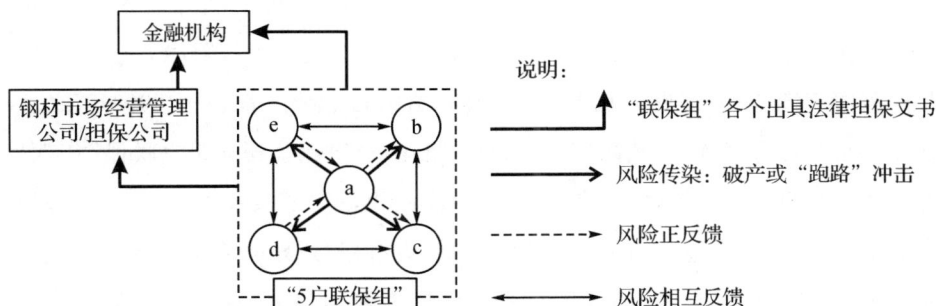

阶段 1:风险依赖机制

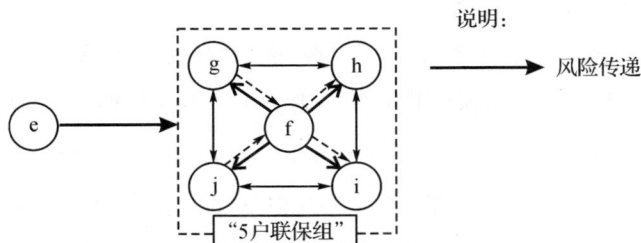

阶段 2:风险传递机制

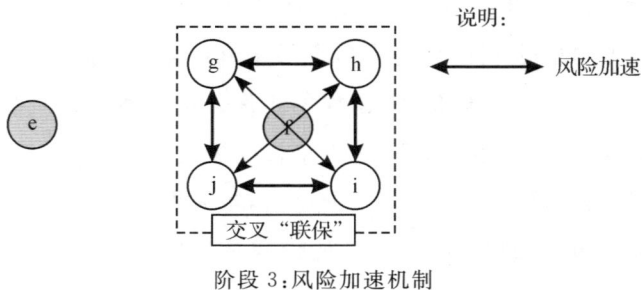

阶段3:风险加速机制

图 7-6　个体风险向系统性风险的演进

以上三个阶段说明了个体风险在风险依赖、风险传递和风险加速三种社会网络机制作用下演进为系统性风险的路径。当然现实中市场实践会呈现出更多复杂性和不可预测性,但这个简单的"5户联保风险传染模型"能够解释一个"融资结网"中"个体风险是如何升级为系统性风险"的网络机制。

据访谈得知,2003—2008年,部分钢贸公司已介入担保性融资,但甄别管理体系、银行风控管理较为严格,尤其是放贷规模控制下,即使偶有企业经营不善导致偿贷风险,市场经营者、担保公司和联保企业为使其继续经营,或是在周宁人看来,保有信贷信誉更为重要,基本没有给银行造成坏账。但2009年之后,银行系统内周宁钢贸圈的"高信誉",以及"市场+担保公司+5户联保"贷款模式一直以来的风险可控性,使得周宁钢贸商的银信融资变得简单。此时,因基础设施建设加速、房地产市场急速发展,"手头有贷款资金"的钢贸商为抢占生意,"垫资"经营成了常态,但钢贸商到手的资金成本攀高、钢贸利润降低,甚或出现"一有钢材现货就亏损"的现象,由此钢贸商套取银行资金大量流入固定资产的投资,以及钢材交易市场、担保公司的不断再生产中。

资信资料表明,2011年11月2日,YF市场通过JB担保公司和市场担保从福建福州民生银行MJ支行授信10家企业[1]融资还款到期,其中SH公司出现无法偿贷现象。迫于市场、担保公司和银行压力,并考虑续贷可能性,市场股东与联保商户协商,按照钢材市场、其他4个联保商户按相同比例承担出险敞口资金。但到了2012年3月,联保组中的RN公司和另一联保组中JK、HT公司

---

[1]　2个联保组,每组5家公司,每家额度500万元。

陆续出现无力偿贷情况。据调查,RN 公司一直以来经营状况良好,但在上海RZ 担保公司与另外 4 家公司联保做了一个 1000 万元的企业公贷,因该联保组中有一家公司无力偿贷,需承担一定的联保责任,故在 YF 市场还贷之前已经为其他联保组偿贷了一笔资金。JK 公司情况类似,而 HT 公司是因为从银行获得资金后在深圳与朋友合购了一层商场,而商场抵押贷款因各种原因未能按计划时间发放,导致企业资金链断裂,无力还贷 YF 市场的银行融资资金。类似情况在后期钢贸市场随处可见。此时,风险传染加速爆发并弥漫到整个钢贸市场,同时银行开始对整个周宁人经营的钢材市场、担保公司和钢贸商实行高度风险警示,并采取惜贷、停贷、抽贷策略,加速了整个周宁钢贸圈的风险传染。2012 年下半年始,联保机制已经丧失法律效用,经多方协商,银行开始认同只要企业自己能偿还融资资金,就不再追究其联保责任。但在此之前,周宁钢贸商在担保公司和钢贸市场还贷压力下,以及考量自己的资信问题,在"尽量"还贷与承担联保责任上基本"耗尽"了现金资金流。当然,其间也出现一些企业恶意"跑路"不还贷的现象。至此,周宁钢贸商全面陷入"融资网络崩溃"阶段,形成了周宁区域/钢贸行业的系统性风险。

2. 社会网络负面效应

社会网络从概念提出到运用,在布迪厄、科尔曼和普特南的作品中都被强调其作为社会资本的积极效应。但也有一些学者开始质疑社会资本的积极作用,具有代表性的观点有:汉森(Hansen)从关系维护成本角度提出对社会资本进行过度投资或不当投资可能会造成负担。乌兹(Uzzl)认为过度嵌入会引致惰性和狭隘观念。波茨(Portes)更是将社会资本的负面效应归纳为四种表现形式:①合谋排外,社会资本在为成员提供有价值资源的同时,也用成员资格排斥了可能的外来者,甚至合谋危害公众利益;②免费搭乘造成枪打出头鸟,强调团结互助的规范架构支持,后进者向先进者谋求资助,后进者的社会资本帮助其获取资助,先进者却因免费搭乘承受社会负担,丧失积累和成功的机会;③限制个体自由和商业自主性,社会资本赖以运行的内部规范在追求团结的同时会施加个体控制,抑制有悖集体规范的行为;④向下沉沦的规范压力,某些群体团结的基础本身就是成员都身处相同的逆境或不为主流社会所认同,内部规范排斥和抑制试图摆脱这类困境的行为,使成员形成低端锁定(转引自吴宝等,2011)。

这四种社会网络负面效应的表现形式在钢贸市场案例中都得到了体现。

从文献梳理看,吴宝(2012)对浙江案例的实证分析具有代表性。他提出了一个"社会资本→融资风险网络结构→传染效应"的理论模型,并提出以下相关假设:

①企业家个体/企业集体社会资本越高,融资风险网络的平均中心度也越高,网络破碎程度随之下降,遏制大规模风险传染的能力越低;②企业家个体/企业集体社会资本越高,融资风险网络的凝聚系数越高,越容易加剧派系内的风险传染(吴宝,2012)。可见,吴宝把企业行为者分为"企业家个体"和"企业集体",从融资网络的"中心度""凝聚系数"等网络数据分析了融资结网的风险传染机制,并从浙江案例实证研究出发,阐明了社会资本的负面效应。

但吴的研究样本是浙江的上市公司,本书所调查的对象是在一个高度密集运用社会关系进行"老乡网络"(蚁穴聚居式)构建的"钢材交易专业市场"和后期演变成"融资平台"的民营企业融资结网结构,而且市场内外形成了一个"威权结构"特征明显的"市场权力系统",其所凸显的"领导型企业结盟"关系,是区别于"均质平等企业主体"社会网络分析的重要特征,主要体现在:①钢材市场股东或担保公司借用客户公司的"壳"进行再次融资所体现出来的一种"利益合谋"基础上的权力运作是社会网络分析无法体现的;②市场内钢材经营大户可为一些散户进行融资担保,除了一些基于社会关系建立起来的感情因素之外,主要考虑形成钢材经销结盟以创造客户群和为平常资金借贷往来带来方便;③成为"融资平台"的市场及其股东或担保公司与商户"合谋"套取银行资金在另一些项目上进行再投资,即把"银信融资"转化为"民间借贷"或"股权投资",市场股东或担保公司能获得更多的银信资金去经营他们认为比经营钢材市场或担保公司更有经济效益的项目,而被"捆绑"的与其合谋融资的商户主要获得项目经营的股权分红、民间利息与银行利息的差价收益等,这些地方性市场实践方式都无法在社会网络分析视角中得到体现。

以上是钢材交易市场融资结网模式体现出的与其他经济领域不一样的特质。从社会网络分析的网络风险传染机制出发,为本书提供了一个分析思路,但显然钢材交易市场特有的商业市场实践模式,即介入"权力"与"强社会关系"运作的社会变量之后,它所体现出来的融资网络特征显然比理论模型更加复杂。

总之，从关系结构视角出发，钢贸市场在"老乡网络"与"组织网络"相互叠合中形成了一种特有的商业模式——"领导型企业结盟"。这种商业模式是在中国急剧发展的专业市场、国家城乡建设高速发展、中国传统文化强社会关系运作以及经济社会急速变迁中形成的一种特有的市场实践方式。社会网络在中国经济社会领域中的极致发挥，容易产生一种同质行业"蜂拥而上"的经济社会现象，这种现象在国家经济上行时，容易形成投机性的商业行为与氛围；但一旦国家经济下行，就容易爆发区域或是行业的系统性风险，尤其在介入融资结网时，其错综复杂的联保机制加剧了系统性风险的产生与爆发。

三、钢贸市场制度结构

将市场理解为一种制度结构，得益于对"制度"本身的历时性考察。制度是行为或社会组织的一种规则或方式，是指人们在社会活动行为中所共同遵守的行事规程或行为准则，为适当性行为施加了认知和规范限制。正如 Victor Nee 所认为的，"制度被定义为一个相互关联的非正式与正式因素的传统，这些因素包含习惯、共享信仰、传统、规范和支配行动者在其中追求和决定合法利益的社会关系的规则。根据这个观点，制度是通过促进与组织行动者的利益和实施主要代理关系从而为集体行动提供渠道的社会结构"（转引自斯梅尔瑟等，2009）。因而，市场作为一种组织方式，其存在是正式制度与非正式制度的一种"共识知识的契约形式"，是一种社会的组织模式，是一种"建构的游戏规则"和"虚拟秩序"中的制度结构存在。

中国钢贸市场的发展是在国家经济制度由计划经济向市场经济迈进时，一个由国家统一的国有物资部门向民营企业经营转变的过程，是一个被国家政策不断调控过程，一个市场交易制度的建构过程。钢贸市场是在中国消费品交易市场成立之后向工业、金属等领域延伸而产生的一种市场交易模式。中国钢贸市场能够建立的条件，如刘拥军所概括认为的，首先是钢材成为流通的商品；其次是钢贸市场作为独立的企业而存在，该企业通过为进场商户提供实现钢材交易所必需的各种服务来获取收益；最后是有相当数量且从事钢材流通的经销商进驻钢贸市场（刘拥军，2009）。以上三个条件恰好体现了中国钢材交易市场制度的变迁。但需指出的是,后期钢贸市场在争夺商户时,需提供融资担保配套服务,只有满足该条件,钢贸商户才有可能进驻。这种转向是因为市场开发商和商户以银行融资为主要目的,而不是把当地是否有钢材刚性需求作为进入当地钢贸市场的主要考量。

考察中国钢材交易市场演变过程,主要包括以下六个阶段。

第一阶段,中央和物资部门针对钢企生产计划外的自销钢材部分和物资部门剩余的钢材资源先行设立的不以营利为目的的交易市场,如最早建立的上海生产资料交易市场以及中国 20 世纪 80 年代各地成立的钢材交易市场。

第二阶段,20 世纪 90 年代,在中国社会主义市场经济深化改革中,国家对经营钢材市场的主体资格不再做强制要求,同时社会用钢量急剧增加,加上原有物资部门经营管理效率低下,民营企业开办的钢材交易市场开始出现并不断得到扩大与增多。

第三阶段,进入 2000 年之后,在国有物资部门和钢企全面改制中,原有物资部门的钢材交易市场不断被民营化,钢材交易市场出现了多种经济成分并存的状态,但从市场数量看,民营钢贸市场已占据主导地位。此时,因钢材贸易是资金密集型行业,钢材交易市场开始引进金融担保服务功能,并开始成立担保公司为进场商户提供融资服务。

第四阶段,2009—2010 年上半年,在世界性经济危机背景下,钢铁行业出现产能过剩。但在国家提出振兴钢铁行业与经济刺激政策施行下,较为成熟与模式化的钢材交易市场融资模式开始全面进入所谓"资本运作市场"时代。此时,中国的钢材交易市场反向出现整体表面繁荣景象。

第五阶段,2010 年下半年开始,国家施行产业政策调控,尤其是房地产调控,使得建筑钢材用量急剧缩减;经济危机延续深化,外贸受到挑战,作为工业之粮的钢材用量受到严重影响。在钢贸"垫资"模式、钢价急剧下跌、银信出险以及坊间信任危机等因素的叠加影响下,钢材交易市场尤其是民营钢贸市场遭遇全面危机。

第六阶段,2014 年至今,"钢贸危机"爆发与全面转型升级并存。

调查发现,钢材交易市场的建构主要与下面几个制度因素高度相关。

第一,钢贸市场是国家经济体制由计划经济迈向市场经济的产物。其中产权制度的转换、国家政策的施行、法律法规的制定都起着关键作用。

第二,钢贸市场自身运作模式和特点也有重要影响,如市场股东与融资服务担保公司股东存在人员构成基本一致的企业制度,即存在"自己为自己担保"的无意义担保怪圈。这种模式在经济上行时,在市场积极套取银行资金下会出现虚假繁荣景象;在经济下行时,则会助推行业爆发系统性风险。

第三,市场经营主体离不开银行等金融部门支持,信贷控制是经济和社会权力的基础,金融信贷结构决定了不同经济体的发展速度和产业结构。

第四,全球市场的挑战。我国是一个钢铁需求量强劲的国家,而铁矿石基本进口自世界三大铁矿。我国在国际铁矿石谈判中一直处在弱势地位,给中国钢企生产和钢材贸易带来很大的不确定性。钢企销售环节的代理机制(区域代理机制与保证金机制)因此出现,这给钢材经销商造成资金压力,同时钢材价格也处在极大的不稳定之中。

(一)制度同构力量

如前所述,钢贸市场演进可划分为六个不同阶段,其中,第一阶段的钢贸市场是在指令性计划安排下创办的国有钢贸市场。在市场化进程中,国有钢贸市场逐渐被民营化,且形成一个同一的"前店后库"模式。21世纪初,这种模式引入融资担保服务功能之后,又形成了一个"资本运作市场"模式。问题是:"什么原因促使钢材交易市场形成不同阶段的同一模式?"或者说,"形成中的钢材交易市场模式为何总是不断被复制? 而市场行动者为何没有考虑其模仿复制方向的正确性?"

不同时期钢材交易市场的同质复制性(同构性),它提示的是:钢贸市场组织不仅反映经济社会管理技术的要求以及资源依赖,同时还受到更广泛的经济环境尤其是市场文化因素的影响,这些因素包括对已存在钢贸市场模式的模仿、市场组织合法化的知识、专家意见、地方法律规范以及钢贸商的普遍认同等。如鲍威尔和迪马吉奥所言,"组织乃是深深地嵌植于社会与政治环境之中的,组织的结构和实践(practices)通常是反映了或因应于那些在比组织更大的社会中存在的规则、信念和惯例"(鲍威尔等,2008)。

调查表明,由周宁人经营的钢材交易市场,甚或全国钢贸市场几乎都按照"逸仙市场"模式创办。逸仙钢材交易市场在成立之后的几年间得到了长足发展。资料显示,2006 年,进场企业 856 家,钢材年成交量 520 万吨,年交易额达到 351 亿元,位居全国黑色金属现货交易市场之首。2008 年 9 月,经国家市场监督管理总局正式批准更名为"第一钢市市场股份有限公司",名下拥有 8 家全资控股公司和 1 家控股公司。到 2009 年,市场年交易量达 1270 万吨,年交易额达到 529 亿元。其股份公司建设的上海钢铁交易大厦,投资近 20 亿元,2010 年 12 月竣工投入使用。其间,逸仙钢材交易市场先后获得了上海市杨浦区商务委批准的"上海国际钢铁贸易园区"(2009 年 8 月)和科技部批准的"上海国家现代服务业钢铁物流产业化基地"(2010 年 1 月)等称号。

截至 2010 年,在"逸仙模式"引领下,周宁钢贸商在上海创办钢材交易市场达 40 多个。其中,包括 2005 年建成的华东地区土地占用面积最大和进场商户最多的上海松江钢材城,占地 960 亩(630 亩为自有产权),进场企业近 2000 家,常驻经商务工人员达 2 万余人。钢贸行业曾流传过一句话:"世界钢材看中国,中国钢材看上海,上海钢材看周宁。"从 1996 年到 2010 年,在不到 15 年的时间里,周宁人基本掌控了以钢材交易市场为依托和载体的上海钢材贸易。

2003 年之前,市场内有企业零星进行钢材质押融资,仅限于市场中有较大库存量的企业,且以单个企业获得银行贷款支持为主。2003 年之后,因国家政策支持民营企业成立担保公司,钢贸市场开始成立担保公司为进场企业提供融资担保服务。截至 2010 年,据不完全统计,上海一共成立了 300 家左右的各类担保公司,其中正常经营的有 150 家左右,而周宁钢贸商就占了 80 家左右。到 2011 年 10 月,据上海金融办和银监局的统计,周宁籍钢贸商银行融资额达 1510 亿元,包括银行承兑汇票融资。据初步统计,截至 2010 年,周宁籍钢贸商在全国融资近 4000 亿元左右。因此,我们把后期钢材交易市场称为"资本运作的市场"——融资平台。

(二)作为融资平台的钢贸市场的特点

作为融资平台的钢贸市场有下面三个特点。

第一,钢材市场经营管理公司成为市场开发者和进场企业的"融资平台",同时市场主体利益相关者获得了各自需要的经济利益。

第二,担保公司的介入,使得钢材交易市场中实力较弱的企业也能获得银行贷款资金。

第三,全面介入融资担保服务的钢材交易市场,成为一个"融资平台",其所套取的银行贷款资金,一部分进行市场再生产,另一部分则投向非钢贸行业,如购置土地、房地产和高消费等。

这些特点加速了钢贸市场的演化与转型。

综上所述,钢贸市场变迁力量主要来源于宏观的经济社会制度政策变化、中观的市场组织型构关系演进,以及微观的市场主体经商禀性演变等诸种因素的共同影响。

四、钢贸市场层展结构分析

(一)钢贸市场的三层结构

上述从钢贸市场实践结构、钢贸市场关系结构与钢贸市场制度结构三个结构层级进行了分类描述与市场社会学理论分析,其特点主要体现为以下三点。

1.周宁钢贸商由营商实践结构所铸模

周宁钢贸商实践结构受多方面因素的塑造,如县域传统铸造、铸锅行业的传续与转化影响、外出务工与营商历史文化熏陶、外出经济能人创富示范、生活困难逼迫、山县社会宗族强关系作用、外出务工经商社会关系网络利用与带动、国家市场经济制度完善与推进,以及城镇化建设与工业化用钢量需求大增等,以上诸种要素铸模了周宁人的心理、意识与行为结构。这种实践结构得益于市场经济制度与经济政策的引导,并在交互过程中不断地得到强化。这个实践结构犹如布迪厄意义上的"习性",即主体由其铸模并按照"实践感"方式进行行动与决策;也如吉登斯意义上的行动主体受"二重结构化"的影响而行动;同时也是复杂性科学研究认为的主体具有能动适应性,即主体能够在与环境和其他主体相互作用的交互过程中,不断地通过学习与经验积累,即通过实践行动,获得"你中有我,我中有你"的实践知识。在"社会结构"分层分析中,本书假定这个由实践主体交互作用的层级,是经济社会形成的底层架构,犹如量子场论中的"粒子"一般。在市场系统中,我们也假定,市场主体"人"是整个市场系统分析中的最基础单位,如研究人的需求、人的消费心理、人的生产能力等,而无须从生物学意义上的人的"器官"层面去分析市场的构成因素。由人组成的相互作用的那个载体就是人的"身体"。这个身体承载着实践结构。通过异质性市场主体之间的"交互作用"，市场商人就具有了一个个其所独有的"实践结构"。

2.钢贸市场形成地方性"领导型企业联盟"权力系统与强社会关系网络的中国式市场关系结构实践模式

由市场主体实践结构层次组成的钢贸市场，具有一种特有的主体"连接"模式或方式，这种"连接"模式，本书称为"市场关系结构"。在案例中，本书主要考察了两个维度：一是纵向上的"上下市场主体关系"。这个划分，基于承认市场主体因占有资源不同——如拥有经济资本（财富指标）、社会地位、人力资本、象征资本，甚至符号资本（按照布迪厄的划分较为全面）等，在连接模式方面就具有一种不同的"权力"——影响他人做事情的能力，于是"上下层级"必然出现。按照管理学理解，人类社会必然有其层级关系，或是促进生产效率的提高，或是推动社会组织有序运行等。钢贸市场有其"地方植根性"，同时又具有一种由乡缘、血缘、亲缘等社会关系组成的社会性。根据这一认知，本书将这种上下关系层级结构称为"领导型企业联盟"。二是横向上的"复杂社会网络关系"。这个划分，基于市场内市场主体之间具有强社会关系的认知。市场内部，按照企业或个人所拥有的社会关系，组成了一个错综复杂的社会关系网络。这个社会关系网络，按照社会网络分析（SNA）理解，具有小世界网络和无标度复杂网络特点。由此，在"市场关系结构"部分，笔者将钢贸市场分为融资前与融资后，以"银行融资"制度设计作为一个类似控制参量的变量，进行了一个"威权结构、融资结网和市场风险"的模型及其风险传染机制推导。总之，在"市场关系结构"部分，根据市场实践主体构成的连接模式，本书组建了一个"层级"，这个层级由市场主体的交互作用而涌现出来。

3.钢贸市场制度演变得益于国家制度、政策的推动，同时表明其制度的"适应性"与"同构力量"在市场制度模式中的强作用

在"市场制度结构"中，本书主要考察了三个方面：第一，把钢贸市场本身作为一种制度理解，这得益于制度经济学的观点——在国家经济政策不断调整过程中，呈现出不同阶段的钢贸市场发展状态或模式。第二，钢贸市场的演化，其实是市场主体在理解与消化国家制度、政策过程中，市场主体的"适应性"特性造就了市场的复杂性，市场是一种复杂性科学研究意义上的"自组

织"。这种理解，是把市场外部制度与政策等看作一种"负熵"（耗散结构），通过"流"——物质、能量与信息等方式与市场内部市场主体产生相互作用，前提是钢贸市场是一个"开放经济系统"——这个显然是事实，市场内外时刻都在进行物质、能量与信息等的互通。这里，理论界存在争议：一方认为，国家制度与政策等是一种外生力量，有学者称之为"他组织"力量，包括政府、系统外主体等。另一方则认为，制度与政策也是自组织中的一种元素或组分，因为这种组分是市场主体在相互作用实践过程中产生的适应该组织的一种选择，有点像哈耶克声称的"自发秩序"，但又不尽相同。后者即为"自组织"理论，也叫复杂适应系统理论（CAS），认为制度或政策是市场在演化、进化过程中，为适应市场发展，国家出台一系列制度与政策，目的是促进市场这种自组织的发展，本书更倾向于这种理解方式。第三，考察"市场同构性"组织文化的力量。在宏观层级上，其组分主要是由一些观念、思想、意识形态等构成的，包括文化因素。同时也表明在制度结构层级上，市场主体的"交互方式与内容"也是一种文化。文化内涵很大，本书主要按照新制度主义理解方式，认为"组织趋同性或同构性"是组织文化影响下的产物，这种影响主要通过"模仿"实现，"模仿"的目的在于降低怕失败的心理预期，"模仿"的动力来自组织同构文化的牵引。

（二）钢贸市场层展结构机制

市场社会结构被刻画为市场实践结构、市场关系结构与市场制度结构。这种刻画方式也是本书按照量子理论"重整化群"的方式给予刻画出来的。按照量子理论的"层展结构"原理与机制，结构层级之间通过"耦合"与"脱耦"的辩证统一机制发生相互作用。

第一，市场实践结构、市场关系结构与市场制度结构有其自身层级的"鲁棒性"，即健壮稳定性的"脱耦"性机制特点。

第二，市场实践结构、市场关系结构与市场制度结构之间又存在"耦合"机制，即具有"同根性耦合关系""中介环节耦合关系"和"微扰涨落耦合关系"。

具体而言，在"市场实践结构"层级上，由于市场主体之间交互作用产生的能量小，即在宏观制度结构与中观关系结构中产生的制度力量与关系型构力量超过微观市场主体的实践力量，这时它不能改变来自这两个层级的力量，显示出一定的脱耦性。也就是说上一层级时空尺度所发生的现象，下一层级是无法改变的。例如，2008年的世界经济危机、外贸阻塞、房地产行业的结构性调整，以及关系结构层级模式的相对稳定性等，这些因素，对位于实践结构层级的市场主体而言都是无法"分辨"与"改变"的。也就是说，它具有路径依赖性和资产专用性，即使想改变也无能为力。由此，本书认为市场实践结构具有鲁棒性。在"市场关系结构"层级上，也存在类似的鲁棒性，即相对而言，上一层级的市场制度结构的能级比它强大，所以它也具有鲁棒性。市场制度结构，相对更大层级的整个社会经济系统而言，它又是低一级的层级存在，也就说，人类经济社会处在"层层嵌套"的关系圈层里，每个层级都具有本层级的鲁棒性。在这个意义上而言，每个层级是"脱耦"存在的。调查显示，在钢贸危机中，最终以大多数钢贸商离场收尾。这个也如之前所分析的，"行动与结构"是一种互构互纳关系，但以一种"个人性的社会秩序"形式存在，即行动与结构相互建构，但来自结构的力量显然要比实践主体的行动力量强。由此，本书认为，每个结构层级具有鲁棒性，即某一时空尺度上的相互作用系统状态，不会因其相邻能级时空尺度上相互作用的涨落而改变。实践主体的相互作用在不同结构层级中同时出现，同时以相互匹配而又相对独立的强度运行着。

另外，实践结构、关系结构与制度结构之间又存在耦合关系。这种耦合关系有三种表现：第一种是"同根性耦合关系"，即各个层级中的相互作用是同一相互作用在不同时空尺度上的表现，因此它们彼此同根。各个层级中的相互作用现象具有深刻的内在关联性。在市场社会结构层级中，都是市场实践主体间相互作用在不同层级上的表现，因此它们是彼此同根的。即市场关系结构、市场制度结构这两个层级也是由市场主体在实践中产生的，具有同根性，彼此之间具有深刻的内在关联性。第二种是"微扰涨落耦合关系"，即各个大尺度的运动过程由小一层级的尺度单位所构成，小尺度单位内部发生的各种现象是大尺度运动过程所不能觉察的。但是，小尺度单位内部不断地进行着各种自由随机运动与相互作用运动之间的矛盾，虽然不能在大尺度层级上表现出来，但会影响其他小尺度单位，形成相对于这个大尺度层级的"微扰"。下一层级的微扰能够影响到的范围被称为"关联长度"。"一旦达到某种条件（临界条件），某些微扰能够最充分地吸收能量而产生正反馈式的扩张过程，这时'关联长度'将迅速变大,于是来自下一层级之间的相互作用的'微扰'将迅速地通过这一层级的宏观尺度表达出来。于是就实现了从下一层级向上一层级的表达,这是两个层级之间的重要'耦合'机制。"(鲁品越,2011)这种耦合机制,在钢贸市场中表现得尤为明显,虽然关系结构与制度结构层级上不能观察实践结构层级上的相互作用,但实践结构之间的微扰却能对其产生"涨落"作用。调查表明,钢贸市场爆发危机的"导火线"是无锡的"一洲事件"——市场老板因担保网无力偿还银行欠款和民间借贷而"跑路",这个实践结构层级上的"干扰"刚好处在整个钢贸市场危机爆发的临界点上,其"微扰"对整个周宁籍钢贸市场是一个促发机制,即起到"奇异吸引子"突变作用。当然这在之前,整个钢贸市场内部已经存在规模不大、零星散户银行出险问题。第三种是"中介环节耦合关系",即微观小尺度范围的事件,通过一系列中介环节影响上一层级大尺度的变化过程。在钢贸市场形成与进入"融资结网"的"融资平台"时期,各个钢贸市场内部,也经常出现"微小尺度范围"的担保事件,整个钢贸危机的爆发,是由这些市场内外部市场主体"小尺度范围内"的实践交互作用促发的,钢贸危机得以涌现和突变。其中,具体"微小尺度范围"事件不胜枚举。

第四节　钢贸市场复杂系统的演进机制

一、模型:钢贸市场社会结构复杂市场系统演进模型

本书按照市场涌现生成、复杂适应系统、遗传进化、自组织临界性以及复杂社会网络这五个主要理论与方法,对钢贸市场进行了基于演进机制的分析。

因此,本书构建了一个钢贸市场社会结构复杂市场系统演进模型,如图7-7所示。

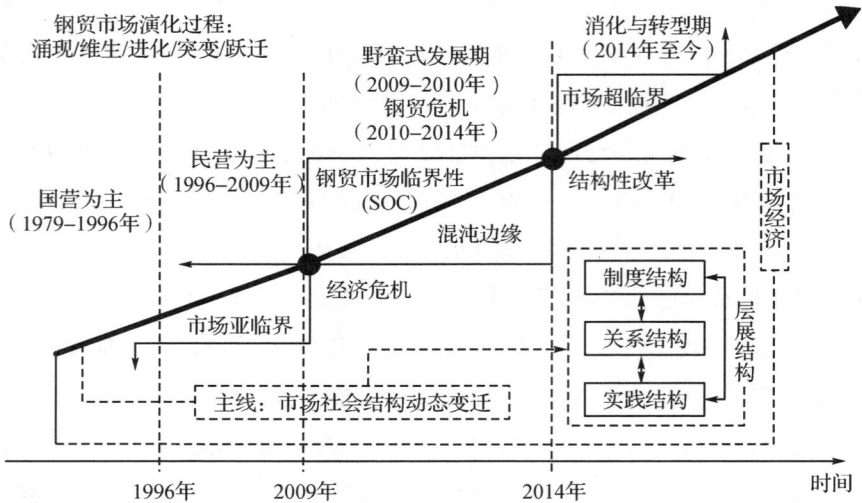

图 7-7　钢贸市场社会结构复杂市场系统演进模型

调查对象为周宁人创建的钢贸市场。从学理上而言，它可被定义为一种"商贸企业集群"或"专业市场企业集群"，具有经济学研究意义上的"集群效应""规模效应""知识溢出效应"等。同时，也是社会学关注的一种"社会关系型"存在，且具有"地方植根性"特点。相关文献研究较多，本书主要把钢贸市场作为一个复杂性研究意义上的"市场系统"看待。

作为复杂适应系统的钢贸市场可表述为由周宁籍经商务工人员与政府、厂商、消费者等市场生成主体之间交互作用产生的复杂系统，钢贸市场整体涌现性质由适应性钢贸商主体通过市场内外部形成层展社会结构的"耦合"与"脱耦"作用机制而生成。钢贸市场经济系统具有非线性、自组织、内在非平衡态和宏观超平衡态等特征。

二、市场涌现生成

钢贸市场复杂系统涌现性生成体现在以下四方面。

第一，从市场社会结构分层涌现出一种钢贸模式，如"前店后库式""结网融资平台""领导型企业结盟"等经营模式，具有市场整体序或宏观序（动态社会结构）特点。

第二，从简单钢贸市场交易行为中生成复杂经济现象的新颖性，如表现出一个地方的区域经济特色、输入性地区的经济结构性改变以及形成一种"地方性劳动力转移"的特色经济发展方式等。

第三，非迭代模拟的不可推导性和不可预测性。市场复杂系统的涌现具有不可预测性，不能从微观层次的组成及其行为规则来演绎推导经济系统的宏观结构或性质。从钢贸市场的历时性演变来看，市场主体无法从自身的实践结构去推导整个钢贸市场发展的阶段性特点——如若可能，在 2008 年之后的经济刺激政策下，市场主体基于"完全理性"，都无意也不敢做出大范围融资与工程垫资的商业行为决策。但同时，也认为钢贸市场整体经济涌现的这种不可推导性是市场行动者微观层次大量非线性因果相互作用和语境相关性的复杂结果。也正是微观层次市场行动者的这种非线性因果相互作用的聚集和迭代，导致并展示出宏观经济层面上钢贸市场涌现现象与后期爆发的钢贸危机，即市场突变为"雪崩"现象。

第四，市场结构层级之间的不可还原性。首先，作为一种制度结构或制度安排的钢贸市场，其发展遵循"中国市场经济改革的大方向"，具有宏观层次独特的规律与特征，对低层次的关系结构与实践结构具有一种"下向因果效应"——处于低层级的所有过程受到高层次规律的约束，并遵照这些规律行事。其次，经济宏观层次具有理论解释的自主性，即低层次市场交换的规律不能完全解释和替代宏观经济层次的规律。如即使出现钢贸危机，整个行业仍然会按照经济发展需要继续前行与发展（转型之痛是存在的），其中宏观层面的技术与技术集合创新是关键。

按照复杂性系统观点，钢贸市场是适应性生成的市场主体通过"耦合与脱耦层展结构"方式进行相互作用，在"自组织"动力机制下，通过内在实践逻辑的"受限生成"方法，采取适应宏观经济环境策略的学习适应过程中形成的。这里，适应性市场主体，强调市场参与者的主动实践性，他本身具有自己的目标、内部实践结构和生存适应能力。耦合与脱耦指的是钢贸市场组分和层级之间存在"相互作用"关系，经过各组分与层级之间的正反馈机制形成非线性的耦合与脱耦辩证统一的方式而涌现出的一种经济模式。

市场自组织系统无需外界特定指令即能自行组织、自行创生、自行演化，自主地从无序走向有序，形成有结构的系统。"受限生成"指的是市场生成的市场主体之间并非随意、随机地组合排列,而是受到一些规则限制,这些规则包含市场交换的心理动机(经济因素和非经济因素的)、公平交易、砍价还价、产权、政策授权、制度规制、法律及风俗习惯等。钢贸商的"受限生成"在"钢贸商实践结构"部分有过详述,即受到多种复杂性因素限制而生成其内在"去进行钢材贸易"的"实践结构"。同时,钢贸市场是一个开放的经济系统,能够与外部环境(包括政治、经济、文化及国内外宏观环境)进行物质、能量、信息的交换。钢贸市场整体涌现性不仅是系统内部社会结构层级与市场组分(市场构成要素)之间相互作用的结果,也是环境塑造的系统结果。外部环境对经济市场系统的塑造包括组分之间资源分配、压力分担与信用分派等具体交互方式。

三、市场维生适应

钢贸市场维生能力指的是钢贸市场组织系统具有维持自身基本结构、特性和行为模式的能力,以及适应外部环境的能力。借助霍兰的复杂适应系统理论可刻画钢贸市场维生能力以及进行人工智能计算机模拟仿真。主要通过一组规则(因果规则)、两个基本概念(主体、适应性)、三套运作机制(标识、内部模型、积木构件)和四个通用特性(聚集性、非线性、流、多样性)来刻画市场回声模型及其维生适应机制。其逻辑与分析工具运用于钢贸市场,可做如下表述。

(一)市场主体受控于一组因果规则

满足因果性"刺激-反应规则",即根据钢材价格上下涨落而做出买卖决策。

(二)钢贸商主体有聚集性、非线性、流与多样性等特性

第一,钢贸商为满足需要与追求效用,通过交换行为与社会网络关系聚集(联系)在一起,钢贸市场得以形成。按照霍兰的复杂适应系统理论,市场主体通过"黏着"机制形成"介主体"——高一级的多异质市场主体聚集体。这些市场主体能够进行再聚集,形成"介介主体",此过程重复多次后,就得到了各类市场与市场分层组织的复杂市场系统。

第二,钢贸市场主体交互的非线性。钢贸商之间的非线性交互市场行为是钢贸市场涌现现象的内在根源,是内因。这种非线性交互导致钢贸市场具有时间轨迹的动态演变性。具体分析与研究时,可运用奇异吸引子及其分维、李雅

普诺夫指数、系统层次分析等按照微观与宏观、随机性与确定性相统一原则开展。市场主体间的非线性是主体间各种正负反馈形成的环路,以交叉、缠绕形式形成了一个复杂钢贸市场网络。

第三,以"流"的方式,实现资源的市场流动。"流"是构成市场复杂网络节点之间的物质、能量、信息等资源流动。这个"流"可被描述为一组由节点、边、资源构成的三元组网络。"流"是否畅通,直接影响整个市场系统的效率。钢贸商"老乡网络"中的"流"是快速且高效的,钢贸商不断在各个钢贸市场间转场流动即是证明。"流"在钢贸市场中有两个特性:一是乘数效应,能够放大有益标识,使得钢贸市场股东、大户等在不同地方创建钢贸市场;二是网络中的再循环效应,通过市场循环与再循环,相同资源输入,在每个市场节点上就会产生更多资源。后期钢贸商从银行融资的资金,通过在不同市场间的再循环不断放大了融资规模。"流"的这两个作用使得钢贸市场在短期内不断被复制与再生产。

第四,钢贸商的多样性。进入钢贸市场的钢贸商因其掌握资源不同而处于不同市场"生态位"中。"市场生态位"表明,掌握不同资源的营商者分布在市场组织分层或网络不同节点上,形成一个相互协调与适应的经济分工功能体系。市场主体因适应能力差异,被淘汰主体所在的"生态位"会被新进入的更能适应市场的主体所填充和占据,并发生能提供更多被淘汰主体的相互作用,蔓延并开辟新的生态位,产生更多可以被其他主体通过调整而加以利用的新相互作用的机会,这样营商者多样性就产生了。多样性是市场存续的常态,是分工体系的表现——分工造就经济运行效率。对于市场自组织,犹如"驻波"现象,多样性是一种动态模式,具有持存性和协调性。

(三)钢贸市场运作维生机制:标识、内部模型与积木构件(层展结构)

第一,标识作用于钢贸市场形成过程,使其聚集并生成边界。钢贸企业或个人通过标识作用能够选择性地进行相互强化,为其筛选、特化和合作提供合理基础。在选择多样性的诸多钢贸市场中,市场经营者的强标识起着重要的集聚作用,在这些标识中,市场经营者的经济实力、市场规模、获得的银行授信额度、配套担保公司偿贷实力、市场物流条件以及市场内部管理服务水平等都是标识的体现,也是形成不同市场边界的要件。在市场个体层面,钢贸商成为钢贸市场股东,钢贸市场成为"融资平台"或拥有三五十个股东,即为营商者强标识的体现。布迪厄意义上的"符号资本""象征资本",如购买豪车、购置办公场所等,也是一种"标识"。如霍兰(2019)认为标识是隐含在复杂适应系统理论中具有共性的层次机构(主体/介主体/介介主体/……)背后的机制。

第二,钢贸商实践结构主体中含有一种被复杂适应系统理论称之为内部模型的预知心理机制,以帮助市场主体把握不确定的未来,即在市场信息被筛选、甄别、剔除之后所构建的一种心理机制。市场经济系统中,市场主体内部模型既是隐式的又是显式的。隐式的市场主体内部模型需要解决如何判定"当前经济形势"的问题;而显式的市场主体内部模型需要解决的是对经济社会发展"趋势"进行前瞻性判定的问题。同时,我们也强调,创新源头在于营商者对市场前瞻性的判定,但"前瞻性"是否正确,要受到高一层级市场结构的制约。因为按照"层展结构"模型可知,高一层级结构是涌现结果,同时也具有"脱耦"性特征。正如经济学家无法预知 2008 年会发生世界性经济危机,钢贸商也无法预知会发生钢贸危机。因此,市场实践主体内部模型是决定其能否适应市场变化求得生存或创新突破的重要心理机制。

第三,钢贸市场社会结构层级之间的相互作用机制是层展结构。复杂适应系统理论用构件(积木块)的语言来表达市场的复杂性程度不仅在于构件的多少与大小,更在于原有构件的重新组合方式。运用复杂适应系统理论,构件就是构建市场最基本的模块或模式,以及搭建的组合规则。我们在把钢贸市场的社会结构分解为市场制度结构、市场关系结构与市场实践结构的学理处理上,可应用积木分析法,认为上一层级构件可还原为下一级构件的相互作用和组合,这样就会发现其中影响市场走向或趋势的内部规律——具有"耦合"与"脱耦"机制。这种研究方法通过计算机中的"模块化"以及"面向对象的方法"得以应用。

(四)异质性钢贸主体与钢贸市场回声模型

第一,钢贸商具有自主性、刺激—反应性、历史连续性、移动性,以及适应、学习和进化的能力,即具有异质性主体特征。它由三部分组成:一是执行系统——市场主体在某个固定时点上的能力;二是信用分派——奖赏机制;三是规则发现——适应性行为。

第二,钢贸市场回声模型的构建,可在人工智能计算机 Swarm 平台上进行仿真模拟。这个仿真模拟主要用来解释"层展结构"中的"耦合"与"脱耦"机制。在钢贸市场涌现性下,调查数据、参量设置极其复杂,有待后续进一步研究。

四、市场遗传进化

钢贸市场诞生阶段由混沌无序、自发构建的基本构件经过受限生成过程涌现形成。在复杂适应维生机制下,诞生后的钢贸市场系统得以稳定、存在、突变和跃迁。在整个生命周期,市场组织形式要不断向前发展,才能完善和壮大。在这个阶段里,市场这种组织形式需要学会自身不断再生产。复杂性研究认为,遗传进化理念与技术可为这一机制提供科学依据。

在市场经济系统中,遗传算法是一个"染色体市场群"通过"自然选择"市场机制转化成另一个"染色体市场群"的方法。"自然选择市场机制"通过类似遗传学中"选择""交换""突变"这三种主要操作来实现"进化"。"选择"操作主要是从市场群体中选出可以"繁殖后代"(具备市场再生产能力与条件)的市场主体;"交换"操作用于进行两两交换的市场主体的组成部分,实际上是模仿两个市场主体的再结合;"突变"操作主要是随机地改变市场主体"染色体"上某一位置的"遗传因子"数值。目的在于设计一个市场主体群的进化系统,类似自然系统自适应过程与演化机理。从钢贸市场演进过程看,适应性强的钢贸商得以继续生存、发展、壮大,适应性弱的市场主体在演进过程不断被淘汰,尤其是在"突变阶段"(钢贸危机)后。据观察,大部分周宁籍钢贸商为生存计已经转行,剩下为数不多的能够适应钢贸危机"洗劫"的,目前经营比较稳定,并得到较好发展。

第一,遗传复制是市场再生产的微观过程机制。遗传是指自然界中的生物在繁衍过程中从其父代继承特性或性状。遗传复制,能够把优良(适应性强且有创新能力)的市场主体不断地放大和扩张且传递下去。也就是说,一个市场主体被遗传、复制的可能性与其市场适应度呈正相关。钢贸商、钢贸市场的不断复制,显然符合这个遗传复制机制。

第二,市场发展的优势组合是基因交换。遗传算法给我们提供了第二种发展与创新的机制,即基因的交换机制,这个机制让来自父本与母本的不同基因进行了相互交互,优势得到互补,因此形成了杂交优势。在市场演化过程中,两个同源(占据类似/相关/等同的市场资源)市场主体通过交配重组,形成新的市场主体，从而涌现出新的市场主体、市场组织形式或市场聚集体（群体）——交叉重组。在钢贸市场中，经常见到类似企业销售联盟、钢厂订货联盟，以及市场间品牌联盟等市场组织形式。具体策略包括根据市场群体规模设置"单点交叉"和"多点交叉"等。

第三，市场创新的内在机制是基因突变。现实中，市场创新主体往往较少，市场主体趋同性较强，往往是那些具有变异创新的主体在未来占据市场群体的主导地位。可以说，突变是一个迭代过程。在钢贸危机时期，一些钢贸企业创新推出了"线下与线上"相结合的销售模式，这类公司虽然受到危机影响，但若能保证企业现金流的可持续，就能够在危机中生存下来，等待后续发展。钢贸市场组织形式在其发展过程中，其市场主体的基本组成（染色体或基因）会因各种内外部条件的变化发生一些突变，即变异创新行为，引起其结构或性状变化，最后产生新市场组织形式，如电商模式的钢贸交易市场。新市场组织形式往往就是通过这种基因突变的方式产生的。

第四，优胜劣汰是钢贸市场演化的奥秘。可用适应度函数评价钢贸市场个体适应环境的能力，由目标函数变换而成。常用适应度函数尺度变化方法主要有线性变换、幂函数变换和指数变换等几种。高于平均数值的市场模式将在下一代有较多后代，而低于平均数值的市场模式的后代数量则较少。需表明，现实市场经济系统，并不会完全按照生物学与计算机仿真模型中所设定的数值运行，尤其是平均数值的运用有待商榷。

五、市场临界突变

自组织理论是个理论群，主要由普利高津"耗散结构"、哈肯"协同学"、托姆"突变论"、曼德尔布罗特"分形学"、艾根"超循环理论"，以及"混沌（边缘）理论"等理论构成。主要特征有：远离平衡态、非线性相互作用、开放系统、正反馈机制、随机涨落（噪声）、突变、有序性以及序参量等。

如黄欣荣（2012）所概括的，"自组织临界性（SOC）是关于具有时空自由度的复杂动力学系统的时空演化特性的一个概念，它指的是一类开放的、远离平衡态的、由多个组元组成的复杂系统，不需要调节系统外部的外部参数，在外界驱动和内部组员间的相互作用下，能够通过一个漫长的自组织过程自发地演化到一个动力学临界点。在该临界点,系统展示长范围时空关联的雪崩动力学,并且雪崩的大小服从'幂次'分布。自然界和人类社会中都存在这样一种复杂的动力系统,这些系统能够自发演化到'自组织临界状态',达到这样的状态后,系统的时空动力学行为不再具有特征时空和特征空间尺度,而表现出覆盖整个系统的满足幂律分布的时空关联,它包括四种现象:突变事件的规则性、分形、$1/f$ 噪声、标度律"。

本书所构建的自组织临界性模型,对钢贸市场的发展,尤其是"钢贸危机"——临界性突变、混沌边缘性,具有强解释力。本书构建的市场社会结构复杂市场系统,也是按照自组织理论思路进行改造运用的案例研究。

钢贸市场系统的"突变",是在钢贸市场与宏观经济环境交互开放性背景下,其市场稳定控制参数发生了改变,如"融资结网""三期叠加""出口受控""市场传统模式失灵""信任危机"等,使得市场主体交互作用的内驱力刚好处在市场系统演变临界点,其交互行为被市场系统自我增强与自我扩张,即通过其正反馈机制不断放大其效应,且在"担保网"处由银信出险事件所促发,最终爆发巨大涨落的"钢贸危机"。此过程,即是促使钢贸市场系统原宏观态(亚临界)失稳而迈向一个超临界状态的质变演化。

调查表明,2008 年,钢贸市场系统已经处在高度相互兼容的临界状态——混沌(边缘)状态上,虽看上去接近不变,但在看似静态的表面下,早蕴含着"自我突变"的种子。2009 年,在经济刺激政策下,2008 年之前就已经开始"挺不住"的钢贸商,很容易就能从银行获得融资资金。钢贸市场在与经济政策的交互过程中,满足耗散结构熵定律,出现银信资金充盈而满足控制参量变化条件。但因"融资结网"传染机制、上游钢企产能过剩、下游终端客户用钢量骤减,以及不断进行市场再生产而沉淀大量资金等,使得"处在临界性混沌边缘"的钢贸市场发生了市场突变,即"钢贸危机"。从长程看,这种突变不断地从内部彻底地重构旧有钢贸市场关系与市场社会结构,不断地破旧立新。本书认为,钢贸市场一直在建构自身中向前发展。

钢贸市场或其集群可被看作一个复杂经济系统,在这个复杂系统中,市场行为主体——无论是银行、消费者、钢厂,还是投资者——都在不断地适应与调整各自的市场行为、买卖决策、定价策略和对未来的预测,以适应他们共同创造的复杂性市场情境。从宏观上看，一方面，市场自组织临界性或混沌边缘理论，能从统计学意义上判定钢贸市场所处临界状态；另一方面，它虽无法判定具体市场主体行为，但可判定，处在市场自组织临界状态或经济混沌边缘状态时，哪怕是市场个体的一个买卖行为、一个定价策略都有可能引发市场系统的突变现象，从而发生类似雪崩的经济现象。案例调查表明，钢贸市场处在自组织临界状态时，融资网中某一个担保点出现问题，如无锡"一洲事件"，其通过"中介环节的耦合机制"作用，就能触发整个钢贸市场的危机发生。

与市场均衡理论的解析不一样，复杂性市场系统观认为，市场主体间的非线性交互行为具有不确定性与非均衡性。自组织市场系统表明，按照哈肯的协同学相变理论，由于市场处在混沌经济边缘或组织临界状态，市场主体间的交互作用导致主体利益结构变化，引导市场社会结构相应地适应与调整彼此之间的相互协同和相干关系，从而不断地适应与调整各自的生产、交换、消费行为，并逐渐形成从亚临界到临界再到超临界的新市场有序结构。其中，尤其在经济混沌边缘上，某些微扰事件会触发市场突变，从而促使其迈进一个新市场超临界的经济状态。

雪崩现象经常导致市场呈现两种发展态势：一是新市场形式的迸发或市场转型升级；二是市场失序导致经济危机。"钢贸危机"显然属于后者，但也触发了钢贸市场的转型升级。例如，原已负债累累的经营者、不良高消费者、盲目投资者，或者套取金融机构银信资金进行民间借贷以获得高额利差者，这些钢贸商在这一轮钢贸危机中是最早也是最容易被淘汰的。还有，后期借助融资资金在全国各地创办新钢贸市场、仓储码头的钢贸商也是容易被淘汰出局。另外，原有市场因担保功能增强放大，为市场内钢贸公司担保余额较大的市场也容易被淘汰。但钢贸危机也促发了一些新技术应用，使得原钢贸市场全面转型升级为电商平台，金融机构也加强了科技金融技术的应用。原钢贸领域很难实现"线上交易"——上下游原有客户黏性很强，商业贿赂、吃回扣、垫资现象普遍。钢贸危机之后，商业生态反而变好，当前"不垫资""现金交易"成为常态，原先依赖"社会关系网"组建的钢贸市场、销售渠道等，无形中被这场危机重新塑造。金融机构应用科学技术加强了融资户信息甄别、事中事后风控管理。从这个意义上而言，危机促发了新技术运用、促发了原有"关系网"的重新塑造。目前，钢贸行业内"生意就是生意"的经商意识反而提高了。

六、市场复杂社会网络

钢贸市场具有强关系社会网络特点,同时也具有由上下游厂商、销售商、政府、银行等主体形成的复杂性网络关系,合并称之为强市场复杂社会网络。强网络特点使钢贸市场容易涌现出经济繁荣,同时也易爆发类似市场崩盘的危机事件。

钢贸市场由市场组分(市场要素)和结构(关系)共同构成,市场所能发挥的经济功能与其组分、结构相关。钢贸市场复杂社会网络的显著特征是组成市场系统的组分节点数目巨大,它可被定义为交换钢材产品的一切市场要素。

调查表明,钢贸市场复杂网络吻合两个经典网络模型特征,即具有拓扑结构性质的小世界网络和具有幂律分布形式的无标度网络。

钢材市场满足小世界网络的三个特点:①具有较高聚类系数;②平均路径较小;③度分布基本上服从幂律分布。因为,钢材市场组分局部行为或事件会导致全局性钢贸危机,也吻合市场涌现定律,在市场混沌边缘处的一个网络节点或一些节点"重连"(类似吸引子)就会引发整个钢贸市场的巨变。

钢贸市场复杂网络介于规则网络与随机网络之间,其度分布大多服从幂律分布。钢贸危机爆发之前,市场就已出现"富者愈富"现象。市场演化到一定程度,为什么会出现强者更强、市场相对集中度越来越高的现象?因为,市场是一个自组织发展过程,其涌现性、自我维生性以及遗传进化自动生成,若没有一个外在控制参量进行管控,其演变必然会出现"富者愈富"的网络无标度现象。原因在于:其一,增长性——自生长性,钢贸市场复杂网络形成过程,是一个不断有新交易者涌入的过程;其二,择优连接性,新市场加入者,在选择进入哪个钢贸市场时,更愿意追随如逸仙钢材交易市场和松江钢材交易市场等,上海后期新创建的钢贸市场基本围绕在这两大钢材市场周边。危机爆发之前,上海钢贸商圈与市场布局形成"北逸仙、南松江"格局。钢贸市场的相对集中度越来越大,也是因为少数市场在位者更有机会连接和聚集大量新市场者,即在网络中表现为连接有大量的边线,而那些处于末端的节点,因其连接度不大,鲜有新节点愿意与其连接。正因如此,市场复杂网络的度分布才会表现出按照幂律分布的形式。

钢贸市场网络在无控制参量如经济政策下,或是在其内部组分交互作用下,刚好处在临界性混沌边缘处时,其演化也遵循突变机制。这时,网络会出现两种趋势:要么市场网络受到破坏,此时称为市场系统的脆弱性;要么市场具有抗干扰性继续保持其网络结构,称为鲁棒性,亦称为抗毁性。周宁人创建的钢贸市场显然脆弱性较强,表现在一个或几个头部企业倒塌,就会出现系统性钢贸市场危机。其中,案例中构建一个"融资结网、威权结构与市场风险"的复杂社会网风险传导机制,便是例证。

第五节　再探:经验与理论

经验案例进一步表明以下几点结论。

第一,制度是市场社会结构的内嵌构成要素,而不仅是外生存在。

国家制度政策对市场的作用并不是西方经济学理论认为的那样,对经济市场而言是一个外在的制度存在,而是"直接渗透在市场经济的社会结构之中"(Weiss,1988。转引自 Lindberg et al.,1991)。从钢贸市场成为"融资平台"后导致市场系统性危机的经验看,在承认钢贸市场自身"融资模式"与在各地进行"市场再生产"盲目投资的弊病之外,地方政府盲目招商引资和我国银行信贷结构及其内部考核制度也有重要影响。

第二,要辩证地看待与处理"实体经济"与"资本(虚拟)经济"的关系以及中国强社会关系在市场经济不同发展阶段的作用与意义。

从钢贸市场本身模式看,改革开放后,尤其是 20 世纪 90 年代初以来,钢贸市场模式在国家计划经济体系向市场经济转型发展过程中形成三个特征明显的阶段:民营钢贸市场逐步形成并占据主导地位—钢贸市场稳定有序成熟—"资本经济"与"实体经济"交互作用。其中,"实体经济"与"资本经济"相结合的模式,因"资本经济"的杠杆作用,会导向两个不同结果:一个结果是"实体经济"加速向更高经济模式层面发展,产生"强者更强"的经济市场格局;另一个结果是"实体经济"加速走向衰退甚至危机,最终没落甚至消亡。案例中,周宁人经营的钢贸市场基本属于第二种。其中原因是钢贸市场在介入银行融资担保功能之后,在市场招商、市场生意运行、劳动力市场等方面发挥强功能作用的"社会关系",在市场融资、融资担保与融资联保体系下,这种"强社会关系"下的市场行为演变成了一种"合谋融资""融资绑架"现象,这时"强社会关系"负面效应凸显,并在融资结网风险传染机制的作用下爆发了系统性风险。

第三,市场经济的进一步完善,最终目的在于使市场主体对经济政策具有强预见性。

从周宁钢贸商来看,在承认钢贸商自身素质尤其是经营创新能力不足之外,中国的民营商人/企业家不应完全按照市场经济逻辑在经商,而是要时刻关注政府导向性政策并迅速做出判定与选择,判断稍有失误,就有可能成为经济政策的受损者。国内钢铁产业,可以说是在国家"顶层设计"不足——原有"部门利益"痼疾,而又在"地方政府主导经济"和"摸着石头过河"的市场投资模式中产生了产能过剩问题。在该行业进行贸易活动,其风险本身就是强的,加上经商实践结构和无法及时判定钢贸融资模式缺陷和经营模式弊病,最终在国家产业结构调整、银信信贷政策变化中,陷入无法偿贷和大量民间借贷纠纷的困境中,由此演变成了整个周宁钢贸产业的系统性风险。

本书构建的复杂性市场社会结构系统理论运用于钢贸市场案例研究,需进一步厘清以下几点。

第一,"全景式"宏大理论框架具有综合性解析力,但也易受挑战与批评。

理论上,构建"市场社会结构"理论分析框架,是承接传统与当代市场社会学理论核心议题的同时,对"社会结构"做精细化的学术技术处理,以便构建宏观经济社会管理规划中的制度、中观市场组织本身的内部运行机制和微观具体市场实践行动者这三者统一的"全景式"解析模型。但需承认,越是努力创建一种所谓"全景式"的理论,越是容易受到其他学科和不同观点的挑战。

第二,市场本质是"实践关系","实践结构"是研究市场的起点与底层架构。

"实践结构"概念,容易被人们按照传统,或者说主流功能主义的惯性思维所误解。事实上,本书所提出的"实践结构"概念表达的是一种"结构"与"实践"是相互内储动态关系的意涵,即"结构"中有"实践","实践"中有"结构"。学理上,"实践结构"概念是在借鉴卢曼"自在建构论"、布迪厄"禀性惯习"、吉登斯"结构化"等概念基础上,采纳亚历山大"个人性社会秩序"方法论,同时借助复杂性科学研究认为世界的本源在于"最小构成单位的交互运动"的观点，如量子理论所理解的一样，那么人类世界也是如此，人类世界的本源在于"人的实践性"。那么，由交换而获得需要的市场制度、市场机制以及有形市场的载体，其背后显然也由人的"实践"所构成。这样，本书提出"市场的本体或本质就是实践"，由此，"实践结构"就成为研究市场的起点、根基与底层结构。

第三，借助复杂性科学系统理论与方法运用于市场系统研究，研究方法需进一步从质性向定量延伸，计算机仿真模型是未来继续研究的方向。

本书借助目前的系统论观点，尤其是复杂经济学、复杂性科学研究理论与方法，把它们运用于分析市场中，构建了一个以"市场社会结构"为主线的层展结构以展开分析，这个创见性思路得益于"量子场论"中的发现，即异质性粒子在随机运动过程中，经过"重整化群"实践方式涌现出奇妙的物理世界。并根据复杂性科学研究中的耗散结构理论、协同学理论、自组织理论、混沌理论和复杂性网络等新近理论加以融合交叉研究。不足之处在于，对案例研究采取的是"案例研究中的质性研究"，使得我们借助复杂性科学研究的很多模型无法用计算机模型得以呈现。

总之，案例研究表明，在市场系统自组织演进过程中，其所包含的市场社会结构的层展结构性——"耦合"与"脱耦"机制，是本书关注的要点，用涌现论中的"突变""雪崩"规律去解释经济危机/钢贸危机现象具有强解释力。同时对"供给侧结构性改革"中的"何为结构性？"问题提供了一种新思路，进而在结构性改革方面，为政府如何提供"供给侧"要素给予了新的理解和建议。案例研究本意即在此。

第八章　市场系统治理与治理机制

——制度、市场组织形式与营商实践能力

"市场社会结构"理论，或者说"社会结构市场社会学"，主要是从市场形态演变历史、市场本质实践关系、市场主体社会互动关系模式，以及市场作为一种安排制度等多个维度的综合性考察而归纳得出的一个学理框架。如前所论，它牵涉到 3 个层级：市场实践结构、市场关系结构与市场制度结构。原因在于，作为由"社会关系总和"的"人"所创建的一种通过人际交换才能满足需要的"交换制度的市场"，需包括 3 个层面："什么样的人"在进行交换？在交换中形成了一种"什么样的联结方式"？应创建"什么样的规则"让交换能够顺利进行？至此，引出一个学术观点：市场并不是自由市场（完全市场）观所倡导的那样，作为一个"自发"体系在那里自由地玩耍，而是需要某种经济社会"良序"发展目标导向下的"设计"，这个"设计"即是本书所理解的"市场治理之术"，这个"术"就是"制度设计技术"，用现在的话说，就是"制度供给"，而具体的供给方式就是"治理机制"——让制度发生作用的方式、方法与方案等。

由此，基于案例但又不限于案例，本书提出了基于"市场社会结构"理论的 3 个市场治理定理，并结合案例给出 11 个有针对性但又不限于此的市场治理机制与具体方案。

第一节　市场治理逻辑起点："结构性"应有之意

国家提出并贯彻落实的"供给侧结构性改革"是一种制度供给的治理机制设计："供给侧"是政府、市场与社会动态关系调整中根据经济社会发展阶段所做出的决策判断与施行政策；"结构性"是治理机制方式；"改革"是治理手段，而不是目的。本书关注落脚点在"结构性"，即治理机制问题。"结构性"是一个宽广性时空概念，前文已从语义学、词源学以及语义历时性变迁意涵对"结构"这一术语做过详细梳理，这里不再赘述。但"结构性"多了一个"性"，它意味着什么？本书认为，必须从整体性思维，即应用"系统性"思维与方法去理解这个"性"的含义。正如"结构功能主义"，该理论建基于"有什么样的'结构'，就会有什么样的功能发挥与之相对应"的认知假设，因此被批判是一种静态描述方式，因为它用"结构"一词，而不是"结构性"。何为"结构性"？本书认为组成结构的元素之间、元素组成的结构之间，以及结构与元素之间都存在一种"交互"作用，这种"交互"作用即是本书所理解的"结构性"。主流社会科学范式，比如传统经济学、古典社会学、传统管理学等，都采用一种"还原论"与"方法论个人主义"方式，无法解释这个"结构性"中的"性"。

本书不太赞同目前关于"性"的语义学解析，如"物质所具有的性能、物质因含有某种成分而产生的性质""后缀，加在名词、动词或形容词之后构成抽象名词或属性词，表示事物的某种性质或性能"等。按照这些理解，"结构性"就是"结构"的性质、性能，表示结构所具有的一种属性，是"名词、形容词或动词"的属性。而本书理解的"性"具有"动词"含义，表示正在发生作用的过程。"结构"本身就是一个抽象的属性词，有必要再加一个"性"吗？这个关乎"供给侧结构'性'改革"的本意，若按照目前学者与政府实践部门的理解，改革的是"结构"，而不是"结构性"，这个推理显然吻合"还原论"的思想与思路，但必然会造成构成结构的元素之间的割裂，因为"结构"本是由结构中的一个个元素所组成的。按照本书的理解方式，"改革"是针对"供给侧"所有构成元素的"系统性""整体性"和"交互协同性"的全要素协同改革，而不是每个部门从本部门利益出发各自为政,看似没有违背基本政策要求,但从不考虑本部门改革是否会给整个经济社会系统造成负面影响,如最近流行语所表达的政策"合成谬误"那样。按照系统论观点,每个部门按照自己的理解从本部门利益出发的改革可能会引发整个经济社会系统的"突变",因为经济社会系统作为一种涌现性质的复杂系统,它本身具有"沙堆模型"的突变性质,即"蝴蝶效应"。如,在"去库存"政策引导下,从 2016 年开始,为使房地产业去"库存",执行财政拨款现金支持"棚改"政策,从目前来看,这个政策显然违背了"系统治理"理念和"结构性改革"理念,充其量应是叫作"结构改革"。因为,它没有考虑到,这项改革虽然一定程度上拯救了房地产业、增加了地方政府土地财政,但也导致了房价飙升,这不仅产生了经济问题,更加剧了社会问题——贫富差距加剧、群体性焦虑,更是绑架了年轻人创业的机会与勇气。虽然这几年的供给侧结构性改革取得了很大成效,但也不能忽视其中某些改革因没有全面、正确地理解与施行而对经济社会系统造成的负面影响。

基于此,本书认为,"供给侧结构性改革"中的"结构性",不仅要从经济学视角去理解,更需要从经济社会学视角去理解,即"结构性"不仅是"经济结构性",也包含"社会结构性"。

何为"社会结构性"? 在本书构建的"市场社会结构"中,结合市场研究与经济社会学、复杂性科学研究方法,提出了一个"社会结构复杂性市场系统"的方法论分析模型,它无意从宏观维度阐释"供给侧结构性改革",而只是把它作为一个研究性背景,从本书理解的"结构性"视角,结合钢贸市场在此宏观背景下所发生的行业系统性风险,以表明这个理论分析框架的适恰性与提出的治理机制与政策建议的合适性。

本书理解的"结构性",即是"层展结构"之间的"耦合"与"脱耦"统一机制。因从微小事物的变化到人类社会的形成,都具有结构性,且这种结构性如量子理论所表明的以一种"层展结构"方式存在且运行着。

在理解市场本质时,基于市场实践主体内含心理结构、决策模式与预知判断,在市场本体论理解上,本书把市场本质视为"实践关系",并结合主体在市场行动中的联结方式以及在其基础上需要一种"规则体系"以保证其交易的可行性与有序性,把市场社会结构分为"市场实践结构""市场关系结构"与"市场制度结构"三个层级。这一认知得益于涂尔干的理解以及近现代以来如布迪厄、吉登斯等的理解，同时也借鉴了复杂性自然科学研究中"粗粒化"与"细粒化"的"重整化群"自然规律。由此，导出一个问题：三个层级之间是一种什么关系？这个问题一直以来都是不同学科的解析难点，即所谓的"微观""中观"与"宏观"之间的关系怎么处理，以及"桥接"机制是什么，而本书理解的"结构性"就是解决这一难题的答案。

于是，借助复杂性科学研究中量子场论所揭示的自然现象，即粒子在随机运动①涌现出更高层次的层级，逐级外伸，是一种类似生态系统的生成模式，经济社会系统也这样地存在并运行着。本书截取一个经济社会系统中的纵横"片段"进行刻画，用"粗粒化"方法进行处理，于是就有了"实践主体""关系模式"和"制度"这三个层级的理解。按照量子场论的理解方式和客观规律，层级之间是一种"层展结构"，这种层展结构即是涌现机制。

自然界按照其内在的涌现机制运行着，而人类显然具有"意识"，有实践能力去改变涌现机制的发生逻辑，这即是我们需要"治理"的地方。也就是说，治理的目的，就是改变人类自身"不好的""不良的"，或预知不确定、有限理性、信息不完备等条件造成的经济社会无法"良序"发展的地方。按照层展结构规律，每个涌现出的层级本身具有鲁棒性——健壮稳定的"脱耦"性，也具有层级间的"耦合"性。故，在市场社会结构中，实践结构、关系结构与制度结构这三个层级本身也都具有"脱耦"性，即经济学理解意义上的"路径依赖性"，社会学理解意义上的"文化稳定社会性"。

本书调查的钢贸市场，具有"钢贸市场社会结构"的理论特征，由其引发的整个行业系统性风险，显然吻合前文关于"市场社会结构"的表述。于是，本书从案例中发现，需要"治理"的地方，就在这三个层级上：第一，市场实践主体方面，我们需要治理的"人"是指什么？第二，市场关系模式方面，形成的市场结构模式，能否满足当前阶段经济社会发展的需要？第三，市场制度方面，我们要在更高层级的"观念""理念""政策"，甚至国家层面建立一种什么样的市场制度以满足当前阶段

---

① 粒子在场中要受到"生成受限"规制，在交互作用过程中受到其他粒子的影响，发生随机运动而不是随意运动。

经济社会发展的需要？显然这就是"改革"需要的市场治理机制。

第二节　治理机制架构

一、市场治理

全球治理委员会给出的"治理"定义是：治理是各种公共的或私人的个人和机构管理其共同事务的诸多方式的总和。治理是相互冲突的或不同的利益得以调和，并且采取联合行动的持续过程，包括正式以及非正式的安排。治理过程的基础不是控制，而是协调（转引自陈志英，2014）。关于治理的语义学解释与理解方式比较多，在国家提出国家治理体系与治理能力现代化①建设的背景下，按俞可平（2014）的理解，"国家治理体系就是规范社会权力运行和维护公共秩序的一系列制度和程序。它包括规范行政行为、市场行为和社会行为的一系列制度和程序，政府治理、市场治理和社会治理是现代国家治理体系中三个最重要的次级体系"，"国家治理的理想状态，就是善治"。这里，俞把市场治理单独列出，也是符合国内大部分学者和政府部门按照"政府－市场－社会"这个框架体系理解的习惯。这里，本书无意较真治理的概念与运用领域，比如生态治理应该属于哪个层面。从目前中西方对治理概念的界定看，其共性特征主要是，"'治理'意味多元治理主体的合作、协调和良性互动，即治理的主体是多主体的、多元的、多中心的，主要包括但不限于政府、市场、社会和各类组织，可通过法律、规范、权力或语言实施，治理不仅聚焦于国家及其制度，还关注社会实践中的规则与秩序的生成"（Bevir，2006）。

按照本书所构建的"社会结构复杂性市场系统"模型，从市场治理视角来

---

① 2013 年 11 月 12 日，在中共第十八届三中全会第二次全体会议上，习近平总书记对国家治理体系和治理能力现代化做了界定："国家治理体系是在党领导下管理国家的制度体系，包括经济、政治、文化、社会、生态文明和党的建设等各领域体制机制、法律法规安排，也就是一整套紧密相连、相互协调的国家制度……推进国家治理体系和治理能力现代化，就是要适应时代变化，既改革不适应实践发展要求的体制机制、法律法规，又不断构建新的体制机制、法律法规，使各方面制度更加科学、更加完善，实现党、国家、社会各项事务治理制度化、规范化、程序化。"

看,是一个包含市场实践主体、市场关系模式与市场制度各层级之间,在市场良序运行的目标下,相互运作与协同进行结构性协调管理,以实现市场治理的法治化、科学化与民主化的市场网络治理体系。这个市场网络治理体系在治理主体的权力结构上是期待平等式的,它强调市场层级间的交互治理。

市场治理致力于市场风险的辨定、阐释和缓解,市场治理机制就是使市场良性运行的制度设计与供给。在本书构建的"社会结构复杂性市场系统"这一市场网络治理体系中,首先,要避免"自由市场"观所倡导的那样,把政府、国家作为外在构件来看待,作为一种制度,市场是由政府所构建的一种交换机制。其次,市场作为一种"关系的总和",其背后是"人与人之间的关系"——市场的本质,由此提出"实践"是市场的本质,"关系"在实践中产生,也在实践中被定义。最后,提炼出市场治理的几大问题,即市场治理的对象是什么? 如何治理才能使得市场这种制度能提高我们的福祉,而不是降低? 市场经济是当前世界主要经济体普遍采取的一种资源配置方式,应对它如何治理,治理的方式是什么?

二、市场社会结构系统治理架构

按照"社会结构复杂性市场系统"的分析方法模型,为便于分析,在供给侧结构性改革政策背景与推动下,本书将市场社会结构治理划分为 3 个部分(层级),形成 3 条市场定理和 11 个治理机制与具体方案,详见表 8-1。

表 8-1　市场社会结构系统治理架构

	层展结构	市场定理	治理机制与具体方案
市场社会结构治理	市场制度结构	定理 1. 市场是在经济社会转型变迁中由基本社会制度、经济政策、法律规定以及市场资源配置在不同发展阶段所起作用的规定性而构成的,同时又是由市场交易惯例、市场组织文化等非正式制度交互建构而涌现生成的一种经济社会组织形式	方案 1a. 资源治理机制 方案 1b. 创新体系治理机制 方案 1c. 经济开放与财税金融治理机制 方案 1d. 空间规划治理机制

续　表

层展结构		市场定理	治理机制与具体方案
市场社会结构治理	市场关系结构	定理 2.市场嵌入于社会关系,并由威权结构组织与复杂社会网络相互作用所构成	方案 2a.组织管理技术创新治理机制 方案 2b.中小企业融资创新治理机制 方案 2c.市场变迁动力治理机制 方案 2d.商会社会组织沟通治理机制
	市场实践结构	定理 3.本体论维度的营商实践结构是市场社会结构的生产、再生产和转换中心,是被制度结构与关系结构铭刻与定位但又具有适应或改变市场的实践能动力	方案 3a.社会关系联结方式治理机制 方案 3b.企业家精神/职业教育治理机制 方案 3c.营商环境信任体系治理机制

第三节　市场系统治理:定理、治理机制与方案

根据"社会结构复杂性市场系统"演进模型,结合钢贸市场案例所描述与分析的钢贸危机,在国家提出"供给侧结构性改革"的制度供给背景下,按照"市场制度结构""市场关系结构"与"市场实践结构"的"层展结构"提出相对应的 3 个市场定理和 11 条市场治理机制与具体方案。

一、"市场制度结构"层级

定理 1. 市场是在经济社会转型变迁中由基本社会制度、经济政策、法律规定以及市场资源配置在不同发展阶段所起作用的规定性而构成的,同时又是由市场交易惯例、市场组织文化等非正式制度交互建构而涌现生成的一种经济社会组织形式。

(一)治理机制与方案 1a.资源治理机制

转变粗放型市场经营管理方式,构建低碳发展产业体系,完善地方政府绿色 GDP 指标体系,构建化解产能过剩产业、推动去库存使之吻合供需均衡的市场资源配置起决定性作用的资源治理机制。

近年，我国经济下行是国际国内综合因素相互作用的结果，是经济社会结构性矛盾和周期性波动叠加的体现，但其本质是结构性失调，是结构性矛盾长期积累的反映。一般情况是，周期性经济下滑，周期过了，经济就能景气回升；但出现结构性失调时，即使经济状况有所好转，但结构性缺陷仍然存在，尤其是经济结构性失调导致的社会结构性失衡问题。目前，一个基本判断是：由于过去的非理性扩张与高风险资产泡沫，经济模式自身的不合理性逐渐显现。

第一，从粗放型市场经营管理模式，转变为集约型经济增长方式。

长期结构性问题很难通过短期政策刺激得到有效解决，也难以通过短期宏观经济政策调整实现中长期持续增长目标。采用改革的方式可以一定程度上解决结构性问题，但会导致短期内经济增长放缓；保持原有不合理的经济增长模式，可以在短期内维持经济增长，但结构性问题不解决，迟早会反噬到经济上。显然，以往粗放型的经济增长方式经济增长放缓已然难以为继，即靠规模、速度、制造恐慌诱发非理性消费的盈利模式再也不能继续下去。当前，要把适度的政策刺激与有力的结构性改革相结合，把重心放在经济转型和发展方式转变上来。据初步统计，"对比中美两国的资源配置，发现我国资源配置导致经济效益比美国低 50％。换句话说，如果我国能够改变结构性问题，即使不增加投资，经济产出还能再增长 50％，这是我国经济发展的巨大潜力"（陈庆修，2013）。对经济政策进行根本性和系统性调整是实现经济增长方式转变的必要条件。经济政策系统只有明确坚定地支持集约型经济增长方式，限制并最终摒弃粗放型经济增长方式，才能实现经济的健康可持续增长。

政策建议：一是健全相应的法律法规体系，通过完善立法促转变；二是多层面转变经济增长方式，通过提高资源利用率促转变；三是建立配套的政策支持体系，通过优化政府调控行为与市场机制作用促转变；四是建立绿色技术支撑体系，通过科技进步促转变。

第二，构建低碳发展产业体系，完善地方政府绿色 GDP 指标体系。

中国需要构建一个符合绿色经济发展方式的新衡量指标——绿色 GDP。绿色 GDP 指的是扣除经济活动中投入的资源与环境成本后获得的国内生产总值。传统 GDP 指标的不足之处在于：无法呈现自然资源在经济发展过程中所发挥的重要作用以及生态资源的经济价值；未能体现生态环境恶化造成的经济损失；并没有充分反映自然资源的损耗与折旧。制度性原因在于：不健全的财税体制使得财权事权不匹配；不健全的资源性产品定价机制很难体现资源稀缺性及环境成本；不健全的政绩考核体制不利于地方经济发展方式的转型；绿色创新资源的投入情况整体相对分散，未形成良好的协同创新体制；等等。

政策建议：一是积极培育绿色文化理念，引领全民树立绿色发展意识并参与到绿色 GDP 核算中；二是加快相关技术创新和发展，引导工业产业快速实现转型升级，加大绿色科技创新力度；三是加大政策及相关发展战略的支持力度，如出台有利于吸引节能项目投资的税收政策、出台激励性政策促使企业绿色转型、健全政府采购政策体系、适当调整区域经济发展战略及产业政策、健全市场经济体制、奠定绿色发展市场基础、鼓励绿色投资；四是加快绿色 GDP 和绿色经济发展立法工作；等等。

第三，构建化解产能过剩、推动去库存使之吻合供需均衡的市场资源配置起决定性作用的市场机制。

"去产能"去的是"产能过剩"问题。产能过剩指市场上产品实际生产能力大大超过有效需求。从经济模式上看，产能过剩的持存原因有二：一是我国重化工业化自身发展模式存在缺陷；二是中国经济转轨过程中微观厂商的地方政府化。从政策层面上看，财政政策、货币政策和产业政策是产能过剩的重要原因，政府干预、国企占比高和投资占比高形成上游产业产能过剩局面。一是财政政策，我国财政政策的显著特征是投资性支出占比高和顺周期特征明显；二是货币政策，我国货币政策利率传导渠道受阻而信贷渠道传导显著，同时，中央银行承担过多准财政职能，这进一步放大了财政政策对结构失衡的效应；三是产业政策，我国目前的产业政策行政化特征明显，选择性产业政策导致我国产业结构转型困难，企业创新受阻。

其中，钢铁传统行业很早就面临产能过剩问题。主要原因有三：一是地方政府在政绩考核机制激励和地区间竞争的作用下，通过融资补贴、土地优惠和投资补贴等方式降低企业生产成本刺激企业过度投资，进而形成产能过剩。二是政府在清理产能过剩过程中往往采用行政性的强制合并，而且以大企业并购小企业或国企合并私企为主，这些政策导致产能过剩行业国企比重过高，在国企预算软约束和政府干预的作用下，过剩产能再次形成，清理产能过剩的压力变大。三是结构性问题是有效需求不足和中高端产品创新能力不足。2008 年以来,钢铁行业产能利用率下降到 71%,比合意产能利用率低近 10 个百分点。2014 年,粗钢产量 82269.78 万吨,意味着 2014 年有 33602.03 万吨的过剩产能,对企业的盈利带来较大压力,钢铁行业也成为 2015 年供给侧结构性改革的重要对象。

2016 年国务院印发《关于钢铁行业化解过剩产能 实现脱困发展的意见》,计划 5 年内压缩 1 亿~1.5 亿吨钢铁产能。目前虽取得成效,但也存在问题,如过度应用一刀切的行政化措施,平均化的去产能分配方式并没有考虑不同地区钢铁生产企业的生产效率差异。同时,在预算软约束、稳定经济和保就业情况下,地方政府依然倾向于采用强制去产能和政府主导的兼并重组措施。

政策建议:市场化手段是解决产能过剩的有效手段,国有企业应避免以资产保值增值的名义将风险转移给债权人和银行,放大国有企业的道德风险。去产能不能仅关注市场出清,更应关注行业组织形态的重塑,形成充分竞争、产权清晰的市场才是化解产能过剩的长久之计。

目前而言,我国促进经济增长的策略应重点提升市场资源配置效率,这牵涉到整个结构性改革的问题。在钢铁行业去产能过程中,应用系统性治理方式往前推进如下改革:一是推进户籍和社保制度改革,为安置人员提供社会保障;二是推进国有银行的金融市场化改革,理顺资金价格;三是推进国有钢铁企业改革,放松行业管制;四是减税降费,简化行政审批流程,培育民营钢铁公司规范化发展;五是通过产权保护和人力资本积累促进中高端钢铁产品的技术创新;等等。

(二)治理机制与方案 1b. 创新体系治理机制

改善央地政府财政税收机制、协调各经济管理部门经济利益与责任,构建以利益协调与合理税基为基础的激发企业技术创新动力的国家创新体系建设改革治理机制。

经梳理,与"国家创新体系建设"相关的政策文件主要有:党的十六大报告首次提出"推进国家创新体系建设";党的十九大报告明确认为"创新是引领发展的第一动力,加强国家创新体系建设,强化战略科技力量";党的十九届四中全会做出"构建社会主义市场经济条件下关键核心技术攻关新型举国体制"的决定;党的十九届五中全会首次将科技创新专章部署,放在规划任务的首位,其中,《中华人民共和国国民经济和社会发展第十四个五年规划和 2035 年远景目标纲要》中强调了创新在我国现代化建设全局中的核心地位,提出要把科技自立自强作为国家发展的战略支撑,强化国家战略科技力量,打好关键核心技术攻坚战,提高创新链整体效能,完善国家创新体系,加快建设科技强国;2020 年中央经济工作会议、全国财政工作视频会议和 2021 年全国"两会"明晰了"十四五"时期财税支持国家创新体系建设的方式;等等。

目前看,尽管国家长期以来高度重视与支持科技创新发展,但我国科技体制改革还存在一些突出问题,一些重大决策的落实还没有形成合力,导致国家创新体系整体效能还不够强。其中,财税政策作为政策工具,一般聚焦于政府补助或税收优惠等单项政策对企业技术创新的影响。财税与企业技术创新的关系表现为:①财税政策组合对企业技术创新具有非线性作用机制。财税政策组合与企业技术创新之间呈倒 U 形曲线关系。随着企业技术创新水平的提高,财税政策组合对企业技术创新影响的弹性逐渐降低。②企业技术创新具有中介效应。财税政策组合会通过"企业技术创新"这一中介桥梁对企业可持续发展产生倒 U 形影响作用;与"低技术创新"相比,在财税政策组合与企业可持续发展之间,"高技术创新"的中介作用更加显著(俞雪莲等,2021)。

对此,针对钢铁企业研发创新与钢贸市场转型升级现状,提出如下政策建议。

第一,构建精准税收优惠政策。

针对钢铁材料与成品创新产业链的薄弱环节,在研发前端、技术转化等环节,加大税收优惠的减免和抵扣力度,对高尖端钢制品材料的研发进行税率减免和研发抵扣,加大钢铁新型材料高科技人才的个人所得税优惠力度等。

第二,完善财税补贴评估机制,引导高技术钢铁材料的研发创新。

围绕事前评估,事中监督和帮扶,事后考核和反馈,建立以高质量创新、技术成果的市场化应用、中长期创新绩效等为导向的综合评价制度。通过财税组合降低粗钢产量,提高新兴材料的占比。

第三,拓展能以科技带动钢材材料研发的民营钢企直接和间接融资渠道,让企业通过市场力量获取创新资金。

合理引导政府补助、加大银行信贷有利于民营钢企从模仿创新走向自主创新。对于自主创新研发新型材料的民营钢企，应加大财税补助力度。在配置银行信贷过程中，应消除融资歧视，拓宽民营钢企直接和间接融资的渠道。

第四，重组与整合钢贸市场，酌情与依法给予转型升级财税支持。

在流通环节的钢材交易市场，对能及时转型、能按照所在地城市规划调整需要进行整顿与商业模式创新，全面进行改造，按照数字化、电商模式进行升级转型的钢贸市场，分级分类进行整合与重组，并给予相应的整体搬迁财政补贴和一定时期内的税收优惠，对钢贸电商给予一定的财政补助帮扶，以打破原来传统的"强社会关系"交易模式。鼓励钢贸市场整体上市，鼓励钢贸市场与钢贸企业在二级市场获取创新资金，等。

（三）治理机制与方案 1c. 经济开放与金融治理机制

打破资源垄断性壁垒，通过破产与重组淘汰"僵尸"企业如低效国有钢企，引进社会经济资本，积极推进以人为本的新型城镇化与轻型工业化体系建设，同时真正让金融部门在资源配置中起到基础性的引导作用，构建市场资金活力与有序发展的国内外经济开放与宏观金融治理机制。

第一，识别产能过剩行业中的"僵尸"企业，实行低效产能淘汰与优质产能提升并行的政策策略，并可按照混合式经济改革政策，引进社会经济资本进行重组。

"僵尸"企业特指那些已经丧失盈利能力、资不抵债，只能依靠外部融资存活下来的企业。行业内"僵尸"企业占比与中国改革进程、经济周期发展阶段密切相关，集中于产业政策支持力度大和国有企业比重较大的行业和地区，具有规模大、效率低、金融杠杆高等特征。"僵尸"企业的危害包括挤出良好企业的市场、融资、投资、就业和创新，危害银行体系健康，损害宏观经济增长和效率。在分税制背景下，"僵尸"企业还会扭曲健康企业税负，因为地方政府会通过向具有纳税能力的健康企业多征税来补贴不具备盈利能力和纳税能力的"僵尸"企业。

经济新常态时期，钢铁行业陷入了前所未有的危机，导致"僵尸"钢企数量达到高峰。对于"僵尸"钢企过剩产能的化解要根据具体情况采取合适的方案。对具有优质产能且其钢铁产品具有较强竞争力、生产技术较强等优势的"僵尸"

钢企,应采取保留措施解决其困难,帮助其重获生机;对不具备技术优势的粗钢生产型钢企则采取淘汰措施。因此,对于"僵尸"钢企的退出方式应该实行低效产能淘汰与优质产能提升并行的策略。2016年,工信部发布文件要求对钢铁行业进行改革,解决钢铁行业存在的产能过剩的问题,对于不同类型的钢铁企业,应当采取针对性的措施。同时,应积极引进社会经济资本对国有钢企进行混合式经济体制改制,以提高其竞争力与管理水平。

另外,从政策面上看,"僵尸"钢企的退出方案需要理性判断,因其退出涉及多方利益,包括企业、政府、银行、企业职工等。企业的目标是解决过剩产能,政府目标要考虑社会效益、保障就业率和社会稳定,债权人和职工期望获得尽可能多的赔偿,因此对于退出方案的选择应当理性考虑多方因素,用系统论治理方式考虑多方利益(王卓妮,2020)。

第二,被淘汰的重工业如钢企,原先基本建立在城市郊区地带,因城镇化建设发展,原厂区现基本成为城市中心地带,由此改造的厂区需积极推进以人为本的新型城镇化与轻型工业化园区转型建设。主要措施包括:一是改造成新兴产业集聚区;二是优化新兴产业布局;三是发挥政府引导作用。依据新兴产业凝聚与新型城镇化耦合协调度,发挥优势新兴产业的辐射带动作用,完善制度兜底保障机制,对原有钢企下岗员工进行再就业培训。

第三,规范金融部门对资源配置的引导作用,构建市场资金活力与有序发展的经济开放与宏观金融治理机制。

金融的主要作用是为储蓄向生产性投资转化提供中介与资源配置服务。货币金融的两大核心功能是:实现与经济增长潜能相匹配的货币增长,提高金融业配置资源的有效性。

目前,中国房地产业、产能过剩行业以及地方政府的违约风险已高度积累。去杠杆是银行对产能收缩的应急金融政策过程。金融资金是社会稀缺资源,资金配置的有效性决定资源配置的有效性。供给侧结构性改革对金融转型的要求是,发挥资本市场在并购重组中的存量资本调整功能,促进风险资本市场快速发展,满足多种经济业态对资金融通的需求。在供给侧结构性改革下,金融机构转型的目的在于更好地发挥对资源配置的基础性作用。

基于以上分析,提出如下政策建议。

第一,赋能金融科技,提高贷款投放和配置有效性。一是引入大数据和云计算等技术手段,精准且有前瞻性地把握企业生产规律、生命周期、经营现状和未来态势;二是提供融资和融智支持,有效促进产业升级和结构平衡。

第二,进行分类指导,促进存量资本调整。一是对产能过剩的企业逐步收缩信贷,促其转型或有序退出;二是在企业并购中积极提供中介和投资咨询服务;三是对转型企业员工技能培训、技术升级等项目,适度提供中期贷款或提高额度。

第三,退出金融财政功能,转变政府职能。一是地方政府通过融资平台与土地批租,将银行信贷作为第二财政资源,因地方软预算约束与中央政府担保信用,导致信贷过度扩张和低效率使用;二是为增加企业税收,地方政府以招商引资为主要职能必然导致产业同质化、恶性竞争和产能过剩等,因此,需转变政府职能,退出金融第二财政功能。

第四,完善金融普惠性基础制度,优化长期投资制度环境。一是构建个人和企业信用共享数据库,确立规范有序使用私密信用的法律体系,完善金融机构承担普惠金融等社会责任的相关法律及监管制度;二是健全有效率企业组织培育制度,拓宽产业投资渠道,创造良好金融制度环境,促进优秀企业组织快速成长(潘英丽,2021)。

(四)治理机制与方案 1d. 空间规划治理机制

因市场组织存在文化同构性仿制与市场生产与交换体系的惯例路径依赖特性,国家、地方政府经管部门需从经济效率与社会效力视角进行有效评估,构建按照经济规划设计使之免于无序、无度竞争而滑向资源错配的规划治理机制。

20世纪90年代初以来,专业市场促进了地方经济发展,是历史事实。但同时,在组织趋同性制度作用下,同质化发展严重,钢贸市场显然属于这个类型。无论从经济规划还是从国土空间规划来看,都是不合理的。专业市场形成了一个个集群,在城市更新过程中,按其市场发展定位的原址,给新时期规划管理带来各方面困难。鉴于此,建议对专业提出以下政策建议。

第一,规划管理部门应根据城市新兴功能类型来制定不同类型专业市场的培育对策。一是对原有自生性专业市场,根据城市更新要求和周边群众交通、生活需要，进行改造升级；二是对移植性专业市场，按照城市功能区划分，以相对集中分布式和组团式进行片区规划；三是根据经济产业发展与市场规律，不重复建设同类性质的专业市场；四是政府要做好规划建设以及相应配套设施建设，高标准严要求进行建设；五是新兴专业市场选址要考虑选位于城市周边组团发展地区，按照多点组团扩展模式发展；等。

第二，规划管理部门应针对城市新兴功能发展的不确定性来预留发展空间。对照国外专业市场演变规律，借助计算机仿真模型模拟未来发展趋势，这种模式将会逐渐退出历史舞台，尤其是产品对比性不强的有形商品市场。基于此，一是城市专业市场建设的土地性质，宜以租赁为主，为未来新兴功能区的建设留有空间与降低政策协调性成本；二是专业市场目前几乎都向驻场商户提供融资担保服务功能，故应积极运用"科技金融"新型方式对企业进行识别、监控，以改变原有传统银行的融资担保模式。

二、"市场关系结构"层级

定理 2. 市场嵌入于社会关系，并由威权结构组织与复杂社会网络相互作用所构成。

（一）治理机制与方案 2a. 组织管理技术创新治理机制

优化市场网络组织功能，积极引导产业相对集中，但又要防止市场内卷化、过密化现象，防止社会关系过度嵌入引致惰性和狭隘观念，防止社会网络负面效应如"合谋排外""搭便车寻租""集体失范"以及"向下沉沦"等，构建具有社会网络特征的产业集群组织管理技术创新治理机制。

产业（商业）集群风险主要有两类：一是内生性风险，主要包括结构性风险、网络性风险、生态性风险、产品生命周期各阶段风险等；二是外生性风险，包括周期性风险、不可抗力风险等。主要原因是：集群内企业超过一定限度，就会陷入低效状态，产生锁定效应和路径依赖从而形成生命周期的"结构性"风险；集群发展不断专业化易形成封闭系统，是优势同时也是风险根源；集群网络是双刃剑，初创时是力量源泉，随之易变为网络约束，抑制创新；还易形成"自稳性"风险，即创造自生优势时也削弱了应对环境变化能力；等。钢贸市场案例，也表明了其具有显著群集风险特征。鉴于此，提出以下政策建议。

第一,针对产业集群风险,应引入高质量外部资本提高集群的开放性。

按照自组织理论,经济体与外部经济体的物质、能量与信息的相互作用,是组织存在的前提条件。对此,一要规避集群封闭自守风险,坚持扩大开放,以更加优惠政策,吸引著名品牌企业加盟;二要引入高质量外部资本和引进高水平经营者,改变市场产品结构和营商结构,获得行业新信息,加强适应外部环境变化的营商能力。

第二,健全完善市场体系和社会信用机制。

一是加强对市场集群的管理和监督,推动监督管理从依靠行政手段为主向依靠经济和法律手段为主转变;二是健全中介组织,尤其是加强行业协会、商会和社会化服务体系建设;三是制定和执行行业规范,培养自律、诚信集群经营氛围,限制企业之间过度竞争,尤其是没有约束的仿冒山寨行为;等。

第三,培育促进市场集群创新的区域文化。

因市场机制不健全、信任度低、交易成本高以及各类法规不完善等制度文化缺陷,集群内企业之间缺乏分工合作,尤其是专业市场集群成为同类企业简单扎堆,难以获得分工合作互动合力。同时,市场集群具有地方根植性,其形成与发展建立在该区域制度文化基础上。基于此,对未形成地方优势的市场集群区域,重点是培育区域内企业家和有利于创新的制度文化氛围;对已形成地方优势的市场集群,重点是加强制度文化创新,使其能更好地发挥市场集群竞争优势。

第四,发挥地方政府在规避市场集群风险中的积极引导作用。

一要健全市场管理机构,完善服务功能,规范市场秩序,增强市场集群信誉;二要营造良好营商环境,鼓励企业家交流和培育有创新意识的企业家精神;三要鼓励集群创建集群品牌;四要帮助和引导集群做好各种信息收集和评价工作,特别是做好集群的对外宣传工作;五要加快知识扩散,促进整个集群升级;六要不断洞察行业发展动态,在出现衰退现象时积极引导集群转型升级。

第五,根据集群企业的地方植根性,应从法律规范上进行疏导。

如案例所展现的,专业市场或集群内容易形成一种"地方领导型企业联盟"的权力系统,以及较强的企业集群地方植根性。对此,一要正向引导地方植根性的积极作用,同时从法律规范上防止企业间的"合谋排外现象",尤其在融资结网的结构性问题与社会关系网络的重叠性问题上;二要加强法律层面上的正确引导,加强信息沟通渠道与信任机制建设,以促进集群企业建立与完善现代企业制度。

(二)治理机制与方案 2b. 中小企业融资创新治理机制

金融部门需积极扶持中小企业发展,扩大社会资金介入企业融资渠道,完善"融资结网"中企业的信息甄别与担保机制,防止因网络机制出现系统性风险,构建健全的融资担保金融创新治理机制。

钢贸市场案例表明,目前中小企业的融资模式主要有:民间借贷、担保公司担保融资、企业联保、仓单质押、"托盘"融资等。同时,充当"影子银行"的国有企业和上市公司也不乏对中小企业进行"委贷"的渠道。

中小企业融资难一直以来是广受关注的焦点。国家层面积极推动中小企业担保公司建立,但行业性担保公司在中小企业互助理念与制度设计下,极易出现"监守自盗"担保现象。后期钢贸商组建的担保公司即是如此。基于此,从担保公司视角提出如下完善制度:一是建立与完善担保贷款客户准入制度;二是建立单个客户担保上限制度;三是建立担保贷款总量控制制度;四是建立与完善货物质押监管业务操作规范;五是建立履约保证金制度;六是要求所有担保客户提供反担保措施以及追加固定资产抵押,及时办理抵押手续。

从制度政策上而言,建议:一是金融部门积极扶持中小企业发展,扩大社会资金介入企业融资渠道;二是采取积极的财政政策促进传统行业转型升级;三是采取稳健货币政策与传统行业融资改革,按照"总量适度、审慎灵活、定向支持"要求,调节好货币信贷供给,优化信贷结构;四是加强融资运作监管,规范中小企业担保制度,加强风险预测、监管,完善风控模式,积极推进科技金融建设。

(三)治理机制与方案 2c. 市场变迁动力治理机制

界定权力与责任清晰的企业边界、厘清"企业集团"轴心机制、完善市场"威权结构",使得市场中的在位企业与受控企业形成良性竞争与合作互补关系,构建受控企业在法律框架内通过改变自身市场层级以实现市场地位提升的市场变迁动力治理机制。

具有典型性的钢贸市场案例表明,它是在"老乡网络"与"市场组织网络"相互叠合中形成的一种具有我国特色的地方性"领导型企业结盟"商业模式。此模式具有以下特征：一是社会关系（社会网络）对行业市场形成与发展具有强作用，即容易形成"蜂拥而上"同质行业快速带动现象，但也容易出现"一荣俱荣、一损俱损"现象；二是强化了市场"威权结构"组织科层制属性，市场内形成一种"强权力系统"关系，导致市场结构特征明显；三是市场变迁力量受阻，"在位者"与"挑战者"界限分明，不易促进市场转型升级；四是在介入对外一致行动时，容易形成"合谋"现象，如钢贸市场股东与商户"合谋"获得银信贷款资金等；五是一旦联盟"合谋"成功，又使"在位""挑战位"边界模糊化，使得人情与制度规范纠缠混合，难以建立现代企业制度；等等。

鉴于此，需对这种以社会网络带动，且形成"领导型企业联盟"的特有"威权结构"商业模式从社会关系与公司治理视角进行系统治理。

第一，需构建法理型混合组织治理结构。

中国地方市场实践方式的"领导型企业联盟"具有 Williamson（1991）提出的"混合组织"特征。此模式引发复杂管理问题，包括产权治理、管理控制、激励机制等。其治理结构关乎组织形态、网络治理、双边治理以及联盟垂直组织结构等方面。混合治理即是对混合组织的合理合法交易安排。

案例表明，钢贸市场具有混合组织特征的同时，还有比其更复杂的组织形式，表现在以下三个方面：一是市场管理者既是市场股东，又是担保公司股东，形成担保公司的空壳运作；二是为获得银行授信，担保公司不断稀释股份，为驻场商户提供"社会地位""符号资本"以便"合谋融资"；三是错综复杂的"层层嵌套"组织结构，带来更大的风险传染性。基于此，需从法律上进一步明晰公司治理结构的合理合法性：首先，要加强混合组织治理构成维度的学理性学术研究，以便指导市场实践。可从内生维度和外生维度两个方面进行分析，内生维度包括组织内部的自发适应、权威结构、所有权等，外生维度包括组织外部协作适应、契约法等，尤其需要进一步探讨这两个维度各自的作用机理及其相互关系。其次，要结合中国管理实践，从"领导型企业联盟"实际出发，提出混合治理的有效模式，尤其是需要明晰股权型联盟和契约型联盟在结合模式上的法理依据和公司法规范规定。

第二，要打破市场垄断，构建合理市场结构，促使市场变迁朝良性有序方向发展。

案例表明，专业市场创办者一般是在所在行业经营多年且有一定积累的实力者，即他既是市场经营管理者，同时又是商贸企业经营者，具有双重身份。这种商业形态具有两种属性：一种是作为市场经营管理者，其经济利益主要通过市场租赁、提供增值服务，如担保、物理管理等获得；另一种是为其自身商贸服务，把其经营管理的市场打造成为其商贸服务的营销网络，即其他驻场商户成为其分销部门的闭环营销模式。在此意义上，此类专业市场具有"平台经济"特征。当前，因互联网技术的发展与运用，京东、淘宝、亚马逊等商业模式在某种意义上可以说是线下类似商品市场的线上表现形式。平台运营者规定交易规则并通过撮合双边买卖交易收取佣金或服务费。同时，如淘宝天猫超市、京东自营、亚马逊自营商等也都体现出既是平台经营管理者又是商贸企业经营者的双重属性。这种模式，在互联网技术推动下，根据大数据收集客户、算法推送、消费绑定等，更容易形成"平台垄断"。作为具有双边属性的平台企业，具有赢家通吃（winner take all）的特点，具有自然垄断属性。

竞争市场的垄断行为对经济社会的不良影响一直都是国家与市场"边界争论"的重要领域。目前，主要争论焦点在于：一是平台市场资源整合行为与企业社会责任问题；二是数据共创主体与劳动者利益损失；三是平台生态监管缺失与平台垄断经营的合法性危机；等。基于此，要按照经济社会良性运行的可持续商业模式要求，采取有效的反垄断措施，构建一个平台企业家责任分担、利益相关方资源合理整合，推动平台企业商业模式行为从非生产性价值逻辑向可持续经济社会价值逻辑转变。所谓商业创新模式，不仅仅是企业追求效率和竞争的工具，更要立足市场结构有序、良性要求，为利益相关者创造经济社会可持续价值和推动整体市场良性变迁。

（四）治理机制与方案2d.商会社会组织沟通治理机制

正确引导行业商会的经济社会功能，使其真正发挥政府与市场间的"桥梁"作用，尤其在供给侧结构性改革政策背景下，在政策解读与传输、行业规范制定、市场信息提供和市场纠纷解决等方面构建新型商会社会组织沟通治理机制。

行业商会是政府—中间组织—企业"三元"市场体系中的一种特殊中间组织，是联系政府和企业的桥梁和纽带，具有"承上启下"重要功能，在推动供给侧结构性改革中具有组织优势,体现在两个方面:一是沟通优势和资源整合能力,为政府和企业搭桥,推动改革政策措施精准到位,为企业提供各种服务;二是能把供给侧结构性改革政策迅速传递到企业,推动企业认真贯彻落实,发挥改革主体治理作用。具体而言,提出以下几点建议。

第一,推动企业加快转型升级,提高政策解读、培训与营商技能培育等供给能力。

一是发挥沟通优势,为企业转型升级提供信息咨询服务;二是为会员企业做好技术创新服务,如在技术、产品、业态、商业模式、人才引进和培训、人才政策落实以及共建技术创新平台等方面的服务;三是充分发挥商会凝聚力,引导企业着力打造企业品牌与区域品牌;等。

第二,为落实"三去一降一补"政策提供有效服务。

在供给侧结构性改革政策推动下,行业商会作用尤为重要。一是对于产能过剩企业,商会要积极引导企业调整结构,培育新动力、发展新产业,优化存量,引导增量发展;二是在"去库存"方面,要为企业提供资讯服务,推动政府各项扶持政策落实到位,打通中间梗阻环节;三是在"去杠杆"上,发动会员共同出资成立互助资金会、金融担保机构等,取得银行授信为会员担保融资;四是协助有关部门严控高风险、高杠杆融资项目,加强金融风险监测预警,并为会员纠纷案件进行有效协调与沟通;等。

第三,积极拓宽制度供给空间,促进行业健康发展。

商会作为会员企业的"代言人",要在政府政策制定上充分表达他们的诉求,在制度改革供给上发挥重要作用。一是对造成市场供需不匹配的各种制度性矛盾,广泛听取和收集会员意见,向政府相关部门提出切实可行的改革建议,使政府部门不断完善相关政策,提高制度供给质量,降低企业制度性交易成本;二是协助参与制定行业发展规划和行业政策并进行行业管理;三是通过制定行规行约、行业标准,加强行业治理;等。

三、"市场实践结构"层级

定理3. 本体论维度的营商实践结构是市场社会结构的生产、再生产和转换中心,是被制度结构与关系结构铭刻与定位但又具有适应或改变市场的实践能

动力。

（一）治理机制与方案 3a. 社会关系联结方式治理机制

在经济社会转型过程中，厘清中国人市场行为中"文化""结构""工具性"的不同社会关系模式，培育市场经营领域与社会情感生活世界界限分明的选择机制，构建"感性选择"与"理性选择"不同市场作用下的社会关系联结方式治理机制。

按社会关系联结方式可把社会分为熟人社会、陌生人社会和混合型社会（刘津，2021）。其中，每种社会，其内部情感性成分（文化）、工具性成分与规范性成分（结构）所占比重有所不同。我国经济社会发展新形势表明新人情关系替代原有人情关系是一种必然趋势。由此，要根据现实社会需要对社会行为进行重塑，让其在新社会环境中保持社会关系的积极性，减少对其他行为主体的伤害。从"社会关系"治理实践看：以消极社会关系出现的人情关系已经逐渐成为社会治理的对象；与社会资本相联系的社会关系网络以及由此产生的价值、规范可为社会关系治理提供动力。其中，对社会资本的理解主要有两种：一是将社会资本视为可以获取所需资源的社会关系网络；二是将社会资本视为一种价值和规范，尤其是社会信任，它具有网络效应，即相互信任的人越多，信任的价值越大。

结合调查案例，根据市场中商人之间社会关系治理的实际需要，从主体意识培育、互相信赖规范建立与实施、市场组织建立与运行等方面提出以下建议。

第一，培育营商主体自治意识，厘清市场实践中的"感性选择"与"理性选择"。

依照情感性关系、工具性关系与规范性关系混合组成的市场社会网络，要使市场主体意识到"生意就是生意"。如在商业垫资、融资联保、赊货营销、捆绑销售、政策补助、银企关系等方面，需建立良性"社会关系"。在进行市场行为决策时，要充分考虑感性决策可能带来的不良后果。

第二，市场交易中互相信赖规范的培育、建立与实施。

要导向共建市场社会规范和信任，积极培育社会资本信任度，进行有序市场共同价值观的营造：一是通过制度化手段来保障企业间社会规范的合法性；二是要建立并完善征信制度，对企业失信行为进行惩罚，发挥商业"信誉机制"

的强作用；三是通过市场实践积极培育和建立诚信美德商业氛围，并形成良好营商风尚。

(二)治理机制与方案 3b. 企业家精神/职业教育治理机制

增强营商人员职业、行业经营能力与提升企业家精神，防止行业从商人员内卷化、过密化，打破中国传统市场行为的"帮带""裙带"强关系，培育适应市场交换关系的新型劳动力市场，构建适应市场行业技能需求的职业教育治理机制。

得益于格尔茨"内卷化"的见解，钢贸案例表明，周宁钢贸行业的商业业态呈现类似特征。格尔茨"内卷化"理论的核心思想是，一种模式达到某种最终形态以后，既没有办法稳定下来，也没有办法让自己发展到更高级的状态，只能在自身内部朝着更加精细化、更加复杂化的方向发展。当前，一个基本判断是，因企业创新不足，包括技术、技术集合、组织管理模式、企业家精神和经商务工人员技能提升等，导致行业、产品和人员皆"内卷化"严重。由此，提出以下建议。

第一，正确疏导簇群式经商务工人员，防范网络集群式产业过密化与内卷化的风险。

第二，从经商务工人员中，积极培养具有企业家精神的企业家，而不是"土豪""暴发户"。

第三，加强对经商务工人员的技能培训，从制度安排上而言，构建"国家职业教育体系"迫在眉睫。

第四，营造良好营商环境，促进经商务工人员间良好社会关系的建立，以及与政府、企业上下游良好商业关系的建立。

(三)治理机制与方案 3c. 营商环境信任体系治理机制

重塑市场经营信心，使得投机性"虚拟经济"转归"实体经济"，完善企业破产制度与法律法规，减少与防范企业主"失联""跑路""自杀"等造成的经济社会影响，重构营商人员信任体系治理机制。

"虚拟经济"虽具有优化配置资源、加快经济发展、转化大量消费资金与闲散资金、促进经济效益提高等经济功能，但其自始至终都是同投资活动相关联的。相比于实体经济，其具有高流动、高风险以及高收益等特点，它极具吸引力，可使大规模资金滞留于虚拟经济领域，并展开投机活动。但，投机过度便会诱发虚拟经济过度碰撞,不利于实体经济发展,进而爆发金融危机。案例表明,作为一种"融资平台"的钢贸市场,也可理解为从"实体经济"转向"虚拟经济"。

其间,中小企业出现较多"失联""跑路""自杀"现象,与不良营商环境、不规范的民间借贷市场、"一刀切"的银行收贷政策、不完善的中小企业破产制度以及法院执行力度不足等密切相关。基于此,提出以下建议。

第一,根据虚拟资本(内在脆弱性)、虚拟经济(易膨胀性)特点,政府应加强对金融市场的监管,强化金融杠杆的正确导向性。

第二,完善中小企业破产制度,要区别对待不同市场主体。对发生恶意欠款等老赖行为的市场主体,加强管制,加强执法力度;对因经营不善或受经济系统影响的市场主体,需酌情执法。

第三,重塑营商环境,重振营商信心,建立针对企业主"失联""跑路""自杀"等可能造成经济社会影响行为的预警机制,并有效施行《优化营商环境条例》。

第四节　本章小结

过去几年,我国经济下行是国际国内多因素综合作用的结果,是结构性矛盾和周期性波动叠加涌现的一种经济社会表现,其本质是经济与社会出现结构性失调,是结构性矛盾长期积累的反映。由此,在国家"供给侧结构性改革"制度与政策施行下,本书从一个钢贸群体爆发系统性危机事件中,用"手电筒"式的,即从微小案例中去发现与展示一个需要从微观、中观、宏观层面综合探究的市场治理逻辑。

具体而言,在"市场社会结构"理论框架下,用"市场制度结构""市场关系结构"与"市场实践结构"这三个具有量子场论意义上的"层展结构"——"耦合"与"脱耦"机制的涌现性,从"供给侧结构性改革"中理解"结构性"本意角度,提出了市场治理的治理机制与方案,以表明政策施行的"系统治理"含义,而不是"割裂式"部门化执行理念。由此,构建了一个市场治理的治理机制与方案,提出了3个市场治理定理与11个针对案例又超出案例本身的治理机制和方案。这11个方案分为3个层级,犹如本书提出的"层展结构",其内在有"系统论"所展示的"系统性"——各个层级具有其自身的鲁棒性,同时又具有层级之间的"耦合"性,只有用协同治理的方式,才有可能在这个"结构性"临界处产生一种混沌边缘创新的蝴蝶效应。即每个层级中的治理要素都是一个"复杂性系统组分",它们之间的关系不是一种"复合"关系。在治理实践过程中,要充分考虑每个组分都有可能影响整体涌现的治理效力。

第九章　总结与研究反思

第一节　研究贡献

本书落脚点在于在供给侧结构性改革议题下,从新供给经济学中引发出"何为结构性"的学理追问与如何有效进行市场治理的问题。目的在于认为,"结构性"内嵌于供给侧各项改革的具体政策措施(要素)中,而不是众多供给侧改革的某一项。因结构性的复杂特性,攫取市场社会学视角且应用复杂性市场系统研究方法,从市场"制度结构""关系结构"与"实践结构"三个层级且同时又把三者视为一个交互作用产生整体涌现的经济社会现象的思想出发,构建一个"市场社会结构"(MSS)的市场社会学理论框架与"社会结构复杂性市场系统"(CSMSS)演化模型。这个理论框架与分析模型致力于解释三个学术问题:第一,市场的本质是"实践关系";第二,复杂性市场系统演化的经济社会机制问题;第三,理论与模型运用于提供市场治理的政策对策问题。构建的理论框架是把市场看作交易场所、价格机制、制度安排这三种存在方式的融合。由此,重新定义市场:市场是在历时共时性制度建构演化与复杂性经济涌现中,行动者根据交换实践适应性禀性习得的内生实践能力所构建的有其内外部社会性型构关系特征的一种经济社会组织形式。

第二节　理论、经验性特色观点与模型重申

一、特色一:理论观点

(一)一个市场本体"重定转向":市场"实践关系"本体及其命题形式

结合市场观念发展的历时性、制度性、地方文化性、意识形态性等市场本有特性,重定了市场本体(本质)为马克思理解意义上的"实践关系",并提出"$Y = f_p(x,r)$"的命题形式,即"对⋯⋯而言,市场是⋯⋯的实践关系"。

(二)一个研究范式"纲领拟定":"553"研究纲领

提出以"实践关系"为本体的"553"市场研究纲领,具体是:5个内核——市场本体实践关系、交互实践关系、本体论实在"实践关系"、实践关系网络性与宏观市场制度必要性;5个保护带——市场主体能动创生性、情境性人性嵌入性、人性情境组合性、市场类型历时性与市场关系与制度情境性;3种认识方式——市场现象分层性、各层级整体涌现性与层级上向因果逻辑关系。

(三)一个研究方法"市场系统":复杂性科学研究及其市场研究生态位方法

基于复杂性科学理论与方法,本书把市场看作一个系统,从市场演化时间性的涌现生成诞生、复杂性适应系统维生、遗传算法演进、自组织临界性(混沌边缘)突变机制和空间性的复杂社会网络结构等,构建了复杂性市场的生态位研究方法体系。从已有学术文献看,市场被主流经济学认为是"黑箱",本书意欲通过构建市场演化的方法体系,尝试性地提出一个具有学术性的生态位研究方法。

(四)一个研究策略"社会结构":重定社会结构与其分层分析研究工具

社会结构,被本书理解为"构成社会元素的组成方式及其实践关系格局",且被刻画为"制度结构""关系结构"与"实践结构"等三个层级,即①制度结构,表征的是组成社会的观念、信仰、价值、符号、期望以及规则等。这里,制度结构是被行动者理解为能够把握彼此行为且组织起相互之间的一种确定性的国家

政策、制度、规范或某种文化模式等。②关系结构，表征的是社会的"型构"与"机理"。社会或社会组织被看作由社会关系组成，表明行动者与其行动之间的相互独立性、因果联系以及它们所占据社会位置的模式。③实践结构，探讨的是赋予主体行动者的一种具有创造性且有自我反省、自我转变的能动能力，强调的是行动者根据禀性经验，产生规范控制的主体行动实践能力，并表明实践结构既是主体行动的中介，又是主体行动的产物。

（五）一个创新机制"层展结构"：层展社会结构与分层结构间的涌现逻辑关系

本书认为，"实践结构""关系结构"与"制度结构"是一种复杂性科学研究所揭示的"层展结构"——"耦合"与"脱耦"辩证统一的嵌套关系，体现为一种涌现机制，即"社会结构＝制度结构←＋→实践结构←＋→关系结构"。具体而言，层展社会结构的机制表现为两个重要方面：一方面，"实践结构""关系结构"与"制度结构"有其自身层级的"鲁棒性"——健壮稳定性的"脱耦"机制；另一方面，"实践结构""关系结构"与"制度结构"之间又存在"耦合"机制，即具有"同根性耦合关系""中介环节耦合关系"和"微扰涨落耦合关系"等三种具体作用机制方式。

（六）一个市场研究"综合框架"：提出"市场社会结构"分析框架

第一，以"作为社会结构的市场"为主线的市场社会学为基础，本书对其进行学术改造并提出一个简洁提法"市场社会结构"（MSS），以对应与区分经济学中的"市场结构"（MS）一词。

第二，"市场社会结构"被本书刻画为"市场制度结构""市场关系结构"与"市场实践结构"等三个层级/维度。具体而言，市场制度结构表征的是市场以一种社会建构的演化与涌现性制度存在，并可分正式市场制度与非正式市场制度这两个方面进行学理分析；市场关系结构表征的是构成市场本身关系型构的复杂社会网络以及更深层次的市场权力、威权结构、市场地位、资源占有以及市场变迁动力机制等议题；市场实践结构表征的是从市场主体"实践"出发理解的市场其如何被建构的过程，是一种测量市场本体论的维度。

第三，运用"层展社会结构"涌现机制分析"市场社会结构"，阐明"市场制度结构""市场关系结构"与"市场实践结构"的"脱耦"与"耦合"经济社会发展与演变机制。

第四,由此提出"市场社会结构"的 3 条理论定理:定理 1,市场是在经济社会转型变迁中由基本社会制度、经济政策、法律规定以及市场资源配置在不同发展阶段其所起作用的规定性而构成,同时又是由市场交易惯例、市场组织文化等非正式制度交互建构而涌现生成的一种经济社会组织形式。定理 2,市场嵌入于社会关系,并由威权结构组织与复杂社会网络相互作用所构成。定理 3,本体论维度的营商实践结构是市场社会结构的生产、再生产和转换中心,是被制度结构与关系结构铭刻与定位但又具有适应或改变市场的实践能动力。

(七)一个学科融界"交叉研究":主流经济学"市场'黑箱'"＋哲学本体论重定＋社会学经验研究＋复杂性系统自然科学方法＋复杂经济学

第一,主流经济学(以新古典经济学为代表)把市场理解为主要是一种资源配置的价格机制,这剥离了"市场"具有历史与制度的厚度,由此市场研究被称为是一个"黑箱"领域,即还未被打开进行有效的理解与分析。因经济学理论流派纷争林立,但总的说来,市场常被看作是"交易场所""价格配置机制"与"市场制度"中的其中一种。如何给出一种能囊括这三个主要见解的综合性分析框架是一个学术挑战。

第二,目前,若综合地看,可把市场定义为"市场＝市场制度＋资源配置机制＋交易场所"的聚合体。若这样的学术努力成为可能,那么这样理解的"市场",是什么主线能把这三个不同层面(制度、机制与具象)的事物连接起来? 这个追问,急需解决的问题是:"市场的本质"或"市场的本体"是什么的哲学本体论追问。因此,本书给出了市场的本体是"实践关系"。只有在认可市场本体为马克思理解意义上的"实践关系",才有可能打通以上市场理解的聚合体性质。

第三,社会学见长的经验研究方法,即从人性假设的"实践性关系"出发,以"看得见"的案例研究为线索,通过"有形市场"发生、演变进化的社会学经验考察,把"有形市场"作为研究载体,囊括市场价格机制与市场制度演变动态性相结合的方式,本书认为能较为全面全景式地刻画"经济市场"的社会运行机制问题。由此,承续市场社会学但又对其进行学术可分析与可操作化地处理,提出"市场社会结构"分析框架,具有理论特色。

第四,社会科学研究范式主要有两种:"还原论"和"整体论"。主流经济学采用"还原论"的研究路径,认识论逻辑方式是"下向因果关系",而人类经济社会显然要比这复杂得多,故而其提出的理论解释与现实世界相去甚远。"整体论"思想历来已久,但因其复杂性,到目前为止,其研究方法还在发现与发展中,欣喜的是近百年复杂性科学研究成果提供了方法论上的突破,尤其是量子理论的研究发现与系统论的提出。于此运用于社会科学,主要是在桥接"微观个体"与"宏观经济社会"的机制方面,采信的是"上向因果关系"的逻辑分析方式。由此,本书借助其"涌现理论"——层展结构性,用于分析经济市场现象,具有时代智识性。

第五,自圣塔菲研究所运用复杂性科学理论阐释经济现象以来,目前虽无法完全取代主流经济学的研究范式,但本书相信,正如阿瑟所言,"所有的学科都在经历重大转型:从将世界视为高度有序的、机械的、可预见的、在某种程度上静态的,转变为将世界视为不断进化的、有机的、不可预测的、处于永远发展中的"(阿瑟,2018b)。从目前看,复杂经济学仍处于与主流经济学的宏观"经济现象"的争论时期,对于具体的微观"市场"研究,还没有提出有力的市场理论,而本书对此可谓是一个大胆的学术尝试。

总之,社会科学研究在某种意义上是一个"立场"取向的价值观研究,但无可辩驳的是,它仍然有一种在哲学本体上界定清晰的认识论路线。本书提出"复杂性市场社会结构"理论以促进市场理论的研究不啻另一种"交叉研究"的尝试。

二、特色二:经验性观点

(一)一个案例研究"3条基本判断":从市场制度、市场关系型构与营商能力看

判断一,把一个专业市场或其形成的市场集群看作一个系统,市场外宏观经济环境政策的改变,对市场内,或单个的市场系统的影响是强的。

判断二,市场组织形式本身,在中国文化及制度性背景下,强社会关系的地方植根性文化特征明显。

判断三,市场主体营商机会与能力受控于在地营商环境的刻印与塑造。同时也可表明,市场主体实践能力形塑市场组织形式的同时,也成为情境式地改

变自身适应市场变化的营商能力载体。

由经验案例进一步表明了：

第一，制度是市场的内嵌构成要素，而不仅是外生性存在。

第二，要辩证地看待与处理"实体经济"与"资本经济"的关系，以及中国强社会关系文化在市场经济不同发展阶段的作用与意义。

第三，市场经济的进一步完善，最终目的在于使市场主体对国家甚或世界经济政策具有强预见性。

（二）一个政策解读"何为结构性"：从供给侧结构性改革引发的政策思考

第一，提出"结构性"本意是"组成结构的元素之间、元素组成的结构之间，以及结构与元素都存在一种'交互'"作用"，这是本书所理解的"结构性"。

第二，"结构性"即是如量子场论中所揭示的"层展结构"之间的"耦合"与"脱耦"的辩证统一机制。

第三，供给侧结构性改革中的"结构性"应是一个全生产要素，是内嵌于任一要素中的要素。这是"结构性"改革的本意，而不是按照新供给经济学把它单独列出作为一个元素进行分析并进行改革。由此推出：改革的应是"供给侧"构成元素中的一切要素要进行"系统性""整体性"和"交互性"的全要素协同改革提议。

三、构建：两个重要模型

（一）一个理论研究框架模型："市场社会结构"分析模型

基于"实践关系"市场本体论，把市场社会结构划分为三个层级，即市场实践结构、市场关系结构与市场制度结构，且认为此三个层级具有量子场论意义上的"层展结构"——"耦合"与"脱耦"的辩证统一关系。由此，构建了市场社会结构的理论框架分析模型。

（二）一个研究方法模型："社会结构复杂性市场系统"演化模型

以社会结构作为市场经济演化的内在主线，借助复杂性科学理论与方法分析市场的涌现、维生、演进、突变以及市场复杂社会网络的动态演化机制，构建了一个"社会结构复杂性市场系统"的市场演化研究方法模型。

第三节 市场治理主要观点

一、一个重要表述"市场系统治理"：治理目标与方式

本书将市场系统治理理解为：一个包含市场实践主体、市场关系模式与市场制度各层级之间，在市场良序运行目标下，相互运作与协同进行结构性协调系统管理，以实现市场治理的法治化、科学化与民主化的市场网络治理体系。这个市场网络治理体系在治理主体权力结构上是期待平等式的，它强调市场层级间交互的治理。

二、一个治理框架"市场社会结构系统治理"：治理机制与治理方案

第一，提出市场治理机制是使市场良性运行的制度设计与供给。

第二，提出 11 个市场系统治理机制与具体方案。具体而言，主要有：①使市场资源配置起决定性作用的资源治理机制；②激发企业技术创新的创新体系治理机制；③构建市场活力与有序发展的国内外经济开放与财税金融治理机制；④有效评估资源错配的空间规划治理机制；⑤构建具有社会网络特征的产业集群组织管理技术创新治理机制；⑥构建中小企业健全的融资担保金融创新治理机制；⑦完善权力与责任清晰的市场变迁动力治理机制；⑧正确引导与构建新型商会社会组织沟通治理机制；⑨完善合理性的社会关系联结方式治理机制；⑩构建适应市场行业技能的企业家精神/职业教育治理机制；⑪重构营商人员信任体系的营商环境信任体系、治理机制。

三、一个特别强调"系统改革"：六个需结合

第一，需将结构性调整与深化体制机制改革相结合。

第二，需将结构性调整与完善市场机制相结合。

第三，需将结构性调整与市场模式创新相结合，尤其强调技术创新的重要性。

第四,需将结构性调整与转变经济社会发展方式相结合。

第五,需将结构性调整与优化产业布局相结合。

第六,需把结构性调整与扩大就业保障、培育企业家精神、职业教育、社会保障相结合等。

第四节　研究反思

第一,构建的"市场社会结构"(MSS)全景式的市场社会学理论框架具有综合性解析力,但是缺少国内学术共同体理论对话"平台",犹如评审专家指出的,相当于是一个"自设擂台",易受挑战与批评,这也许就是"交叉学科"的痛点。

第二,从哲学本体论上论证了市场本体是"实践关系",为此对应刻画"社会结构"提出"实践结构"与"制度结构""关系结构"具有术语对称性,且着墨颇多地论证了两者的内在关联同一性。这需破除长期以来对"结构"一词的结构功能主义用法,提出"结构"内蕴有"行动"的社会学难题,本书自创"实践结构"一词有待学术共同体未来的进一步探究与认同。

第三,借助复杂性科学系统理论与方法运用于市场系统研究,研究方法需进一步从质性向定量延伸,结合案例运用智能计算机进行市场演变机制的仿真模拟是未来需继续深化研究的方向。其中,借助复杂性科学研究理论与方法构建一个相对于经济系统而言是一个微观市场对象研究领域,目前尚属一种学术尝试,有待未来进一步精细化研究。

第四,因对"供给侧结构性改革"中的"结构性"含义提出不同于其他学者的理解,因此本书有既把它作为研究背景,又视其为研究对象的自证自辩之嫌,在篇章结构安排上,需进一步斟酌。

第五,本书自设了一个"理论"框架,因此需要证析,导致在篇章布局结构上,学理性的理论分析篇幅偏大,尤其是构建的"复杂性市场生态位研究方法体系"在具体的案例研究与政策分析上需做深度运用。

第六,研究方法上,本书主要采取个案研究的质性研究方法,而借助构建的复杂性科学研究理论与方法目前在自然科学与数学领域已经能做到用数理公式来表达,尤其是量子场论中的层展结构和数学分形结构等,本书提出"实践结构""关系结构""制度结构"也是层展结构的涌现机制,按照目前社会统计方法只能在"同一层级间进行数理统计",而构建的"实践结构""关系结构""制度结构"属于"不同层级间的层展涌现结构",运用目前的社会统计方法解析它们之间的数理统计数量关系是社会科学类研究的最大挑战,况且其数据来源难度非常大,这个也是本书的痛点与未来需继续努力的方向。

附　录

钢材交易市场中小企业访谈提纲

一、基本资料

访谈目的	
访谈方式	抽样访谈
访谈对象	_____ 编码：_____（例：CLS　注：姓名首字母）
访谈时间	___年___月___日　编码：_____（例：20180101）
访谈地点	_____省（区、市）_____市（区、县）_____街（乡、镇）_____号（村）

二、访谈内容

一、企业基本情况

Q1. 请介绍一下贵企业的基本情况（如主营业务、销售规模、职工人数、经营者等）。

二、企业发展历程(融资、行业协作、社会关系、破产清算等)

Q2. 您为什么选择钢材贸易这个行业？您是如何进入钢材贸易行业的？

Q3. 在从事钢贸行业期间,您是否接受过系统的钢贸行业培训？还是主要靠经验的积累,或者是模仿其他企业的经营模式？

Q4. 谈谈您与所在市场管理公司的企业业务以及个人关系。在众多的钢贸市场中,您为什么选择进驻该市场？

Q5. 在您经营企业的过程中,主要靠哪些融资方式获得资金？

Q6. 从创业初期到现在,贵企业的融资方式发生了什么变化？(特别是2008年前后和2012年前后)

Q7. 在近年的企业融资方面,您是怎么选择您的"担保联保组"的？"担保联保"融资模式对贵企业的作用有哪些？

Q8. 在钢贸危机暴露时,银行等金融机构对您有采取抽贷等行为吗？

Q9. 您加入上海周宁商会了吗？商会对您的帮助主要有哪些？

Q10. 在具体经营过程中,如果出现周转资金不足的情况,您会怎么解决？

Q11. 近年,在出现周宁钢贸危机的情况下,您是怎么解决业务经营和资金还贷问题的？

三、市场内在结构

Q12. 当前全国钢贸市场主要是"前店后库"的主流模式,您觉得这种模式能否适应未来钢贸行业发展趋势？

Q13. 近十多年来,同类性质的钢贸交易市场呈现出不断增多的现象,请从市场供需关系、市场经营模式模仿以及地方招商引资力度等方面谈谈您的看法。

Q14. 您认为您所在的钢贸市场与周边同类市场是"产业集群"的上下游供应互补关系还是竞争关系？您与同市场中的其他企业是一种什么样的业务关系？

Q15. 从进驻市场到现在,您觉得市场内部的关系发生了什么变化？

Q16. 您觉得周宁人早年在钢贸行业中的成功源于什么？

Q17. 2011年之后发生的周宁钢贸破产潮,您认为其产生的原因是什么？请谈谈您的看法。

四、制度与政策

Q18. 具体谈谈 2009 年国家"4 万亿刺激投资政策"对贵企业的主要作用与影响？

Q19. 近年国家层面的"供给侧结构性改革"对贵企业（钢材贸易行业）的影响主要有哪些？

Q20. 您怎么理解钢铁行业属于"产能过剩"行业？中共十八大提出让"市场在资源配置中起决定性作用"，您如何理解？

Q21. 在钢贸行业中，您觉得银行等金融机构应该扮演怎样的角色？

Q22. 钢贸行业的良性发展，您觉得关键驱动力来自哪里？（政府、市场还是从业者）

五、单独问题

Q1. 可否具体举一个您进行联保的例子？（贷款规模、联保对象、联保方式等）

Q2. 您有没有因为担保联保而陷入流动性危机的经历？当时的具体情况如何？

Q3. 2011 年及 2013 年时，您的资金状况如何？

Q4. 2011 年及 2013 年的破产潮发生后，您现在是否还保持担保联保关系？

Q5. 破产潮发生后，周宁人内部的关系有发生变化吗？如果有，是什么样的变化呢？

国家社科基金项目调查课题组

2017 年 11 月

参考文献

中文文献

[1] 阿克洛夫,希勒,2012.动物精神[M].黄志强,等译.北京:中信出版社.

[2] 阿瑟,2018a.技术的本质[M].曹东溟,王健,译.杭州:浙江人民出版社.

[3] 阿瑟,2018b.复杂经济学:经济思想的新框架[M].贾拥民,译.杭州:浙江人民出版社.

[4] 安沈昊,于荣欢,2020.复杂网络理论研究综述[J].计算机系统应用(9):26-31.

[5] 邦格,2019.涌现与汇聚——新质的产生于知识的统一[M].李宗荣,李成芳,等译.北京:人民出版社.

[6] 包斯文,2009a.钢贸商经营模式变革的思考[N].中国冶金报,2009-03-07.

[7] 包斯文,2009b.上海部分钢贸商今年将"去冬储化"[N].中国冶金报,2012-11-27

[8] 包斯文,2014.从中央经济工作会议看钢贸商机[N].中国冶金报,2014-12-18.

[9] 包斯文,2017.钢贸商的期货参与度为何不高?——钢贸商参与期货交易的现状、存在的问题及发展趋势[N].中国冶金报,2017-02-07.

[10] 包智明,1996.论社会结构及其构成要素[J].社会科学辑刊(5):29-34,158.

[11] 鲍威尔,迪马吉奥,2008.组织制度的新制度主义[M].姚伟,译.上海:上海人民出版社.

[12] 波兰尼,2013.巨变——当代政治与经济的起源[M].黄树民,译.北京:社会科学文献出版社.

[13] 玻恩,1979.我的一生和我的观点[M].李宝恒,译.北京:商务印书馆.

[14] 伯特,2011.结构洞——竞争的社会结构[M].任敏,等译.上海:上海人民出版社.

[15] 布查纳,2001.临界:为什么世界比我们想象的要简单[M].刘杨,陈雄飞,译.长春:吉林人民出版社.

[16] 布迪厄,2003a.实践感[M].蒋梓骅,译.南京:译林出版社.

[17] 布迪厄,2003b.区隔:趣味判断的社会批判.朱国华,译.[C]//陶东风,等.文化研究.北京:中央编译出版社.

[18] 布迪厄,2006.科学之科学与反观性[M].陈圣生,等译.桂林:广西师范大学出版社.

[19] 布迪厄,2007.实践理性——关于行为理论[M].谭立德,译.北京:生活·读书·新知三联书店.

[20] 布迪厄,2009.经济人类学原理[C]//斯梅尔瑟,斯威德伯格.经济社会学手册.罗教讲,张永宏,等译.北京:华夏出版社.

[21] 布迪厄,华康德,2004.实践与反思——反思社会学导引[M].李猛,李康,译.北京:中央编译出版社.

[22] 布坎南,1988.经济学家应该做什么[M].罗根基,等译.成都:西南财经大学出版社.

[23] 布罗代尔,1992.15 至 18 世纪的的物质文明、经济和资本主义[M].顾良,施康强,译.北京:生活·读书·新知三联书店.

[24] 蔡昉,2013.中国经济增长如何转向全要素生产率驱动型[J].中国社会科学(1):56-71,206.

[25] 蔡增正,1999.教育对经济增长贡献的计量分析——科教兴国战略的实证依据[J].经济研究(2):39-48.

[26] 常青,2020.马克思三态社会结构理论——中国社会结构变革的新理解与新方向[J].天水师范学院学报(1):18-27.

[27] 常庆欣,张旭,2013."批判实在"对主流经济学的批判[J].经济纵横

(7):35-40.

[28] 常修泽,2006.关于国有经济改革的三个战略性问题分析[J].学习月刊(23):14-15.

[29] 陈林生,2008a.市场场域:市场运作的新经济社会学分析[J].燕山大学学报(哲学社会科学版)(4):132-135.

[30] 陈林生,2008b.专业市场的实践逻辑:一个"场域-资本-惯习"的分析框架——基于对周宁人上海钢材市场的调查分析[J].兰州学刊(10):106-108.

[31] 陈林生,2009.市场场域:一个新经济社会学的分析[J].社会学人大复印资料(4):67-71.

[32] 陈林生,2010.营销场域:市场运作的经济社会学分析[J].商业研究(1):194-197.

[33] 陈林生,2012a.市场场域:经济社会学对市场研究的新转向[J].江淮论坛(2):159-163.

[34] 陈林生,2012b.作为制度的专业市场:社会建构论的视角——以福建周宁人经营的钢材市场为例[J].理论月刊(6):131-134.

[35] 陈林生,2013a.市场的社会结构——场域理论对市场社会学的应用[J].华东理工大学学报(社会科学版)(4):1-9.

[36] 陈林生,2013b.作为社会结构的市场——市场场域的应用及其方法论问题[J].学术论坛(10):66-72.

[37] 陈林生,2015.市场的社会结构——市场社会学的当代理论与中国经验[M].北京:中国社会科学出版社.

[38] 陈林生,2016.威权结构、融资结网与市场风险——钢材交易市场案例研究[J].社会学评论(5):33-44.

[39] 陈林生,洪长安,2009.专业市场场域的实践逻辑——以周宁人在上海的钢材市场为例[J].社会科学论坛(学术研究卷)(1):84-88.

[40] 陈平,2012."看不见的手"和自稳定的市场神话——复杂科学和新古典经济学的历史检验[J].当代经济研究(12):1-8,93.

[41] 陈平,2015.金融危机与经济学流派的实践检验[J].演化与创新经济学评论(1):57-72.

[42] 陈庆修,2013.经济结构性失衡问题的综合治理方案[J].中国流通经济(2):52-56.

[43] 陈志英,2014.治理的结构性分析[J].江汉大学学报(社会科学版)(6):61-65,134.

[44] 成思危,1999.复杂科学与系统工程[J].管理科学学报(2):1-7.

[45] 达尔文,2018.物种起源[M].文舒,译.杭州:浙江工商大学出版社.

[46] 戴尔,2016.卡尔·波兰尼——市场的限度[M].焦兵,译.北京:中国社会科学出版社.

[47] 戴汝为,操龙兵.2001.一个开放的复杂巨系统[J].系统工程学报(5):376-381.

[48] 道宾,2008.经济社会学[M].冯秋石,王星,等译.上海:上海人民出版社.

[49] 德兰荻,2005.社会科学——超越建构论与实在论[M].张茂元,译.长春:吉林人民出版社.

[50] 邓翔,吕一清,路征,2013.动态随机一般均衡模型的反思与改进——基于复杂系统和复杂网络的视角[J].经济学动态(8):121-126.

[51] 迪尔凯姆,2000.社会分工论[M].渠东,译.北京:生活·读书·新知三联书店.

[52] 董辅礽,1994.经济体制改革研究(上卷)[M].北京:经济科学出版社.

[53] 杜玉华,2012a.论马克思社会结构理论的基本涵义及其特征[J].湖南师范大学社会科学学报(2):64-68.

[54] 杜玉华,2012b.论马克思社会结构理论对西方结构主义思想的影响[J].江海学刊(3):104-112.

[55] 杜玉华,2013.社会结构:一个概念的再考评[J].社会科学(8):90-98.

[56] 多纳蒂,2018.关系社会学——社会科学研究的新范式[M].刘军,朱晓文,等译.上海:上海人民出版社.

[57] 范冬萍,2006.复杂系统的突现与层次[C].国际研讨会论文集.

[58] 范如国,2014.复杂网络结构范型下的社会治理协同创新[J].中国社会科学(4):98-120.

[59] 范如国,2017."全球风险社会"治理:复杂性范式与中国参与[J].中国社会科学(2):65-83.

[60] 范如国,朱超平,林金钗,2019.基于复杂网络的中国区域环境治理效率关联性演化分析[J].系统工程(2):1-11.

[61] 费埃德伯格,2005.权力与规则——组织行动的动力[M].张月,等译.上海:上海人民出版社.

[62] 费孝通,2006.乡土中国[M].上海:上海人民出版社.

[63] 冯端,金国钧,2000.凝聚态物理学中的基本概念[J].物理学进展(1):1-21.

[64] 冯智莉,易国洪,李普山,等,2018.并行化遗传算法研究综述[J].计算机应用与软件(11):1-7,80.

[65] 弗雷格斯坦,2008.市场的结构——21世纪资本主义社会的经济社会学[M].甄志宏,译.上海:上海人民出版社.

[66] 弗里曼,2008.社会网络分析发展史——一项科学社会学的研究[M].张永宏,等译.北京:中国人民大学出版社.

[67] 符平,2013.市场的社会逻辑[M].上海:上海三联书店.

[68] 福柯,1999.规训与惩罚[M].刘北成,杨远婴,译.北京:生活·读书·新知三联书店.

[69] 高柏,2008.经济意识形态与日本产业政策——1931-1965年的发展主义[M].安佳,译.上海:上海人民出版社.

[70] 高剑平,文茂臣,杨博,2020.本体论的历史演进:从"实体论"、"关系论"到"深层生成论"——兼评鲁品越教授的著作《深层生成论:自然科学的新哲学境界》[J].新时代马克思主义论丛(2):35-53.

[71] 高尚全,1998.我国的所有制结构与经济体制改革[J].中国社会科学(1):53-62.

[72] 高尚全,2005.民本经济论[M].北京:社会科学文献出版社.

[73] 高宣扬,2004.布迪厄的社会理论[M].上海:同济大学出版社.

[74] 格兰诺维特,2007.镶嵌:社会网与经济行动[M].罗家德,译.北京:社会科学文献出版社.

[75] 顾基发,唐锡晋,朱正祥,2007.物理-事理-人理系统方法论综述[J].交通运输系统工程与信息(6):55-64.

[76] 广松涉,2009.存在与意义——事的世界观之奠基[M].彭曦,何鉴,译.南

京：南京大学出版社.

[77] 哈肯,1984.协同学引论——物理学、化学和生物学中的非平衡相变和自组织(第三版)[M].徐锡申,等译.北京：原子能出版社.

[78] 哈肯,1995.协同学——大自然构成的奥秘[M].凌复华,译.上海：上海译文出版社.

[79] 哈耶克,2003.经济学与知识[M]//哈耶克.个人主义与经济秩序.邓正来,译.北京：生活·读书·新知三联书店.

[80] 海德格尔,2000.诗·语言·思[M].北京：文化艺术出版社.

[81] 韩红蕾,2021.可持续绿色经济发展的影响因素和转化路径[J].西南师范大学学报(自然科学版)(1):74-79.

[82] 韩鹏云,朱立国,2011.从"关系实在"到"社会关系本体论"——历史唯物主义"关系说"的理论脉络[J].安康学院学报(4):23-26.

[83] 胡塞尔,1992.纯粹现象学通论[M].李幼燕,译.北京：商务印书馆.

[84] 胡塞尔,1999.经验与判断[M].邓晓芒,张廷国,译.北京：生活·读书·新知三联书店.

[85] 胡世畅,2017.钢贸行业不良贷款形成机理及对策研究——以佛山为例[D].广州：华南理工大学.

[86] 怀特海,2013.过程与实在——宇宙论研究[M].杨富斌,译.北京：中国人民大学出版社.

[87] 黄冀,2021.对虚拟经济非理性繁荣现象的思考[J].当代经济(6):13-15.

[88] 黄欣荣,2012.复杂性科学方法及其运用[M].重庆：重庆大学出版社.

[89] 黄新,2009.遗产算法在经济学中的应用研究[J].消费导刊(7):58.

[90] 霍兰,2019.隐秩序——适应性造就复杂性[M].周晓牧,韩晖,译.上海：上海科技教育出版社.

[91] 霍姆斯,2016.复杂经济系统中的行为理性与异质性预期[M].忻丹娜,李娜,译.上海：上海三联书店.

[92] 霍奇森,2019.资本主义的本质：制度、演化和未来[M].张林,译.上海：上海三联书社.

[93] 吉登斯,1998.社会的构成：结构化理论大纲[M].李康,译.北京：三联

书店.

[94] 吉登斯,2000.现代性的后果[M].田禾,译.南京:译林出版社.

[95] 吉登斯,2003.社会学方法的新规则[M].刘江涛,田佑中,等译.北京:社会科学文献出版社.

[96] 纪廉,迈耶,等,2006.新经济社会学:一门新兴学科的发展[M].姚伟,译.北京:社会科学文献出版社.

[97] 贾康,2013.新供给:经济学理论的中国创新[M].北京:中国经济出版社.

[98] 贾康,2015."十三五"时期的供给侧改革[J].国家行政学院学报(6):12-21.

[99] 贾康,2016.供给侧改革:理论、实践与思考[M].北京:商务印书馆.

[100] 蒋昭侠,蒋随,2010.产业结构调整与金融资源配置联动解析[J].全国商情(理论研究)(22):3-5,8.

[101] 蒋震,2014.工业化水平、地方政府努力与土地财政:对中国土地财政的一个分析视角[J].中国工业经济(10):33-45.

[102] 金,2019.社会科学与复杂性:科学基础[M].王亚男,译.北京:科学出版社.

[103] 金碚,吕铁,李晓华,2010.关于产业结构调整几个问题的探讨[J].经济学动态(8):14-20.

[104] 金观涛,1986.整体的哲学[M].成都:四川人民出版社.

[105] 金海年,2014.新供给经济增长理论:中国改革开放经济表现的解读与展望[J].财政研究(11):2-7.

[106] 科尔曼,1990.社会理论的基础[M].邓方,译.北京:社会科学文献出版社.

[107] 科斯,1990.企业、市场与法律[M].盛洪,陈郁,译.上海:上海三联书店.

[108] 科斯,等,2004.财产权利与制度变迁[M].上海:上海三联书店.

[109] 科兹纳,2012.市场过程的含义[M].冯兴元,等译.北京:中国社会科学出版社.

[110] 克罗齐耶,费埃德伯格,2007.行动者与系统——集体行动中的政治学[M].张月,等译.上海:上海人民出版社.

[111] 库奇,福蒂斯,2021.复杂性和产业集群——理论与实践中的动态模型

[M].吴建新,译.北京:经济管理出版社.

[112] 蒯因,1987.从逻辑的观点看[M].江天骥,等译.上海:上海译文出版社.

[113] 蒯因,1989.经验论的两个教条[M]//洪谦.逻辑经验主义(下).北京:商务印书馆.

[114] 兰绍清,2014.从有限理性分析钢贸危机——以周宁钢贸为例[J].天津中德职业技术学院学报(1):117-118.

[115] 李冠福,2018.简论社会结构的复杂性[J].产业与科技论坛(22):75-78.

[116] 李珉,2016.上海钢贸融资危机与对策研究[D].福州:福建师范大学.

[117] 李鹏,陈有川,杨小青,等,2018.城市专业市场集群的空间成长:过程、经验与规划管控——以济南泺口服装专业市场集群为例[J].上海城市规划(1):115-120.

[118] 李旭超,刘丁华,金祥荣,2021.僵尸企业的生成、危害及处置——文献综述和未来研究方向[J].北京工商大学学报(社会科学版)(1):114-126.

[119] 李艳春,2013.关系社会学本体论初探[J].东南学术(3):148-153.

[120] 李拥军,2009.中国钢材交易市场的发展及演变[J].中国钢铁业(9):5-11.

[121] 李永博,2019.布莱恩·阿瑟:中国相比西方更容易理解复杂经济学[N].新京报 10-19(B12).

[122] 李约瑟,1990.中国科学技术史[M].上海:上海古籍出版社.

[123] 梁漱溟,2015.东西文化及其哲学[M].上海:上海人民出版社.

[124] 林聚任,2016.西方社会建构论思潮研究[M].北京:社会科学文献出版社.

[125] 林毅夫,巫和懋,邢亦青,2010."潮涌现象"与产能过剩的形成机制[J].经济研究(10):4-19.

[126] 林毅夫,2012.新结构经济学:反思经济发展与政策的理论框架[M].北京:北京大学出版社.

[127] 林毅夫,李永军,2003.出口与中国的经济增长:需求导向的分析[J].经济学(季刊)(3):779-794.

[128] 林毅夫等,2016.供给侧结构性改革[M].北京:民主与建设出版社.

[129] 刘芳,2011.基于复杂网络理论的金融体系系统风险成因及治理[J].特区

经济(12):91-93.

[130] 刘津,2021.人情关系的结构转型、性质转向与社会资本培育[J].理论月刊(6):95-104.

[131] 刘军,2004.社会网络分析导论[M].北京:社会科学文献出版社.

[132] 刘克崮,贾康,高培勇,2014.深化财税体制改革的基本思路与政策建议[J].财政研究(7):2-10.

[133] 刘林平,2002.关系、社会资本与社会转型[M].北京:中国社会科学出版社.

[134] 刘米娜,丘海雄,2013.市场是什么?——新经济社会学视野下的市场研究:派别理论比较研究及启示[J].河南社会科学(2):66-70.

[135] 刘牧,2010.经济学个人主义方法论的根源[J].社会科学战线(10):58-64.

[136] 刘森林,2009.实践的逻辑[M].北京:社会科学文献出版社.

[137] 刘少杰,2012.社会学理性选择理论研究[M].北京:中国人民大学出版社.

[138] 刘诗白,1998.对国有企业改革的现实思考[J].理论与改革(1):5-8.

[139] 刘世定,2011.经济社会学[M].北京:北京大学出版社.

[140] 刘伟,张辉,2008.中国经济增长中的产业结构变迁和技术进步[J].经济研究(11):4-15.

[141] 鲁品越,2010.论世界的"单元结构"与"层展结构"[J].江西社会科学(7):13-17.

[142] 鲁品越,2011.深层生成论:自然科学的新哲学境界[M].北京:人民出版社.

[143] 罗嘉昌,2012.从物质实体到关系实在[M].北京:中国人民大学出版社.

[144] 罗斯巴德,2007.权力与市场[M].刘云鹏,等译.北京:新星出版社.

[145] 罗素,2015.我的哲学的发展[M].北京:商务印书馆.

[146] 洛佩兹,斯科特,2007.社会结构[M].允春喜,译.长春:吉林人民出版社.

[147] 马琳琳,2006.供给学派与中国的经济现状研究[J].东南大学学报(哲学社会科学版)(1):72-74.

[148] 马晓河,2017.大转型:供给侧结构性改革[M].北京:中国社会科学出

版社.

[149] 毛征兵,范如国,陈略,2018.新时代中国开放经济的系统性风险探究——基于复杂性系统科学视角[J].经济问题探索(10):1-24.

[150] 梅可玉,2007.自组织临界性的经济学应用的方法论思考[J].系统科学学报(4):43-48.

[151] 门格尔,2007.经济学方法论探究[M].姚中秋,译.北京:新星出版社.

[152] 米勒,佩奇,2020.复杂适应系统:社会生活计算模型导论[M].隆云滔,译.上海:上海人民出版社.

[153] 苗东升,2001.复杂性研究的现状与展望[J].系统辩证学学报(4):3-9.

[154] 苗东升,2006.系统科学精要(第二版)[M].北京:中国人民大学出版社.

[155] 默顿,2006.社会理论和社会结构[M].唐少杰,等译.南京:译林出版社.

[156] 诺思,2008.理解经济变迁过程[M].钟正生,等译.北京:中国人民大学出版社.

[157] 潘英丽,2021.论银行转型在构建新发展格局中的基础作用[J].人民论坛·学术前沿(4):10-19.

[158] 庞凤喜,张念明,2013.结构性减税政策实施中税收优惠的功效评估[J].财政经济评论(2):78-86.

[159] 普里戈金,2018.确定性的终结——时间、混沌与新自然法则[M].湛敏,译.上海:上海科技教育出版社.

[160] 齐磊磊,2017.科学哲学视野中的复杂系统与模拟方法[M].北京:中国社会科学出版社.

[161] 钱颖一,1996.激励理论的新发展与中国的金融改革[J].经济社会体制比较(6):33-37.

[162] 乔天宇,邱泽奇,2020.复杂性研究与拓展社会学边界的机会[J].社会学研究(2):25-48.

[163] 乔新生,2018.总结改革开放40年急需经济学理论创新[N].社会科学报,2018-09-06.

[164] 日置弘一郎,2018.市场和集市[J].陈朝阳,译.湖北第二师范学院学报(3):64-69.

[165] 沈原,2007.市场、阶级与社会——转型社会学的关键议题[M].北京:社会科学文献出版社.

[166] 盛洪,2009.现代制度经济学(上卷)[M].北京:中国发展出版社.

[167] 斯蒂格利茨,2017.自由市场的坠落[M].李俊青,杨玲玲,译.北京:机械工业出版社.

[168] 斯梅尔瑟,斯威德伯格,2009.经济社会学手册[M].罗教讲,张永宏,等译.北京:华夏出版社.

[169] 斯威德伯格,2005.经济社会学原理[M].周长城,等译.北京:中国人民大学出版社.

[170] 斯维德伯格,2003.作为一种社会结构的市场[J].吴苾婷,译.社会(2):42-49.

[171] 斯沃茨,2012.文化与权力——布尔迪厄的社会学[M].陶东风,译.上海:上海译文出版社.

[172] 宋学锋,杨列勋,曹庆仁,2004.复杂性科学研究进展[M].北京:科学出版社.

[173] 苏国勋,刘小枫,2005.社会理论的政治分化[M].上海:上海三联书店.

[174] 孙强,2001.当代社会关系理论研究综述[J].学术界(1):264-273.

[175] 谭少林,李金虎,2017.复杂网络上的演化博弈动力学——一个计算视角的综述[J].复杂系统与复杂性科学(4):1-13.

[176] 唐长兵,2007.局部活跃性是复杂性的起源[D].金华:浙江师范大学.

[177] 唐力权,1991.周易与怀德海之间[M].沈阳:辽宁大学出版社.

[178] 唐力权,1998.场有哲学再阐发——罗嘉昌著《从物质实体到关系实在》读后[J].时代与思潮(1):200-214.

[179] 唐任伍,刘洋,李楚翘,2020.布莱恩·阿瑟对复杂经济学的贡献——科睿唯安"引文桂冠"经济学奖得主学术贡献评介[J].经济学动态(3):47-60.

[180] 特纳,2001.社会学理论的结构(上、下)[M].邱泽奇,等译.北京:华夏出版社.

[181] 田永峰,2010.复杂性范式经济学与后危机时代的经济发展[J].石家庄经济学院学报(6):18-23.

[182] 田志虹,2005.基于自组织理论的电子商务市场网络的演化机制研究

[D].北京:北京交通大学.

[183] 万海远,李实,2013.户籍歧视对城乡收入差距的影响[J].经济研究(9):
43-55.

[184] 汪和建,2006.经济社会学——迈向新综合[M].北京:高等教育出版社.

[185] 汪和建,2012.经济与社会:新综合的视野[M].北京:中国社会科学出版社.

[186] 汪伟,2010.计划生育政策的储蓄与增长效应:理论与中国的经验分析[J].经济研究(10):63-77.

[187] 汪小帆,李翔,陈关荣,2006.复杂网络理论及其应用[M].北京:清华大学出版社.

[188] 汪绪永,2004.社会结构理论及其方法论意义[J].黄冈师范学院学报(5):26-30.

[189] 王冰,张军,2006.市场运行和演化的自组织理论探析[J].湖北经济学院学报(5):50-54.

[190] 王桂新,2008.城市外来人口社会融合研究综述[J].上海行政学院学报(6):99-104.

[191] 王俊豪,等,2013.中国城市公用事业民营化绩效评价与管制政策研究[M].北京:中国社会科学出版社.

[192] 王少平,凌岚,2012.产业共生网络的结构特征研究[M].上海:同济大学出版社.

[193] 王劭琳,2013.试论钢贸动产质押下的质权效力问题[D].上海:上海交通大学.

[194] 王小鲁,2000.中国经济增长的可持续性与制度变革[J].经济研究(7):3-15,79.

[195] 王晓路,2007.对哈里森·怀特市场模型的讨论:解析、探源与改进[J].社会学研究(1):175-219,245-246.

[196] 王银年,2009.遗传算法的研究与应用[D].无锡:江南大学.

[197] 王宇星,2004.基于遗传算法的宏观经济模型[D].吉林:吉林大学.

[198] 王卓妮,2020.我国钢铁业僵尸企业的识别及退出路径选择:以重庆钢铁

破产重整为例[D].成都:四川师范大学.

[199] 威廉姆森,2011.市场与层级制[M].蔡晓月,孟检,等译.上海:上海财经大学出版社.

[200] 韦伯,1987.新教伦理与资本主义精神[M].于晓,陈维纲,等译.北京:生活·读书·新知三联书店.

[201] 韦伯,2004.经济与历史[M].康乐,简惠美,等译.桂林:广西师范大学出版社.

[202] 卫兴华,侯为民,2017.中国经济增长方式的选择与转换路径[J].经济研究(7):15-22.

[203] 沃格尔,2020.市场治理术——政府如何让市场运作[M].毛海栋,译.北京:北京大学出版社.

[204] 沃特斯,2000.现代社会学理论[M].北京:华夏出版社.

[205] 吴宝,2012.企业融资结网与风险传染问题研究——基于社会资本的视角[D].杭州:浙江工业大学.

[206] 吴宝,李正卫,池仁勇,2011.社会资本、融资结网与企业间风险传染:浙江案例研究[J].社会学研究(3):84-105,244.

[207] 吴敬琏,1994.建立现代企业制度应当解决的几个问题[J].中国工业经济研究(4):4-7.

[208] 吴敬琏,2008.中国经济改革三十年历程的制度思考[J].农村金融研究(11):30-37.

[209] 吴敬琏,等,2016.供给侧改革:经济转型重塑中国布局[M].北京:中国文史出版社.

[210] 吴彤,2001.自组织方法论研究[M].北京:清华大学出版社.

[211] 吴卫福,2016.充分发挥商会在供给侧改革中的重要作用[J].广东经济(8):81-83.

[212] 夏兹金,2010.当代理论的实践转向[M].柯文,石诚,等译.苏州:苏州大学出版社.

[213] 晓亮,1996.现阶段私有经济与公有经济的关系问题[J].江淮论坛(3):9-13.

[214] 肖林,2016.新供给经济学:供给侧结构性改革与持续增长[M].上海:上

海三联书店.

[215] 谢林,2013.微观动机与宏观行为[M].谢静,等译.北京:中国人民大学出版社.

[216] 熊熊,姚传伟,张永杰,2013.中小企业联合担保贷款的计算实验金融分析[J].管理科学学报(3):88-94.

[217] 许成钢,2011.国家垄断土地所有权带来的五大问题[J].党政干部参考(5):24-25.

[218] 续育茹,2020.非线性动力系统的混沌动力学研究[D].北京:北京工业大学.

[219] 亚历山大,2000.社会学二十讲[M].贾春增,董天明,等译.北京:华夏出版社.

[220] 颜泽贤,范冬萍,张华夏,2006.系统科学导论:复杂性探索[M].北京:人民出版社.

[221] 杨春学,2018.新古典自由主义经济学的困境及其批判[J].经济研究(10):4-15.

[222] 杨春学等,2013.对自由市场的两种理解[M].北京:社会科学文献出版社.

[223] 杨飞,2018.我国产能过剩的原因与治理研究——兼评供给侧结构性改革[J].公共财政研究(1):49-62.

[224] 杨立岩,潘慧峰,2003.人力资本、基础研究与经济增长[J].经济研究(4):72-78,94.

[225] 杨善华,侯红蕊,1999.血缘、姻缘、亲情与利益——现阶段中国农村社会中"差序格局"的"理性化"趋势[J].宁夏社会科学(6):51-58.

[226] 姚东旻,李静,2021."十四五"时期财政支持国家创新体系建设的理论指引与取向选择[J].改革(6):59-71.

[227] 易思瑶,2020.基于绿色GDP的绿色经济发展研究[D].锦州:渤海大学.

[228] 余顷,张卫,2012.长沙市大型专业市场分布与演化对城市空间结构形态的影响研究[J].中外建筑(10):64-67.

[229] 余雪杰,2016.基于自组织理论视角的肉羊产业链系统形成与演化研究:

以内蒙古为例[D].呼和浩特:内蒙古农业大学.

[230] 俞可平,2014.推进国家治理体系和治理能力现代化[J].前线(1):5-8,13.

[231] 俞雪莲,黄茂兴,2021.财税政策组合对企业技术创新的影响[J].福建工程学院学报(3):298-305.

[232] 泽利泽尔,2014.人的价值与市场:19世纪美国人寿保险和死亡案例[C]//格兰诺维特,斯威德伯格.经济生活中的社会学.瞿铁鹏,姜志辉,等译.上海:上海人民出版社.

[233] 张东荪,1998.思想与社会[M].沈阳:辽宁教育出版社.

[234] 张华夏,1995.实体实在论[J].哲学研究(5):33-39,54.

[235] 张嘉懿,2018.新结构经济学评价与思考[J].经济管理(7):66-68.

[236] 张江华,陈中飞,任之光,等,2020.复杂性科学及其在经济领域中的资助和研究进展[J].管理科学学报(11):117-126.

[237] 张静,1993.社会结构:概念的进展及限制[J].社会学研究(6):34-40.

[238] 张军,2015.中国经济的非常态:短期与中长期出路[J].中共杭州市委党校学报(4):1,4-9.

[239] 张军,陈诗一,2009.结构改革与中国工业增长[J].经济研究(7):4-20.

[240] 张维,2010.计算实验金融研究[M].北京:科学出版社.

[241] 张维,冯绪,熊熊,等,2012.计算实验金融在中国:研究现状及未来发展[J].系统管理学报(2):756-764.

[242] 张维迎,2012.市场的逻辑(增订版)[M].上海:上海人民出版社.

[243] 张晓霞,2003.作为社会结构的市场[J].中共南昌市委党校学报(2):43-46.

[244] 张艳国,谌润,2017.农民工"内卷化"研究述评[J].社会科学动态(1):56-63.

[245] 赵华,2020.批判实在论哲学研究[M].天津:南开大学出版社.

[246] 赵瑞琳,2021.虚拟经济与金融危机[J].中国市场(22):1-2.

[247] 赵旭东,2017.结构与再生产——吉登斯的社会理论[M].北京:中国人民大学出版社.

[248] 郑杭生,杨敏,2010.社会互构论:世界眼光下的中国特色社会学理论的新探索[M].北京:中国人民大学出版社.

[249] 中共中央马克思恩格斯列宁斯大林著作编译局,1995. 马克思恩格斯选集
(第一卷)[M]. 北京:人民出版社.

[250] 中共中央宣传部,2016. 习近平总书记系列重要讲话读本[M]. 北京:人民
出版社.

[251] 周天勇,1997. 效率与供给经济学[M]. 北京:经济科学出版社.

[252] 周怡,2000. 功能主义、结构主义和后结构主义理论之走向[J]. 社会学研
究(3):55-66.

[253] 朱国宏,1999. 经济社会学[M]. 上海:复旦大学出版社.

[254] 朱国华,2004a. 场域与实践:略论布迪厄的主要概念工具(下)[J]. 东南大
学学报(哲学社会科学版)(2):41-45,126.

[255] 朱国华,2004b. 习性与资本:略论布迪厄的主要概念工具(上)[J]. 东南大
学学报(哲学社会科学版)(1)33-37,74.

[256] 朱海就,2009. 市场的本质:人类行为的视角与方法[M]. 上海:上海三联
书店.

[257]《中国城市发展报告》编委会,2013. 中国城市发展报告(2013)[M]. 北京:
社会科学文献出版社.

外文文献

[1] Angle J, 1986. The surplus theory of social stratification and the size
distribution of personal wealth[J]. Social Forces(2):293.

[2] Arrow K J, 1974. General economic equilibrium:purpose,analytic techniques,
collective choice[J]. The American Economic Review,64:253-273.

[3] Arrow K J, 1992. General economic equilibrium:purpose,analytic techniques,
collective choice[J]. Zeitschrift Füralytische Chemie(4):239-242.

[4] Arthur W B, 2009. The nature of technology:what it is and how it evolves
[M]. New York:Free Press.

[5] Arthur W B, 2011. The second economy[J]. McKinsey Quarterly (4):1-9.

[6] Arthur W B, 2014. Complexity and the economy[M]. Oxford : Oxford
University Press.

[7] Arthur W B, 2017. Where is technology taking the economy? [J]. McKinsey Quarterly (4):1-11.

[8] Arthur W B, 1990. Positive feedhacks in the economy[J]. Scientific American, 262:92-99.

[9] Arthur W B,1991. Designing economic agents that act like human agents: a behavioral approach to bounded rationality[J]. American Economic Review 81(2):353-359.

[10] Arthur W B, 1994a. Increasing returns and path dependence in the economy[M]. Michigan :University of Michigan Press.

[11] Arthur W B,1996. Increasing returns and the new world of business[J]. Harvard Business Review 74(4):100-109.

[12] Arthur W B,1997. The economy as an evolving complex system II[M]. MA:Addison Wesley.

[13] Arthur W B,1999. Complexity and the economy[J]. Science,284:99-101.

[14] Arthur W B,2000. Cognition:the black box of econoics[M]//Colander D,The complexity vision and the teaching of ecnomics. MA:Edward Elgar Publishing.

[15] Axelrod R,1986. An evolutionary approach to norms[J]. American Political Science Association(4):1095-1111.

[16] Axelrod R,1995. A model of the emergence of new political actors [M]// Gilbert N, Conte R. Artificial societies:the computer simulation of social life. London:University College Press.

[17] Axtell R,1999. The emergence of firms in a population of agents[R]. Working Papers.

[18] Bak P , Tang C , Wiesenfeld K,1978. Self-organized criticality:an explanation of 1/f noise[J]. Physical Review Letters(4):381-384.

[19] Bak P, Tang Chao, Wiesenfeld, 1987. Self-organized criticality: an explanation of 1/f noise[J]. Physical Review Letters(4):381-384.

[20] Baker W,1990. Market networks and corporate behavior[J]. American

Journal of Sociology(3):589-625.

[21] Barabási A L,Albert R,1999. Emergence of scaling in random networks [J]. Science,286:509-512.

[22] Beauchamp J P,2011. Molecular genetics and economics[J]. Journal of Economic Perspectives (4):57-82.

[23] Bevir M,2006. Democratic governance:Systems and radical perspectives [J]. Public Administration Review (3):426-436.

[24] Bhaskar R,1987. A realist theory of science[M]. Brighton:Harvester.

[25] Bhaskar R, 1997. A realist theory of science [M]. London and New York:Verso.

[26] Bhaskar R,1998. The possibility of naturalism:a philosophical critique of the contemporary human sciences [M]. London and New York: Routledge.

[27] Biggart N W,1991. Institutionalized patrimonialism in Korean business [M]// Calhoun C. Comparative social research. :Business Institutions. London:JAI Press.

[28] Blau P M,1964. Exchange and power in social life[M]. New York:John Wiley & Sons,Inc.

[29] Bourdieu P, 1979. Distinction:a social critic of the judgment of taste [M]. London Melbourne and Henley:Routledge and Ketan Paul.

[30] Bourdieu P, 1987. The historical genesis of a pure aesthetic[J]. The Journal of Aesthetics and Art Criticism,46:201-210.

[31] Bourdieu P, 1990. Photography, a middle-brow art [M]. Stanford: Stanford University Press.

[32] Bourdieu P, 1993. The field of cultural production:essays on art and literature[M]. New York:Columbia University Press.

[33] Bourdieu P,1994. Free exchange[M]. Cambridge:Polity Press.

[34] Bourdieu P,1996. The rule of art:genesis and structure of the literary field[M]. Stanford:Stanford University Press.

[35] Braudel F, 1985. The wheels of commerce(volume Ⅱ)[M]. London: Fontana.

[36] Brown N, Szeman I, 2000. Pierre Bourdieu: fieldwork in culture[M]. Plymouth: Rowman & Littlefield Publisher.

[37] Burt R S, 1982. Toward a structural theory of action: network models of social structure, perception and action[M]. New York: Academic Press.

[38] Burt R S, 1992. Structural holes: the social of competition[M]. Mass: Harvard University Press.

[39] Castellani B, Hafferty F W, 2009. Sociology and complexity science: a new field of inquiry[M]. Berlin and Heidelberg: Springer.

[40] Castellani B, Hafferty W, 2009. Sociology and complexity science[M]. Berlin and Heidelberg: Springer.

[41] Centola D, Michael M, 2005. The emperor's dilemma: a computational model of Self-Enforcing norms[J]. American Journal of Sociology (4): 100-109.

[42] Cheung S, 1973. The fable of the bees: an economic investigation[J]. Journal of Law and Economics (1): 11-33.

[43] Coase R H, 1937. The nature of the firm[J]. Economica(16): 386-405.

[44] Coase R H, 1988. The nature of the firm in the firm, the market and the law[M]. Chicago: University of Chicago Press.

[45] Davies G Ⅰ, 1998. Introduction to the pentateuch [M]// Barton J, Muddiman J. Oxford Bible commentary. Oxford: Oxford University Press.

[46] Debreu G, 1984. Economic theory in the mathematical node [J]. American Economic Review(3): 267-278.

[47] Deffuant G, Huet S, Amblard F, 2005. An Individual-Based model of innovation diffusion mixing social value and individual benefit [J]. American Journal of Sociology (4): 87-98.

[48] Deffuant G, Huet S, Amblard F, 2005. An Individual-Based model of

innovation diffusion mixing social value and individual benefit［J］. American Journal of Sociology（4）：555-575.

［49］ DiMaggio P J,1977. Market structures,the creative processand popular culture［J］. Journal of Popular Culture(11)：436-452.

［50］ Durkheim E，1938. The rules of sociological method ［M］. UK：Macmillan Education.

［51］ Epstein J M，2006. Generative social science：studies in Agent-Based computational modeling［M］. Princeton：Princeton University Press.

［52］ Epstein J M,Robert A,1996. Growing artificial societies：social science from the bottom up［M］. Washington D. C.：Brookings Institution Press.

［53］ Fioretti G,2013. The garbage can model of organizational choice ［R］. Comses Computational Model Library.

［54］ Foley D K,2008. Adam's fallacy：a guide to economic theology［M］. MA：Harvard University Press.

［55］ Fossett M，2006. Ethnic preferences，social distance dynamics and residential segregation：theoretical explorations using simulation analysis ［J］. The Journal of Mathematical Sociology(3-4)：185-273.

［56］ Fossett M,2011. Generative models of segregation：investigating model-generated patterns of residential segregation by ethnicity and socioeconomic status［J］. The Journal of Mathematical Sociology(1-3)：114-145.

［57］ Foucault M,1980. The history of sexuality,volume：an introduction［M］. New York：Vintage Books.

［58］ Fowler J H，Smirnov O,2005. Dynamic parties and social turnout：an agent-based model［J］. American Journal of Sociology(4)：1070-1094.

［59］ Fowler J H，Smirnov O,2005. Dynamic parties and social turnout：an Agent-Based model［J］. American Journal of Sociology（4）：1070-1094.

［60］ Giddens A,1976. New rules of the sociological method［M］. London：

Hutchinson.

[61] Giddens A, 1984. The constitution of society[M]. Cambridge: Polity Press.

[62] Giddens A, 1995. Polifics, sociology and social theory: encounters with classical and contemporary social thought[M]. CA: Stanford University Press.

[63] Granovetter M, 1974. Getting a job: a study of contacts and career[M]. MA: Harvard University Press.

[64] Granovetter M, 1978. Threshold models of collective behavior [J]. American Journal of Sociology(6): 1420-1443.

[65] Granovetter M, 1985. Economic action and social structure: the problem of embeddedness[J]. American Journal of Sociology(3): 481-510.

[66] Granovetter M, 1986. Threshold models of interpersonal effects in consumer demand[J]. Journal of Economic Behavior & Organization(1): 83-99.

[67] Granovetter M, Roland S, 1983. Threshold models of diffusion and collective behavior[J]. Journal of Mathematical Sociology(3): 165-179.

[68] Hansen M T, 1998. Combining network centrality and related knowledge: explaining effective knowledge sharing in multiunit firms [R]. Working Paper: Harvard Business School.

[69] Hansen M, 1998. Combining network centrality and related knowledge: explaining effective knowledge sharing in multiunit firms[R]. Working Paper, Harvard Business School.

[70] Hans-Henrik S, 1997. Fluctuations at the self-organized critical state[J]. Physical Review E(6): 6710-6718.

[71] Harris S R, 2008. Constructionism in Sociology[M]//Holstein J A, Gubrium J F. Handbook of constructionist research. New York: The Guiford Press.

[72] Hayek F A, 1945. The use of knowledge in society [J]. American

Economic Review(4):419-430.

[73] Hayek F A,1976. Law,legislqtion and liberty[M]. London:Routledge and Kegan Paul.

[74] Hegel G F,1971. Hegel's philosophy of mind [M]. Oxford:Oxford University Press.

[75] Hegel G W F,1971. Hegel's philosophy of mind [M]. Oxford:Oxford University Press.

[76] Hendry D F,2001. Econometrics:alchemy or science? [M]. Oxford:Oxford University Press.

[77] Holland J H,1995. Hidden order-how adaptation builds complexity [M]. USA:Addison-Wesley Publishing Company.

[78] Hwang K K,1987. Face and favor:the Chinese power game[J]. American Journal of Sociology(4):944-974.

[79] Jacobs J B,1979. A preliminary model of particularistic ties in Chinese political alliances:Kan-Ch'ing and Kuan-Hsi in a rural taiwanese township[J]. China Quarterly,78:237-273.

[80] Jevons W S, 1999. The theory of political economy [M]. London:Macmillan.

[81] Lachmann L M,1987. The market as an economic process[J]. The Economic Journal,97:231.

[82] Langton C G,1990. Computation at the edge of chaos:phase transitions and emergent computation[J]. Physica D:Nonlinear Phenomena (1-3):12-37.

[83] Lawson T,1997. Economics and reality[M]. London:Routledge.

[84] Lindberg L N, Campbell J L, 1991. Governance of the American economy:the state and the organization of economic activity[M]. New York:Cambridge University Press.

[85] Macy M,Andreas F,2009. Social dynamics from the bottom up:agent-based models of social interaction[C]// Hedstrm P,Bearman P. The

Oxford handbook of analytical sociology. New York: Oxford University Press.

[86] Mandelbrot B, Fisher L C, 1997. A multifractal model of asset returns [R]. Cowles Foundation Discussion Paper No. 1164.

[87] Mark B, 2013. A theory of governance[M]. Berkeley and Los Angeles: University of California Press.

[88] Marx K, 1906. Capital: a critique of political economy[M]. New York: Modern Library.

[89] Matthews N R, 1996. Market transition and societal transformation in reforming state socialism[J]. Annual Review of Sociology(22):401-435.

[90] Menger C, 1985. Investigations into the method of the social sciences with special reference to economics [M]. New York: New York University Press.

[91] Merton R K, 1968. The Matthew effect in science: the reward and communication systems of science are considered[J]. Science,159:56-63.

[92] Mises L V, 1949. Human action: a treatise on economics[M]. London: Hodge.

[93] Nee V, 1989. A theory of market transition: from redistribution to markets in state socialism[J]. American Sociological Review(5):663-681.

[94] North D C, 1977. Markets and other allocation systems in history: the challenge of Karl[J]. Journal of European Economic History (3):703-716.

[95] Padgett F, Powell W, 2012. The emergence of organizations and markets [M]. Princeton: Princeton University Press.

[96] Parsons T, Smelser N, 1956. Economy and society: a study in the integration of economic and social theory[M]. New York: Free Press.

[97] Polanyi K, 1957. The great transformation[M]. Boston: Beacon Press.

[98] Portes A, Patricia L, 1996. The downside of social capital[J]. American Prospect, 26.

[99] Portes A, Landolt P, 1996. The downside of social capital[J]. American

Prospect,26:57-68.

[100] Rijt A, Siegel D, Macy M, 2006. Neighborhood choice and neighborhood change[J]. American Journal of Sociology (3).

[101] Sachs J D, 2003. Lessons for Brazil from China's success[R]. Sao Paulo,No. 5.

[102] Salganik M J,Dodds P S, Watts D J , 2006. Experimental study of inequality and unpredictability in an artificial cultural market [J]. Science,311:57-62.

[103] Schelling T C, 1971. Dynamic models of segregation[J]. Journal of Mathematical Sociology(2):143-186.

[104] Schäffle A,1906. Bau und Leben des sozialen Körpen[M]. Tübingen: Laupp.

[105] Sensenbrenner P J,1993. Embeddedness and immigration:notes on the social determinants of economic action [J]. American Journal of Sociology(6):1320-1350.

[106] Shand A,1984. The market in the capitalist alternative:an introduction to neo-Austrian economics [M]. New York:New York University Press.

[107] Smith A,1976. An inquiry into the nature and causes of the wealth of nations[M]. Oxford:Oxford University Press.

[108] Spencer H, 1876. Principles of sociology[M]. London:Williams and Norgate.

[109] Spencer H, 1906. Principles of sociology[M]. London:Williams and Norgate.

[110] Swedberg R, 1996. Economic sociology [M]. Cheltenham: Edward Elgar Publishing.

[111] Tandy D W,1997. Warriors into traders:the power of the market in early Greece[M]. Berkeley and Los Angeles:University of California Press.

[112] Uzzi B,1997. Social structure and competition in interfirm networks: the paradox of embeddedness[J]. Administrative Science Quarterly(1): 35-67.

[113] Uzzi B,1997. Social structure and competition in interfirm network: the paradox of embeddedness [J]. Administrative Science (2): 213 - 241. [114] Walras L,1954. Elements of pure economics[M]. London: Allen and Unwin Ltd.

[115] Watts D J,1999. Networks,dynamics,and the small-world phenomenon [J]. American Journal of Sociology(2):493-527.

[116] Wayne E B, 1990. Market networks and corporate behavior [J]. American Journal of Sociology(3):589-625.

[117] Weber M, 1978. Economy and society: an outline of interpretive sociology[M]. Berkeley:University of California Press.

[118] White H,1981. Where do markets come from? [J]. American Journal of Sociology,87:517-547.

[119] Williamson O E,1991. Comparative economic organization:the analysis of discrete structural alternatives[J]. Administrative Science Quarterly (2):269-296.

[120] Wong S L,1999. Culture Hong Kong identities [C]// Wang G,Wong J. Hong Kong in China:the challenges of transition. Singapore:Times Academic Press.

[121] Zukin S,DiMaggio P,1990. Structure of capital:the social organization of the economy[C]. Cambridge:Cambridge University Press.

后　　记

　　笔者在 2015 年曾出版《市场的社会结构——市场社会学的当代理论与中国经验》(教育部课题结题项目,获得浙江省第十九届哲学社会科学优秀成果"应用理论与政策对策类"省政府二等奖)一书,主要是构建"市场社会结构"(其中提出的"建构结构"一词在本书修改为"实践结构"以吻合国内学术性、政策与日常用语语境)的"理论性研究",方法论上偏向于还原论因果关系的类别化研究策略,在前作撰写过程中,笔者一直困扰于被刻画为三个层级或三个维度的"结构"之间应该是什么样的逻辑关系问题。本书在此基础上,借助复杂性科学研究理论与方法,运用其层展涌现机制的解析方式,并具体运用其"脱耦"与"耦合"辩证统一机制解决了这个学术困惑,并且在此理论研究基础上具体运用于"政策对策性的研究"。同时,两书质性资料来源于同一个调查案例,由此而论,感兴趣的读者可把前后两部作品当作姊妹篇来参考研读。

　　国家社科基金项目的五位匿名评委对书稿进行了认真的审阅,在充分肯定的同时也提出了不少具体的修改意见。笔者吸取了专家们的意见,进行了认真的修改。在此对五位专家表示衷心的感谢!

陈林生

2022 年 1 月 15 日